U0511636

电网企业信息化运维
管理与实践

国网经济技术研究院有限公司　组编

赵春晖　王　浩　等　编著

中国电力出版社
CHINA ELECTRIC POWER PRESS

内 容 提 要

数字化不仅是能源互联网能源网架、信息支撑、价值创造体系建设的内在需求，也是与国企改革、电力体制改革息息相关，以战略全局视角、系统思维确立数字化发展的方向与路径，把数字化发展作为央企破解改革发展难题的关键之一。

本书详细讲述了电网企业信息运维管理的体系架构、标准、流程和典型实践，并且重点论述了国家电网有限公司运维标准（SG-ITOM 3.0）、精益调度、智能运检、联合客服、保障体系等内容，并研讨了电网企业运维管理趋势及未来发展方向。

本书可供致力于信息化运维管理领域内的一线员工、管理人员，以及相关专业研究人员阅读和学习参考。

图书在版编目（CIP）数据

电网企业信息化运维管理与实践 / 国网经济技术研究院有限公司组编；赵春晖等编著 . 一北京：中国电力出版社，2023.12

ISBN 978-7-5198-8188-7

Ⅰ. ①电…　Ⅱ. ①国…　②赵…　Ⅲ. ①电力工业－工业企业管理－数字化－研究－中国　Ⅳ. ① F426.61

中国国家版本馆 CIP 数据核字（2023）第 190280 号

出版发行：中国电力出版社
地　　址：北京市东城区北京站西街 19 号（邮政编码 100005）
网　　址：http://www.cepp.sgcc.com.cn
责任编辑：孙　芳（010-63412381）
责任校对：黄　蓓　马　宁
装帧设计：赵姗姗
责任印制：吴　迪

印　　刷：三河市航远印刷有限公司
版　　次：2023 年 12 月第一版
印　　次：2023 年 12 月北京第一次印刷
开　　本：787 毫米 ×1092 毫米　16 开本
印　　张：14
字　　数：270 千字
印　　数：0001—1000 册
定　　价：90.00 元

《电网企业信息化运维管理与实践》

编委会

主　任　董朝武

副主任　齐立忠

编　委　武宏波　武志栋　邓　伟　薛泓林　周　鑫
　　　　马军伟　程华福　邵　华　韩文军　刘海波
　　　　吴新平　蒲　洁　于慧芳　任　雨　刘家旭
　　　　李雅西　李　奕　张　弓　袁建雄　郝晓伟
　　　　陈　颖　孙小虎　齐　芳　郭　栋　刘娇丽

编写组

主　编　赵春晖　王　浩

副主编　白皓东　赵中英　李志强　王　蕊　李丹利

成　员　张济勇　张亚平　张　苏　周光远　赵　敏
　　　　盛　谊　付　强　于　高　司晋新　荣经国
　　　　黄　娜　李　枫　于霄洋　刘　蓉　顾　玮
　　　　张淑娟　刘冬晖　穆伟光　薛佳睿　时光远
　　　　白婉欣　张卓群　刘　定　臧秀环　耿鑫州
　　　　杨绮璇　戴　艳　孙一鸣　赵　亮　秦振威
　　　　刘云飞　陈紫阳　崔俊彬　尚　立　王　宁
　　　　孙　渊　刘贞晖　张　栋　刘海涛　段　婕

　　党的二十大为我们擘画了全面建成社会主义现代化强国、以中国式现代化全面推进中华民族伟大复兴的宏伟蓝图。在这一伟大征程中，党中央、国务院印发的《数字中国建设整体布局规划》明确指出，建设数字中国是数字时代推进中国式现代化的重要引擎，是构筑国家竞争新优势的有力支撑。习近平总书记深刻指出，发展数字经济是把握新一轮科技革命和产业变革新机遇的战略选择，我们要充分发挥海量数据和丰富应用场景优势，促进数字技术和实体经济深度融合，赋能传统产业转型升级，催生新产业新业态新模式，不断做强做优做大我国数字经济。

　　电网企业，作为关系国家能源安全和国民经济命脉的支柱行业，其信息化发展历程可谓波澜壮阔。从起步阶段的电力计算机技术初步应用，到成熟阶段的信息化技术在生产、经营、管理等多个领域的广泛应用，再到数字化阶段的大数据、云计算、物联网、人工智能等新技术的深度赋能，电网企业的信息化之路不断拓宽、深化。信息化不仅提升了电网企业的运营效率和管理水平，更为其应对新时代能源发展挑战、推动能源清洁低碳转型提供了有力支撑。在信息化建设的征程中，电网企业信息化运维扮演着举足轻重的角色。它是保障电网运行安全稳定、确保企业经营健康发展的关键环节。

　　国网经济技术研究院有限公司，作为国家电网公司的科研直属单位，不仅在电网规划、工程设计等领域取得了显著成果，更在数字化规划、架构管控与设计、信息化平台建设与运行等方面积累了丰富经验。本次，我们协同电网领域数字化方面的相关企业，共同撰写了《电网企业信息化运维管理与实践》。本书凝聚了信息运维领域一线专家的智慧和宝贵的实践经验，从电网企业信息运维管理的现状出发，深入剖析并总结了信息化运维管理体系架构、标准与实践，特别关注了精益调度、智能运检、联合客服等电网企业特色运维服务的内容。它既是我们在信息化运维管理领域的一次全面总结，也是对未来发展的一种深刻思考，对于推动电网企业信息化运维管理的发展具有重要意义。

展望未来，随着技术的不断进步，电网企业信息化运维管理将进一步迈向智能化、自动化。我们也将面临更多的机遇与挑战，如网络安全、数据治理等问题将愈发凸显。因此，我们需要不断创新、深化研究，以应对这些挑战，推动电网企业信息化运维管理向更高水平发展。

总之，《电网企业信息化运维管理与实践》是一本集理论性、实践性、前瞻性于一体的著作。我相信，这本书的出版将对电网企业信息化运维管理的发展产生积极而深远的影响。我也深感荣幸能够为这本书作序，衷心感谢参与编辑的同仁们为本书的撰写所付出的辛勤努力。同时，我也期待更多的行业同仁能够关注这本书，共同推动电网企业信息化运维管理的发展，为电力事业的繁荣与进步贡献智慧和力量。

是为序。

2023 年 11 月

习近平总书记指出，世界经济数字化转型是大势所趋，新的工业革命将深刻重塑人类社会。十九届五中全会指出，坚定不移建设数字中国、网络强国，推进产业基础高级化、产业链现代化，统筹推进基础设施建设，推进能源革命，加快数字化发展。数字化不仅是能源互联网能源网架、信息支撑、价值创造体系建设的内在需求，也与国企改革、电力体制改革息息相关，央企要以战略全局视角、系统思维确立数字化发展的方向与路径，把数字化发展作为央企破解改革发展难题的关键一招，坚持问题导向、目标导向、结果导向，抓住当前的时间窗口期，为未来发展搭好台、布好局。

国家电网有限公司（以下简称国网公司）经过十多年的信息化发展，打造了服务国家电网战略发展的信息化专业管理体系，建成央企领先的一体化集团级信息系统，为数字化创新发展提供了坚实的基础。信息化水平在央企中处于领先位置，连续4年被国资委评为央企第一，荣获"两化融合示范单位"和"十大最具影响力大数据企业"等称号，在公安部举办的历届全国网络攻防演习中蝉联央企第一。国网公司信息化建设成果满足了公司规模性增长与集约化管理的需求，解决了数据获取从无到有、信息从分散向集中、业务从线下向线上等业务数据化问题，为新型电力系统建设奠定了坚实的数字化发展基础。

随着数字化转型在电网企业各环节的不断深入，对各类信息化系统的运行稳定性、操作熟练水平等方面都提出了更高的要求。建立完善而成熟的信息运维管理体制，建设各专业运维人才梯队，做好运维资源保障方面的工作，将为电网企业建立快速响应的数字化运营模式提供关键支撑和保障。在"十三五"期间，国家电网信息运行保障能力持续加强，建成"两级调度、三层检修、一体化运维"的信息运行体系，实现总部和省公司两级调度，总部–省–地市县三层检修纵向联动，信息调度、运检、客服、三线支持横向协同。

本书全面介绍了以国网公司为代表的电网企业信息运维管理的体系架构、标准、流程和典型实践，重点论述了国家电网有限公司运维标准（SG-ITOM 3.0）、精益调度、智能运检、联合客服、保障体系等内容，并研讨了电网企业运维管理趋势及未来发展方向。

第一章，阐述了电网企业信息运维管理现状及体系架构。

第二章，介绍了电网企业运维标准体系 SG-ITOM 3.0。

第三章，介绍了电网企业精益调度的组织架构、运维管理、工具与平台，以及调度与运检的衔接。

第四章，介绍了电网企业智能运检的管理要求，以及硬件设备、业务应用等不同运维对象的运维管理要求及实践。

第五章，介绍了电网企业联合客服的体系架构、服务内容、流程、应急管理等内容。

第六章，从人员、资源及过程等方面介绍了电网企业运维保障体系。

第七章，展望了电网企业信息运维管理的趋势和未来发展方向。

本书由国网经济技术研究院有限公司组织编写，在编写过程中，国网信通产业集团共享服务分公司、国网电力空间技术有限公司、国家电网有限公司信息通信分公司、国网山西信通公司、国网宁夏信通公司、国网湖北经济技术研究院、国网河北经济技术研究院、朗新科技集团股份有限公司以及相关领域专家和学者给予了大力支持与帮助，在此一并表示衷心感谢！

限于编者时间，书中难免有错误和不足之处，恳请广大读者批评指正。

编　者

2023 年 11 月

目录

第一章

电网企业信息运维管理现状及体系架构

第一节 电网企业信息运维基本概念

一、电网企业信息运维的时代背景

电网企业作为社会公共事业服务单位，承担着保障更安全、更经济、更清洁、可持续的电力供应的基本使命。国家电网有限公司、南方电网有限公司、内蒙古电力（集团）有限责任公司支撑起全国的电力输送、调度、配送等基础保电任务，在社会发展及解决民生福祉等方面起到了关键作用，肩负着为中国式现代化赋动能、作贡献，统筹政治、经济、社会"三大责任"。

电网企业坚持以习近平网络强国战略为指导，遵循国家网络安全法律法规要求，结合能源互联网、工业互联网发展趋势，分析面临的机遇与挑战，秉承"安全支撑发展"的理念，构建责任清晰、制度健全、技术先进、资产全覆盖的全场景网络安全防护体系，覆盖公司数字化转型的规划、建设、运行等全生命周期，形成事前防范、事中监测、事后应急能力，全面提升能源互联网创新发展安全保障能力和服务水平。

在企业数字化快速转型发展的时代背景下，经过多年的发展积淀，电网企业利用"云大物移智链"等新型数字技术，全面推进企业数字化运营，在提升社会责任履职能力和提高供电质量方面取得了卓越的成就。以"人民电业为人民"为宗旨，通过数字化推动电网智能化升级和企业数字化转型，加速数字技术与电网业务深度融合，坚持"全要素发力"，加快推进全业务、全环节数字化转型，实现电网的高效率运行、公司高质量发展、服务高品质供应。

以国网公司为例，"十一五"期间通过"SG186 工程"规划，让信息化渗透到了公司各个领域，公司管理模式有了重大的变革，效能、效率和效益有了显现，实现了电网信息化的跨越发展；"十二五"期间通过了"SG-ERP"工程，助力"三集五大"业务融合，支撑智能电网发展，相比"SG186工程"工程覆盖面更广、集成度更深、智能化更高、安全性更强、互动性更好、可视化更优；"十三五"期间按照全面开展深化应用、全面实施优化提升、全面落实技术驱动、全面支撑高效管理、全面推动发展创新和全面强化信息安全的发展思路推进信息化建设。

随着数字化转型在电网企业各环节的不断深入，对各类数字化系统的运行稳定性、操作熟练水平等方面都提出了更高的要求。建立完善而成熟的信息运维管理体制，建设各专业运维人才梯队，做好运维资源保障方面的工作，可以为电网企业建立快速响应的数字化运营模式提供关键支撑和保障。

二、电网企业信息运维的目标与体系构建

信息化运维是指运用信息技术手段和管理方法，对企业或组织的信息系统进行全面管理和维护的过程。它涵盖了硬件设备、软件系统、网络设施以及相关人员的运维工作。电网企业信息运维一般是指为实现生产流程的有序开展，经营管理的高效运转，对相关信息系统、通信网络、基础设施开展的技术支持、性能监控、应急处置、资源调配等活动。从广义上讲，涵盖了运维活动相关技术标准与管理体系构建、运维人才与梯队培养、运维软硬件资源保障等各个维度，对电网企业数字化转型起到最基础的支撑作用。

1. 电网企业信息化运维的目标

电网企业信息化运维的目标主要基于统一的信息服务标准，借助人员组织、工具应用及物资保障等管理方法及技术手段，确保信息系统的稳定运行和高效利用，提高系统的可用性、可靠性和安全性，满足用户的需求并支持业务的持续发展。信息化运维的目标主要包括：

（1）可用性。保证信息系统能够随时提供服务，避免因故障或维护导致系统停机或无法正常使用。

（2）可靠性。提高系统的稳定性和可靠性，减少故障发生的概率，并能在故障发生时快速恢复。

（3）安全性。保护信息系统的机密性、完整性和可用性，防止未经授权的访问、数据泄露和系统被攻击。

（4）资源利润率。合理规划及管理硬件、软件和网络资源，提高资源利用率，降低运维成本。

（5）服务满意度。提供高效、及时、准确的技术支持和服务，满足用户的需求，提升用户满意度。

2. 电网企业信息运维体系构建

在体系机制方面，电网企业数字化运维体系原生于电网运营的概念与核心流程，其特点是将电网客服、调度、停送电与电力检修等支撑电力线路运行的工作模式应用到信息通信运维流程中，借助多年积累的保障电网安全稳定运行所积累的宝贵经验，"临摹"版的运行维护模式在信息通信领域取得了良好的效果。信息化运维的体系主要包括：

（1）运维管理体系。建立完善的运维管理体系，包括运维策略、流程、规范和指标等，确保运维工作的有序进行。

（2）故障管理体系。建立故障诊断和处理的体系，包括故障预防、故障监控、故障排除和故障恢复等环节，以保证系统的稳定运行。

（3）变更管理体系。建立变更管理的流程和规范，确保系统的变更能够控制在可控范围内，避免因变更引起的故障或安全漏洞。

（4）性能管理体系。建立性能监控和优化的体系，保证系统的性能满足用户的需求，并及时发现和解决性能问题。

（5）安全管理体系。建立安全管理体系，包括安全策略、安全控制和安全监测等，保障信息系统的安全性。

（6）资产管理体系。建立资产管理体系，包括硬件设备、软件授权和网络资源等的管理，确保资产的有效利用和合规管理。

第二节　电网企业信息运维发展历程

电网企业信息运维经历了各下属单位、厂站等末端单位分别组织的分散运维、区域组织运维、基于总部和省市公司两级支撑的统一调度的运维模式三个阶段。电网企业运维模式演变如图 1-1 所示。

第一阶段：建设运维界面不清晰，未形成专业管理模式。　第二阶段：运维服务由各区域分别组织、运维标准和流程。　第三阶段：全网统一的调运检运维模式，责任和流程明确，运维标准统一。

图 1-1　电网企业运维模式演变

20 世纪 90 年代初期，电网数字化建设主要依托于科研项目完成，基础开发环境主要基于 FOXFRO、C++ 等结构化设计语言，单机版或者客户端程序遍地开花，受限于没有统一的开发标准和建设、运维管理流程，"边开发边上线，边迭代边运维"的建设、运维模式成为该阶段最大的特点。

21 世纪初期，伴随着可视化开发工具的不断应用，B/S 程序模式的不断推广，围绕数据中心和客服应用支撑开展的运维模式初现雏形。电网企业按照省市为界面构建的区域化的运维模式成为该阶段的主要特点。随着数字化规模的不断深化以及系统间、数据间共享要求的不断升级，独立进行的区域化运维模式也给集团化的运维管控带来了新的挑战。

2010 年以来，伴随"十二五""十三五"规划的逐步落地，以国网公司为典型代表的电网运营企业，总结之前数字化运维的不足和短板，充分借鉴电网企业在电网调度、检修、运维等电网网架运维的经验，创新构建了总部、省、市级公司三级信息运行调度、运行、检修体系，实现了集团化的信息系统的运维统一管控，为全面推进数字化转型发展创造了条件。

国网公司信息运维管理成熟度发展示意图如图 1-2 所示。

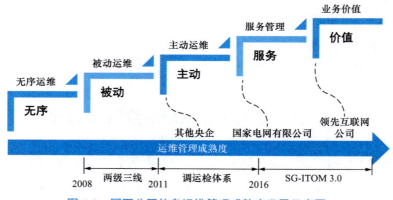

图 1-2　国网公司信息运维管理成熟度发展示意图

下面以信息客服为例，介绍国网公司信息客服的演变历程。国网公司 186 信息客服演变历程图如图 1-3 所示。

1. 传统客服中心时期（2008 ～ 2016 年）

2009 年，随着信息系统的上线，在国网公司总部职能部门的统一领导下，各省公司陆续组建信息通信客服团队，设置各自的统一热线话务平台，为各省公司信息系统用户提供一对一的 7×24h 信息系统热线服务。

2013 年，国网公司统推信息通信客户服务系统（ICS）投入应用，具备呼叫中心和工单创建、流转等功能，纵向两级客服贯通，横向与二三线贯通，多渠道归集汇总各单位 186 信息客服数据，实现客户服务更加精益，问题解决更加高效，大数据分析应用更加深入，全面提升客户体验。

2015 年，国网公司总部、各省公司统一成立 186 信息客服，186 信息客服采用"统一受理，分级服务"的工作模式，国网信通分公司和 27 家省公司 186 信息客服纵向贯通，客服、运行维护单位、建设单位运维横向协同。

2. 信息化客服时期（2017～2019 年）

2017 年，客服网站建成应用，同时具备服务跟踪、服务指南、信息发布、知识库、资源下载等功能，信息客服服务效能得到有效提升，服务范围不断拓宽。2019 年，在充分应用"大云物移智链"等现代信息通信技术的形势下，在人机互联、物物互联的趋势下，提高信息通信客服智能化水平，提升信息通信客服工作质量，已经迫在眉睫。

3. 智能化客服时期（2020 年～）

国网公司秉持开放、共享的原则，建设 7×24h 在线提报智慧客服平台，完成 186 智慧客服后台的搭建，实现智能基础能力、智能语音导航、智能机器人问答、智能工作台等功能。以外网移动应用支撑国网信息客服物资业务条线稳定运行，满足用户侧、运维侧、管理侧高频应用场景，经过建设和不断调优，国网信息智慧客服的应用取得了良好成效。信息客服正式进入客服的智能化时期。

2020 年，国网公司 186 信息客服的智能化不断增强，在国网信息智慧客服一期建设的基础上，完善国网公司 186 信息客服其他业务条线信息系统客服业务覆盖，在传统话务渠道开展智能外呼、智能语音问答、智能数据分析等功能探索。完善移动 App、桌面应用、电话等多渠道功能，支撑国网信息客服全业务场景，覆盖用户侧、运维侧、管理侧全应用场景。

2022～2023 年，为全面提升全国网系统 186 信息客服整体服务能力，国网公司 186 信息客服搭建信息客服联合服务平台，为用户提供统一入口的在线服务，以智慧客服为依托，整合全国网系统 186 信息客服各资源，在属地化分布基础上，统一入口、平台、知识库和运营，构建配套管理机制。按照"渠道立体多样、受理统一归口、响应高质高效、闭环统筹管理"为工作思路，从服务范围、服务体验、服务价值和服务规范四个方面实现"四个提升"，推动全国网系统 186 信通客服能力提升，推动信息系统运维、建设质效提升。

未来，国网公司 186 信息客服将开展大语言模型的探索持续增强机器人语义理解和对话能力，提升机器人应答准确率；利用大模型技术，全面简化知识采编、样本标准和模型训练等智能运营工作，为运营人员减负、实现降本增效，为用户提供高质量服务。

图 1-3　国网公司 186 信息客服演变历程图

第三节　电网企业信息运维管理体系架构

一、总体架构

参照电网运维构建的信息运维模式，电网企业设计出了与自身特点相匹配的体系机制，主要构建思路为：参照高质量的运维标准，构建智能运维、精益调度、联合客服、运维保障等支撑业务，为云平台、企业中台、业务应用、桌面终端等数字化基础设施和支撑平台提供运维保障服务。

1. 运维标准

为实现数字化运维的标准化服务，满足国内外及行业拟定的各类规范，电网企业运维标准主要遵从信息服务管理标准（ISO/IEC　20000）、信息技术服务标准（information technology service standards，ITSS）、信息技术基础架构库（information technology infrastructure library，ITIL）等管理标准。同时，也参照信息行业最佳实践和信息通信服务行业标准规范（eTOM），完善现有信息通信运行"调运检"体系，设计一套"管理集约、运行精益、作业智能、服务敏捷"的一体化信息通信运维体系（SG-ITOM 3.0）。

ISO/IEC 20000 是面向机构的信息服务管理标准，提供建立、实施、运作、监控、评审、维护和改进信息服务管理体系模型。ITSS 是一套成体系和综合配套的信息技术服务标准库，全面规范了信息服务产品及其组成要素，用于指导实施标准化和可信赖的信息服务。ITIL 作为信息技术基础架构库，旨在满足将信息技术应用于商业领域的发展需求。SG-ITOM3.0 通过明确运维工作的职责、流程、制度、标准、考核、系统等内容，推动运行工作从"面向设备"到"面向业务与数据"、从"支撑业务"到"推动业务"的两个转变，确保信息通信安全运行"可管、可控、可视、可信"。从职责、流程、制度、标准、评价、系统六个维度设计，具体运维标准架构示意图如图 1-4 所示。

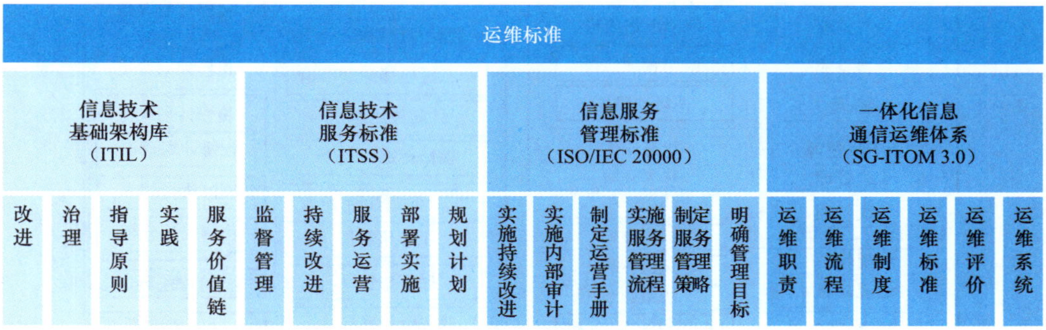

运维标准																							
信息技术基础架构库（ITIL）					信息技术服务标准（ITSS）					信息服务管理标准（ISO/IEC 20000）							一体化信息通信运维体系（SG-ITOM 3.0）						
改进	治理	指导原则	实践	服务价值链	监督管理	持续改进	服务运营	部署实施	规划计划	实施持续改进	实施内部审计	制定运营手册	实施服务管理流程	制定服务管理策略	明确管理目标		运维职责	运维流程	运维制度	运维标准	运维评价	运维系统

图 1-4 运维标准架构示意图

2. 精益调度

借助电网调度专业管理经验，电网企业在信息运维专业构建一体化精益调度体系，实现电网企业信息系统及相关软硬件资源的全过程、全方位的实时监管，让日常监控、缺陷处理、故障检修、应急指挥等业务无缝衔接，从根本上推进业务的稳定健康运行。其中，主要涉及资源管理、方式管理、集中监视及调度管理等方面的业务，具体精益调度业务示意图如图 1-5 所示。

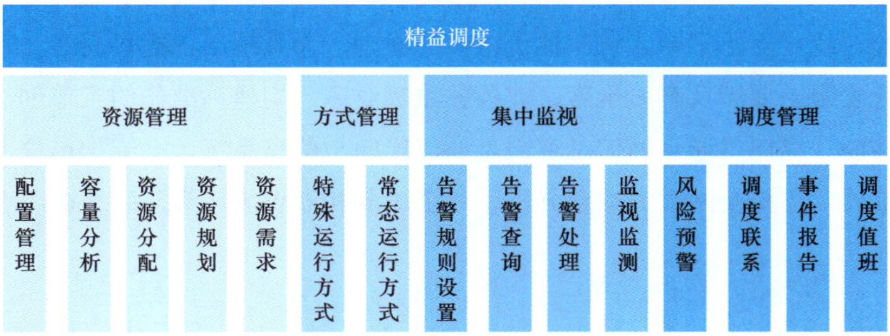

精益调度																
资源管理					方式管理		集中监视				调度管理			
配置管理	容量分析	资源分配	资源规划	资源需求	特殊运行方式	常态运行方式	告警规则设置	告警查询	告警处理	监视监测	风险预警	调度联系	事件报告	调度值班

图 1-5 精益调度业务示意图

3. 智能运检

智能运检涵盖"运行"和"检修"两个部分。其中，运行部分主要通过运行监测、信息系统安全稳定运行；检修部分主要包括检修计划管理、检修执行管理、临时检修管理、紧急检修管理和检修分析等工作。电网企业运维对象主要包括基础设施、云平台、企业中台、业务应用、桌面终端等方面的内容。智能运检业务示意图如图 1-6 所示。

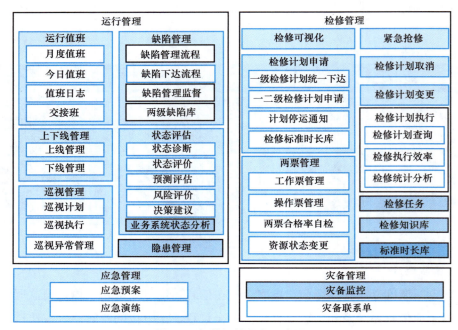

图 1-6　智能运检业务示意图

4. 联合客服

客户服务是提供信息系统支撑保障的服务窗口。电网企业在客户服务体系构建中，也重点参照了"95598"等电力服务热线模式，遵循统一服务入口、统一服务规范、统一资源调配、统一支撑平台、统一评价考核的原则，为系统用户提供高效、敏捷的优质服务。联合客服主要涉及客服坐席、业务关系等业务，构建标准化的工单创建、流转等线上流转功能，纵向贯通全网信息客服贯通，横向与信息系统运行维护单位、信息系统建设单位贯通，支撑全网数据综合分析、规范服务和需求闭环等。联合客服业务示意图如图 1-7 所示。

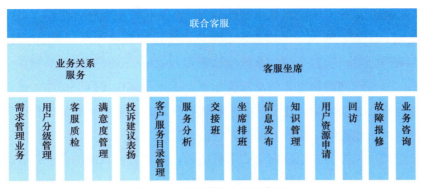

图 1-7　联合客服业务示意图

5. 保障体系

保障体系包括电网企业开展信息化运维所需的人员、设备、智库等支撑能力。重点围绕电网企业信息化运维目标和任务，从人员培训与管控、备品备件的稳定供应和精益管理、运维软件制品库构建、服务数据库（基础数据、服务数据）收集与整理、运维知识库服务等方面能力建设，为运维工作的顺利开展保驾护航。电网企业运维保障体系示意图如图 1-8 所示。

图 1-8　电网企业运维保障体系示意图

二、应用成效

1. 完善组织机构，建成信息调度运行体系

在信息系统"两级三线"运行体系的基础上，进一步细化完善组织机构，强化职能管理，健全机构和岗位配置，明确职责，将原有的运行模式按照职能管理、信息系统调度、信息系统运行监控、系统检修、客户服务、技术支持进行优化，建立"两级调度，

三层检修，一体化运行"的信息系统调度运行组织架构，实现统一指挥、分级管理。

建设北京、上海、西安三地容灾中心信息调度运行检修体系，实现信息调度指挥、运行方式、应急处置、实时监控、系统检修等业务的统一管理；建设公司统一的信息客户服务体系，提高国网公司整体信息服务水平；进一步强化国网公司统一信息技术支持服务中心的建设，充实力量，建立一支掌握核心技术、高素质的专家队伍，为公司系统提供坚强统一的三线运维、仿真培训及验证测试等技术支持。

组建公司统一指挥的三地容灾中心运行团队，实现容灾系统的专业化管理和集中运行。开展容灾中心向数据中心过渡的演进研究和运行准备工作，在容灾中心安全、稳定、高效运行的基础上逐步向数据中心转变，实现公司信息资源的集中运行、集中监控和集中调配，提升公司整体业务的连续性，提升信息化价值。

2. 健全运行制度，全面推进流程化管理

借鉴 ISO 20000 国际标准和 ITIL 最佳实践，结合电网生产的经验，以实现信息系统运行的可控、能控、在控，提升信息运行质量和服务支持能力为目标，建立健全信息系统服务全生命周期的管理制度体系。

按照政策办法、管理规定、实施细则、操作指南四个层级，制订、修订信息系统职能管理、信息系统调度管理、信息系统运行管理、信息系统检修管理、客户服务和技术支持管理办法、规定、细则、流程和操作指南，提高制度建设的体系化、规范化、标准化、流程化。

3. 强化技术手段，构建统一的信息运行支撑平台

在继承完善提升现有运行监控系统的基础上，建设监控全方位、服务全过程、展示全视角的一体化技术支撑平台，实现信息运行监控自动化、服务流程化、展示互动化。

完成信息运维综合监管系统的深化应用，提高业务应用分析和可视化展现能力，集中监管、实时监控公司各级信息资源，实现公司信息系统运行性能、安全风险等运行状况的高级分析，以掌握系统运行工况，对潜在的风险提前制定防范对策、采取防范措施。

建成信息化业务管理系统，实现信息化规划与计划、标准、项目、技术、安全、质量、成本、资源、资产、运行、知识、综合等标准化、规范化管理，实现信息化业务管理的全公司一体化和全过程管控。

建成信息调度管理系统，实现公司总部和网省信息运行的调度指挥、实时控制、方式管理、运行分析与评价、安全稳定水平分析、检修计划和运行辅助决策的智能化全过程的管控、运行。

建成信息客户服务管理系统，实现对公司各级客户信息、服务档案、差异化服务、

服务质量评价的统一管理，为客户提供个性化、智能化服务。

4．开展评价督导，持续提高运行保障能力

强化信息系统建设转运行的管理，完善系统上线的标准化检测机制，开展标准化作业和设备全寿命周期管理，推行信息服务支持标准化、服务支持产品化工作，实现信息系统从建设到运行的全过程、全生命周期的标准化管理。持续开展信息调度运行系统的深化应用工作，通过实用化评价、应用督导、系统应用培训等手段，建立系统应用数据质量评估和报告机制，提高应用水平。

电网企业借助电力系统管控与运维模式，构建了总部、省级、地市、厂站级的管理模式。通过流程化的运维模式，提升云平台、主机、网络等安全运行水平减轻软硬件运维人员工作压力，有效节约了人力、物力及时间成本。最大程度地降低故障时间造成的服务质量下降和业务损失，促进运维管理更集约、系统运行更精益、运维作业更智能、运维服务更敏捷，为全面推进电网企业数字化转型创造条件。

第二章

电网企业信息运维标准实践

第一节　信息运维体系建设背景及参考标准

一、建设背景

党的十八大以来，国家对网络安全和信息化重视程度前所未有，中央网络安全和信息化领导小组成立，体现了中央全面深化改革、加强顶层设计的意志，显示出保障网络安全、维护国家利益、推动信息化发展的决心。国网公司紧跟中央部署，以超前战略眼光推进信息化在保障"两个转变"、支撑坚强智能电网中的重要作用，信息化已成为公司增强企业核心竞争力、实现管理创新、推动科学发展的重要抓手。

国网公司为适应国家战略形势需求，制订了信息化战略发展方案，要求信息通信在支撑公司坚强智能电网、保障公司"三集五大"管理体系、促进公司产业金融发展等方面提供自动化、互动化、安全可靠的公共平台和实现手段。按照"十三五"信息化发展规划要求，公司智能电网边界持续延伸，通信网络边界加速扩展，信息采集终端不断扩充，信息通信运维对象的规模和复杂度越来越高；国网公司三地数据中心、重要系统一级部署等信息化建设持续推进，信息通信运维对象在集中度上发生显著变化；云计算、大数据、物联网、移动互联网等新技术的大规模应用对公司信息通信敏捷服务、快速部署和安全稳定运行提出更高要求。

"十二五"期间，国网公司信息通信运维体系和支撑系统建设工作取得了显著成绩，但仍未满足未来运维对象的变化和信息通信运行发展需求。为确保信息通信运维工作的目标合理性、思路统一性，统筹指导和规范信息通信运维工作，在国网公司"十三五"信息化规划总体框架指导下，组织有关单位开展了信息通信运维体系顶层设计工作，并引入价值运维理念，同时参照信息行业最佳实践（ITIL）和信息通信服务行业标准规范（eTOM），完善现有信息通信运行调运检体系，设计一套"管理集约、运行精益、作业智能、服务敏捷"的一体化信息通信运维体系（SG-ITOM 3.0）。

二、相关参考标准介绍

参考学习国内外运维成功经验，借鉴运用 SG-EA 方法论、ITIL V3 服务体系、eTOM 商务过程框架、运维体系模型、运维关系模型等，结合运维最佳实践与行业特点，开展运维体系设计。

（一）SG-EA 方法论

基于国际权威组织架构框架标准（TOGAF）的企业架构 EA 架构方法，提炼自有架构理论，形成 SG-EA 框架，如图 2-1 所示。

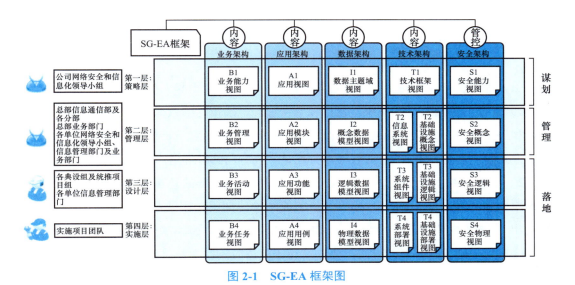

图 2-1　SG-EA 框架图

（1）策略层：服务于公司网络安全和信息化领导小组，关注全局性和整体性。

（2）管理层：服务于总部信通部及各分部，总部各业务部门，各单位网络安全和信息化领导小组、信息通信管理部门及业务部门，关注关联性和可控制性。

（3）设计层：服务于各单位信息通信管理部门，关注可实现性。

（4）实施层：服务于项目实施团队，关注可操作性。

（二）ITIL V3 服务价值链

ITIL V3 的服务价值链，如图 2-2 所示。

服务管理是一套特定的组织能力，以服务的形式为客户提供价值，使客户不用承担特定的风险和成本就可获得其所期望的结果。服务价值的产生是通过服务资产来实现的，能力和资源是最重要的服务资产。资源是服务的生产元素，而能力代表组织为生产价值而协调、控制和部署资源的能力。如果没有充足和合适的资源，能力自身不能创造价值。

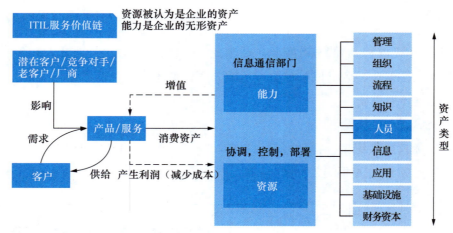

图 2-2　ITIL V3 服务价值链图

（1）能力资产。能力资产包括管理、组织、流程、知识和人员。

1）管理。管理是一个系统，包括领导、管理、政策、绩效衡量和激励。管理培养、协调和控制着所有其他资产类型。管理包括特殊要素（如哲学、核心信仰、价值、决策制定方式和风险感知等），服务管理本身也是一类专门的管理资产。

2）组织。组织资产是人员、流程、应用和基础设施的基准配置，通过专业化和协调原则执行所有组织活动。组织包括职能结构，部门、团队和个人组成的社交网络及其出于共同动机用于密切合作从而实现共同目标的系统。组织资产包括人员、应用、信息和基础设施部署的方式，通过设计或自适应流程为利益相关方创造最大程度的价值。

3）流程。流程资产由算法、方法、程序和示例组成，它们指导互动和交互地执行与控制。流程资产象征着行动与转变，是组织和管理资产相互协调与控制、与业务环境交互的手段。

4）知识。与行动和环境相关的认知、经验、信息、洞察力和知识产权的累积。管理、组织、流程和应用资产使用及存储知识资产。知识资产包括政策、计划、设计、配置、架构、流程定义、分析方法、服务定义、分析、报告和调查等。

5）人员。人员资产的价值在于创造、分析、感知、学习、判断、领导、沟通、协调、关心和信任等能力。此类能力以知识、经验和技能的方式存在于组织内的团队和个人中。人员资产代表了组织的能力和资源。从能力角度而言，人员资产是可以创建、结合和消费其他类型资产的唯一类型。

（2）资源资产。资源资产包括人员、信息、应用、基础环境和财务资本。

1）人员。人员资产是具备生产容量的资源。

2）信息。信息资产是应用于客户、合同、服务、事件、项目和运营等环境的数据的集合、模式和有用的提取。信息资产以不同方式存储。

3）应用。应用由硬件、软件、文档、方法、程序、脚本和指令构成。它可以自动化、编码、增强、支持、维护和模拟管理、组织、流程、知识、人员和信息资产的属性、功能和活动。

4）基础环境。基础环境包括开发、测试、交付、监视、控制或支持信息通信服务所需的所有软件、硬件、网络、设施等。

5）财务资本。财务资本包括现金、现金等价物和其他有价证券，以及用户支持各类资产的所有权和使用权。

（三）eTOM 业务流程框架

eTOM 是信息和通信服务行业的业务流程框架，主要包含信息通信企业业务流程的规范描述。它不仅关注了业务运营的层面，更涉及了企业管理流程、市场营销流程、客户保留流程、供应商和合作伙伴管理流程等，可以帮助业务提供商更好地理解与客户服务管理相关联的端到端的商务处理过程之间的操作依赖性。

eTOM 业务流程框架把战略和生命周期流程从运营流程中分离出来，形成两大流程群组，包括战略、基础设施和产品功能流程组，以及运营功能流程组。功能流程群组没有直接支持客户，与运营流程群组有着本质差别，并且工作在不同的业务周期。它们保证、支持和指导运营流程区域的工作，如图 2-3 所示。

图 2-3　eTOM 业务流程框架

（四）典型运维体系模型

典型运维体系模型包含了信息通信运维全要素，如图 2-4 所示。

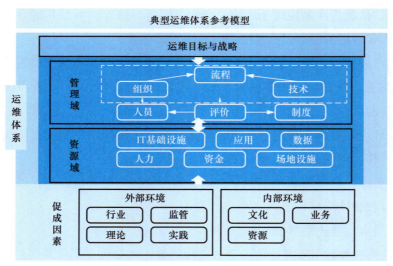

图 2-4   典型运维体系模型图

典型运维体系由运维目标与战略、管理域和资源域构成。同时，运维体系不是孤立的存在，其构成要素受到内外部环境中的各种促成因素的影响。

（1）运维目标与战略。运维目标是运维体系存在的价值指引，战略是实现运维目标的手段与方法。

（2）管理域。管理域为创造运维价值而协调、控制和部署资源的诸多能力要素的集合，主要包括组织、流程、技术、人员、评价、制度等。

（3）资源域。资源域是产生运维价值的基础。资源域与管理域之间存在双向的相互影响。资源要素的形态、属性与部署方式及位置均会带来管理要素的调整与变化。

（五）运维关系模型

电力企业信息通信运维体系需进一步理清服务、流程、运维工作和运维对象之间的关系，最终实现通过运维工作来管理运维对象，通过运维流程来规范、提升运维工作，从而实现服务。运维关系模型图如图 2-5 所示。

（1）运维对象。运维对象可划分为端层、应用层、平台层、网络层四类。运维对象有位置、资产和调控三个属性。其中，位置属性决定运维职责由谁承担，资产属性决定运维费用由谁支付，调控属性决定运维对象由谁调度管辖。

（2）运维工作。运维工作是管理运维对象的活动，针对一个运维对象会有一项或多项运维工作。依据内容不同，运维工作划分为客服、调控、运行、检修、厂商、服务管理六类。运维工作的属性是单位，单位属性决定了运维工作的执行主体。检修是对运维对象本体进行管理；调控是对运维对象状态进行管理；服务管理是对服务进行管理。

（3）运维流程。通过运维流程规范、提升运维工作，一个运维流程涉及一项或多项运维工作。

（4）服务。服务是对外提供价值的形式，信息通信部门以服务产品的形式向客户提供价值。服务通过运维流程来实现，一项服务是由一个或多个运维流程来实现的。

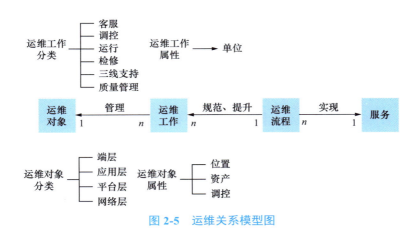

图 2-5　运维关系模型图

第二节　SG-ITOM 3.0 体系介绍

通过引入国际最佳实践，借鉴电网生产经验，基于信息通信运维现状及现阶段发展需求分析，开展信息通信运维体系设计，形成国网公司信息通信运维体系（SG-ITOM 3.0）顶层设计（见图 2-6）。其主要包括总体设计，以及运维管理"六位一体"专题设计、三地数据中心一体化运行专题设计、直属单位运维专题设计、技术支撑专题设计。其中，总体设计为四项专题设计及其他专项工作提供指导方向与设计依据。以下将重点介绍总体设计、运维管理"六位一体"专题设计及技术支撑专题设计内容。

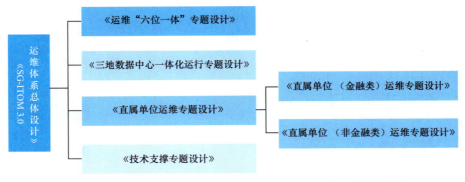

图 2-6　国网公司信息通信运维体系（SG-ITOM 3.0）顶层设计图

一、总体目标

以"安全可靠、作用价值"为导向，以推动运维工作从"面向设备"到"面向业务与数据"、从"支撑业务"到"推动业务"的两个转变为着力点，建成"管理集约、运行精益、作业智能、服务敏捷"的一体化信息通信运维体系（SG-ITOM 3.0），确保信息通信安全运行"可视、可控、可管、可信"。

（1）管理集约：实现运维组织纵向贯通、横向协同、流程优化、运维高效。

（2）运行精益：实现信息通信运维对象分层、运维服务分级管理，全程质量控制，完善数据基础运维与业务运维。

（3）作业智能：全面覆盖各运维对象，满足体系全业务需求，促进运维工作向自动化运维和智能化运维演进。

（4）服务敏捷：快速反应，快速交付，提高用户满意度，体现运维价值、增强服务运营意识。

二、总体设计核心内容

SG-ITOM 3.0总体设计核心内容包括"一个体系，两个支撑、三个属性、四个加强"。

（1）一个体系：依据"十三五"公司信息通信运维对象分布特点，完善现有调运检体系，优化职能，提出"两级调控、三层检修、一体化运行、全业务支撑"的运维体系。在体系中，客服是对外服务的核心，涵盖坐席职能和业务关系职能；调控是资源调配与状态控制的核心，涵盖调度管理职能、监视控制职能、方式管理和应急处置职能；运行涵盖设备（系统）运行职能；检修是设备（系统）管理与维护的核心，涵盖设备（系统）检修职能；三线支持涵盖三线支持职能；质量管理是服务保障的核心，涵盖质量管理职能。"一个体系"核心内容如图 2-7 所示。

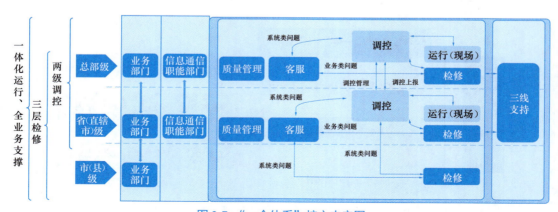

图 2-7　"一个体系"核心内容图

（2）两个支撑：人才队伍支撑和制度标准支撑。

1）加强人才队伍建设。建成一支年龄结构优、知识结构优、专业技术优、人才梯队优的"四优"人才队伍，实现核心系统与设备的运行维护自主可控。人才队伍支撑体系如图2-8所示。

图2-8 人才队伍支撑体系图

2）健全完善制度和标准。遵循国网制度文件体系架构和内容规格要求，对现行信息通信专业制度文件及技术标准提出修订和新增建议，以体现信息通信运维体系的设计内容。制度标准支撑体系如图2-9所示。

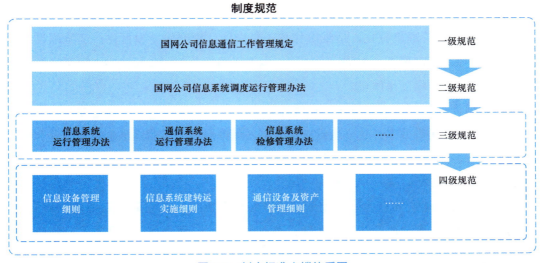

图2-9 制度标准支撑体系图

（3）三个属性：运维体系需要体现"生产""服务"和"安全"三个属性。生产属性和服务属性是运维工作提升和优化的两个方向，安全属性是运维工作的重点。其中，生产属性是指运行工作以资源为核心，优化资源，保障资源可靠运行；服务属性是指运维工作以面向业务和数据为提升点，引入运营理念，提升运维服务质量和价值；安全属性是指在信息通信生产服务全过程中，坚持以生产安全、网络安全、信息安全为根本，做好本质安全，保障信息系统安全、稳定运行。三个属性设计内容如图2-10所示。

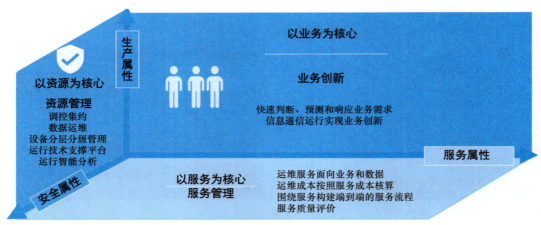

图 2-10　三个属性设计内容图

（4）四个加强：加强管理集约化，加强运行精益化，加强作业智能化，加强服务敏捷化。

1）加强管理集约化：实现运维组织纵向贯通、横向协同、流程优化、运维高效。主要设计内容为：

① 增强运维管理规范化，运维工作统一集中化、标准化、项目化；运维项目统一招标，规范投标厂商标准，加强厂商评价；运维人员向总部和省级集中；增强运维评价体系，持续提升运维工作质量。

② 增强调度控制能力，将运行在线处置能力逐步转入调控，提高远程控制和实时处理能力，提升运维效率；建立运维对象分层、运维服务分级的运维机制，实现业务和设备差异化运维，建成聚焦业务、按需分配、快速交付、体验友好的信息通信运维支撑能力。

③ 增强建转运协同能力，增加业务运维经理角色作为信息通信服务的总协调人，负责内外部协调，配合职能管理部门牵头推进建设部门、运维部门、研发实施厂商高效协作，增强管控力度，促进系统上线试运行和建转运工作高效开展；运维工作"前移"，从开发阶段构建新系统的运维能力。

2）加强运行精益化：实现信息通信运维分层分级管理，完善数据运维和业务运维，实现高端运维专业化、低端运维标准化，不断提升安全运行水平。主要设计内容为：

① 优化运维流程，利用端到端的服务流程贯通相关运维职责活动，形成闭环。以

服务流程驱动调控、运行、检修、客服和三线支持的协同合作，提高工作效率。

②增强业务运维和数据基础运维能力，立足用户业务应用角度，完善业务运维内容，加强对于业务需求分析及用户体验分析能力；针对数据基础运维对象，完善工作组织、工作流程和工作规范，保障数据安全，消除数据冗余，提高数据运维服务能力。

③提升运维本质安全能力，通过在设备（系统）运行架构、运维职责、基础管理、技术手段方面的加强，切实提高对电力生产的安全保障水平。

3）加强作业智能化：全面支撑各种运维对象（传统架构、互联网＋架构），满足信息通信运维体系业务管理需求，促进运维工作从传统运维模式向自动化运维和智能化运维演进。主要设计内容为：

①增加自动化管理能力，增加自动化工具建设与自动化工具管理职能，提高自动化运维水平。

②按照"一平台、多场景、微应用"的设计理念，开展信息通信运维体系技术支撑平台建设，满足信息通信运维体系业务管理需求，促进运维工作从传统运维模式向自动化、智能化运维演进。

③增加运行大数据智能分析能力，开展运维大数据分析，促进系统定量优化，为业务发展方向提供支撑。

4）加强服务敏捷化：快速反应，快速交付，提高用户满意度，体现运维价值、增强服务运营意识。主要设计内容为：

①增加业务关系服务能力，增加业务运维经理角色，强化业务关系服务，建立与业务部门多渠道互动机制，快速响应用户要求，提高用户满意度。

②增加服务质量管理能力，建立服务规划、设计、推广、评估、改进和优化的服务质量管理机制，实现"技术性"评价向"质量性"评价的转变。

③增加服务目录和服务成本核算，使用户能够按照服务目录查找运维途径；为业务需求量身定做，并结合实际丰富服务内容；建立服务成本核算机制，体现信息通信运行价值。

三、运维"六位一体"专题设计内容

（一）体系架构

根据 SG-ITOM 3.0 总体设计成果，结合省（市）公司运维现状，从职责、流程、制度、标准、评价、系统六个维度设计，构建运维"六位一体"运维管理体系。其具体架构如图 2-11 所示。

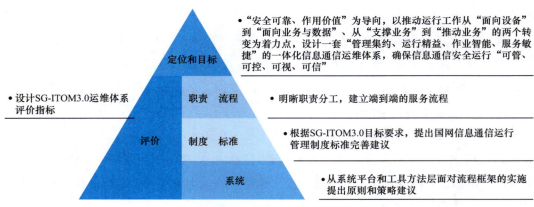

图 2-11　SG-ITOM 3.0"六位一体"管理标准架构图

（二）设计内容

1. 运维流程设计内容

通过全面梳理信息通信运维职责流程，建立端到端的服务流程。按照业务特点划分为面向终端用户的客户服务类流程、面向业务的业务关系类流程、面向运行的调度运行类流程和面向资源的检修上线类 4 大类流程群组。

2. 岗位职责设计内容

通过运维流程对每个环节的岗位职责、制度、标准、评价、系统要素进行匹配，将管理要求嵌入到流程操作中。通过流程全面梳理，并根据业务需求的迫切程度以及流程的实施难度，分阶段对流程进行展开落地工作。在"调运检"体系职责基础上，增加业务运维经理职责，增加服务管理职责，强化客户、调度职责，提升检修专业化、自动化能力。信息通信运维服务流程表见表 2-1。

表 2-1　　　　　　　　信息通信运维服务流程表

序号	流程名称	流程说明
1	服务请求管理	（1）服务请求管理是处理用户对信息通信服务的咨询、建议、资源申请等请求的管理流程。服务请求管理的目的是建立标准信息通信服务渠道，快速并有效地处理用户的请求，提升服务质量，提高用户满意度。 （2）服务请求流程涵盖了服务受理、业务运维、信息发布等职责
2	缺陷管理	（1）缺陷管理是处理发生的信息通信故障的管理流程。缺陷是导致或可能导致信息通信服务的中断或服务质量下降的任何故障；缺陷管理的目的是尽快恢复被中断或受到影响的信息通信服务，并将影响降到最低，从而确保满足约定的服务级别。 （2）缺陷管理流程涵盖了监视监测、调度指挥、应急指挥、信息报送、缺陷管理、在线处置、缺陷处置等职责
3	问题管理	（1）问题管理是处理重复发生的缺陷或找寻引起缺陷发生的根本原因的管理流程。问题管理的目的是找出缺陷的根本原因，防止缺陷重复发生。 （2）问题管理涵盖了优化管理、厂商技术支持等职责

序号	流程名称	流程说明
4	检修管理	（1）检修管理是管理可能影响信息通信服务的，并引发信息通信生产环境变化的所有操作的管理流程。检修管理的目的是及时响应客户不断变化的业务需求，保持服务与业务需求协调一致，同时最大限度地减少服务的缺陷、中断和因操作失败引发的返工。 （2）检修管理涵盖了检修计划、检修平衡、投退运管理、上下线受理等职责
5	两票管理	（1）两票管理是通过规划、安排、控制和操作，将信息通信服务组件部署到生产环境，同时确保生产环境的组件可以提供服务的管理流程。两票管理的目的是确保生产环境的完整性得到保护，并被部署正确的组件，进而实现信息通信服务正常运行，创造业务价值。 （2）两票管理流程涵盖了检修监视、检修监护、两票管理、设备维护、操作执行等职责
6	配置与方式管理	（1）配置与方式管理是负责维护提供信息通信服务所需的配置项信息的管理流程。配置与方式管理的目的是通过提供准确的配置项信息来帮助决策，并最大限度地减少由不正确的服务与操作导致的质量与一致性问题的数量，同时为缺陷定位、自动化运维等提供基础信息。 （2）配置与方式管理涵盖了方式管理、资源管理、配置管理、统计分析等职责
7	服务目录管理	（1）服务目录管理是以客户的语言对信息通信服务进行描述和约定，形成客户和信息通信服务提供者共享的一组信息，并对信息进行管理的流程。服务目录管理的目的是以客户的语言，提供准确的服务目录，确保服务目录得到及时维护，进而实现客户可以随时使用约定的信息通信服务，持续支撑业务价值实现。 （2）服务目录管理流程涵盖了服务目录管理等职责
8	服务级别管理	（1）服务级别管理是与客户协商、议定和记录信息通信服务级别协议，并确保信息通信服务运行满足服务级别协议要求的管理流程。服务级别管理的目的是通过服务级别协议的制定，建立客户与信息通信服务提供者之间的服务标准和沟通机制，实现信息通信服务目标可视和可度量，进而提高服务意识，提升服务质量。 （2）服务级别管理流程涵盖了服务协议管理、服务级别管理等职责
9	客户关系管理	（1）客户关系管理是建立沟通机制，设置沟通渠道，并维护客户与信息通信服务提供者之间关系的管理流程。客户关系管理的目的是通过建立与客户的沟通机制和流程，维护客户关系，支撑客户需求，进而提高客户满意度。 （2）客户关系管理涵盖了客户满意度、投诉管理等职责
10	服务报告管理	（1）服务报告管理是提供通过数据反映信息通信服务运行情况及服务级别达标情况的报告的管理流程。服务报告管理的目的是确保按照约定的内容及时、准确地提供报告，为相关决策和有效沟通提供依据。 （2）服务报告管理涵盖了服务报告等职责
11	容量管理	（1）容量管理是以合理的成本实现并维持业务运行所需的信息通信服务容量的管理流程。容量管理的目的是确保所有信息通信服务运行所需的容量均经济合理，并能够及时满足协定业务需求，同时达到约定的服务级别。 （2）容量管理流程涵盖了容量管理、优化管理等职责
12	可用性管理	（1）可用性管理是管理所有信息通信服务和资源的可用性相关问题，全面测量和确保达到可用性目标的管理流程。可用性管理的目的是使所有交付的信息通信服务可用性满足业务需求，通过可用性管理，提前评估并处置可用性风险，进而确保服务可用率符合服务级别要求。 （2）可用性管理流程涵盖了设备巡检、设备评价、风险管理等职责

序号	流程名称	流程说明
13	连续性管理	（1）连续性管理是将风险降低至合理水平以及在业务中断发生以后进行业务恢复的应急措施的管理流程制定。连续性管理的目的是确保业务运作所需的信息通信服务在灾难发生后的限定时间内能够得到恢复，从而达到业务持续性目标和要求。 （2）连续性管理流程涵盖了风险管理、应急指挥等职责
14	厂商管理	（1）厂商管理是确保厂商及其提供的服务得到管理，开展厂商评价及服务监督，从而达到信息通信服务目标的管理流程。厂商管理的目的是确保厂商达成合同和协议内约定的目标，同时遵守所有的条款的管理。 （2）厂商管理涵盖了厂商评价等职责
15	知识管理	（1）知识管理是负责收集、分析、保存和共享信息通信服务相关知识的管理流程。知识管理的目的是通过减少重新发现知识的需求，从而提高信息通信服务效率。 （2）知识管理流程涵盖了知识管理等职责
16	需求管理	（1）需求管理是收集客户对信息通信服务的需求以及提供相应资源以满足这些需求的管理流程。需求管理的目的是合理利用信息通信资源，满足客户对信息通信服务的需求，有效支持客户业务开展和运行。 （2）需求管理流程涵盖了需求管理、应用培训等职责
17	质量提升管理	（1）质量提升管理是持续评估所交付的信息通信服务的当前状况是否符合业务需求，识别服务过程的改进提升点并实施改进的管理流程。质量提升的目的是规范信息通信服务的质量提升管理活动，通过定期评价和改进来促进信息通信服务能力和服务水平的提升，以适应不断变化的业务需求，并持续优化服务流程，提升服务质量。 （2）质量提升管理涵盖了服务评估管理和服务改进管理职责
18	成本管理	（1）成本管理是实现信息通信服务成本计算，并从经济效益的角度对信息通信服务成本投入进行分析和控制的管理流程。成本管理的目的是对信息通信服务的资产和能力进行成本效益管理，促进信息通信服务从运维向运营转变。 （2）成本管理流程涵盖了成本管理等职责

3.　制度与标准设计内容

遵循国网公司已有制度标准框架和相关要求，按照 SG-ITOM 3.0 运维标准制度框架，完善信息通信运维制度体系，完善相关通用制度及技术标准，完善制度操作指南、岗位制度手册、作业指导书、作业工艺标准等，形成了国网公司信息调运检制度框架。信息运维"调运检"制度标准框架如图 2-12 所示。

4.　系统设计内容

基于国网公司信息运维工作现状，并结合公司业务和新技术发展趋势，在遵循信息运维"调运检"体系的基础上，持续优化完善现有信息运维支撑平台，形成一种新的"互联网＋传统"的运维技术架构，实现以下目标：

（1）支撑公司整体工作目标，满足信息通信运维体系的业务管理需求，不断提升信息通信运行保障能力。

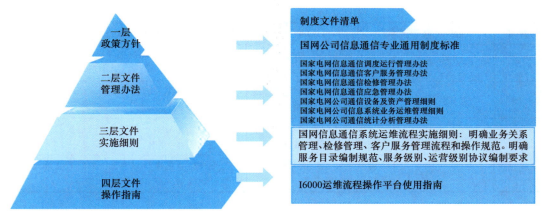

图 2-12 信息运维"调运检"制度标准框架图

（2）全面支撑对网络层、平台层、应用层、端层等多个方面的运维工作，确保技术架构可落地。

（3）促进运维工作从传统模式有序向自动化、智能化模式平滑过渡，支持手动运维与自动化运维的混合运维模式，建立健全公司内部工具开源社区，实现运维生态良好运转。

5. 评价设计内容

根据 SG-ITOM 3.0 总体设计要求，评价考核将逐步由过去的面对"过程"逐步向面对"服务"进行转变，并着重于"服务质量"评价，运维评价从职能与系统评价向流程与服务评价转变。信息运维"调运检"服务评价考核指标见表 2-2。

表 2-2　　　　　　　　信息运维"调运检"服务评价考核指标

序号	指标名称	指标说明	指标计算公式
1	请求解决及时率	请求及时得到解决的比率	请求记录中对"是否超时"="否"的请求单数量 / 请求单总量 × 100%
2	缺陷及时率	缺陷及时得到解决的比率	缺陷记录中对"是否超时"="否"的缺陷单数量 / 缺陷单总量 × 100%
3	SLA 合规率	达到 SLA 约定的服务占 SLA 的服务数量的百分比	达到 SLA 约定的服务数量 / SLA 中所包含服务数量 × 100%
4	紧急检修比率	紧急检修占检修总数量的比率	检修类型="紧急检修"的检修单的数量 / 检修单的总数量 × 100%
5	问题解决率	问题解决数量占总数的比率	问题解决率 = 问题关闭数量 / 问题总数量 × 100%
6	客户满意率	客户调查反馈中非常满意 + 满意的比率	满意度反馈 = "非常满意" + 满意度反馈 = "满意"的客户数量 / 调查客户总数量 × 100%
7	检修按期完成率	操作票在预定时间内完成的比率	实际完成时间 < 计划完成时间的操作票数量 / 操作票总数量 × 100%
8	配置信息准确率	审计结果准确的配置项数量占审核配置项总数量的比率	审计代码="准确"和审计状态="完成"的配置项数量 / 审计状态="完成"的配置项数量 × 100%

续表

序号	指标名称	指标说明	指标计算公式
9	服务可用率	服务可用时长占约定服务总时长的比率	可用率＝（1－中断时长/服务可用时长）×100%
10	容量缺陷比率	容量、性能原因导致的缺陷数量占缺陷总数量的比率	容量缺陷比率＝容量、性能缺陷数量/缺陷总数量×100%
11	改进计划完成率	实际完成的改进数量占计划完成的改进数量的比率	改进计划完成率＝实际完成改进数量/计划完成改进数量×100%
12	厂商评价合格率	评价合格的厂商数量占评价厂商总数量比率	厂商评价合格率＝评价合格的厂商数量/评价厂商总数量×100%

四、技术支撑专题设计内容

（一）设计目标

该技术架构能够满足一体化信息通信运维体系（SG-ITOM 3.0）的业务管理需求，不断提升信息通信运行保障能力。可全面支撑各运维对象（传统架构、互联网＋架构）并确保技术架构可落地。促进运维工作从传统模式有序向自动化、智能化模式平滑过渡。技术支撑业务架构如图 2-13 所示。其中，业务管理域由客户、调控、运行、检修、三线支持、服务管理等业务部分组成；运维操作域为业务管理域提供运维操作服务，并管理运维对象；运维对象包括服务器（虚拟机）、网络设备（含 SDN 设备）、集中/分部式存储、安全设备、业务应用、机房环境等方面。

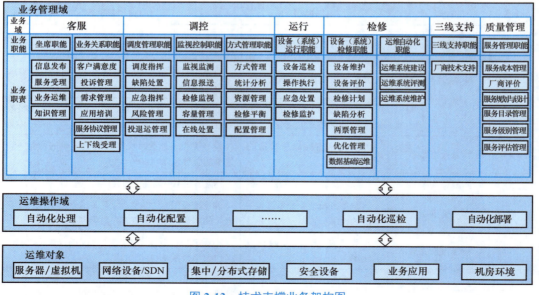

图 2-13　技术支撑业务架构图

（二）技术支撑平台应用架构

依据"一平台、多场景、微应用"的思路，一体化信息运维支撑平台（以下简称为"运维支撑平台"）包括监控中心、流程中心、分析展示中心、场景中心、工具中心、资源配置中心、统一Agent、审计中心、日志中心和公共支撑平台。从功能耦合度上考虑，中心内部采用紧耦合实现内部功能，中心之间采用"去中心化"的设计实现分布式、扁平化的应用结构。总体应用框架图如图 2-14 所示。

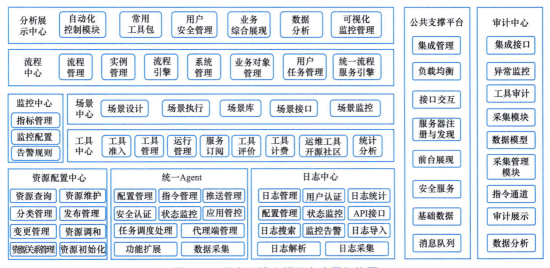

图 2-14 信息运维支撑平台应用架构图

（1）分析展示中心。分析展示中心是运维支撑平台的主要展示模块，主要实现数据统计分析、缺陷溯源、影响分析、关联分析、预警预测等功能，并作为技术支撑平台对外的统一数据出口。

（2）流程中心。流程中心是运维支撑平台中支撑运维业务管理业务流程的主要模块，主要功能包括解析业务流程定义、协调处理活动间的路由网关、处理服务请求及客户端的请求、处理引擎自身的调度等。建立统一的流程中心将提升运维业务管理流程集中管控、业务系统分类管理能力，提升整个运维体系运作效率。

（3）监控中心。监控中心是运维支撑平台中的采集数据中心，主要功能包括指标管理、监控配置和告警规则三个部分，其数据来源主要是统一 Agent、日志中心和审计中心，经过数据加工处理和数据持久化（入库）之后，可为上层展示中心等其他模块提供数据服务。

（4）场景中心。场景中心是运维支撑平台的调度中心，主要实现各种运维工具调用的流程化、标准化，促进运维工作从传统零散操作模式向场景化模式推进，增强运维服务体验，提升运维人员工作效率和工作质量。

（5）工具中心。工具中心是运维支撑平台的自动化工具管理中心，实现自动化运维工具管理。建立统一的工具中心将规范工具建设、运营标准以及计费标准，规范公司各单位的运维自动化体系建设，促进运维工作从传统模式向自动化、智能化模式推进。

（6）资源配置中心。资源配置中心是运维支撑平台的基础数据中心，主要功能是为各中心和自动化运维工具提供准确、可靠、有效的基础数据服务，通过识别、控制、维护、检查资源，高效控制管理不断变化的信息通信运维基础架构与信息通信运维服务资源。

（7）统一 Agent。统一 Agent 是运维支撑平台中对运维对象监视控制的重要通道，主要包括数据采集、指令执行、任务调度、应用管控、配置管理、功能扩展等功能。原则上统一 Agent 是对运维对象的数据请求和控制的唯一合法代理，提供了统一的准入规范，避免各种不同的 Agent 之间的相互竞争和重复采集而导致的冲突和资源浪费，并解决因后门、漏洞等造成的安全隐患，使各中心、各工具能够安全、有序地对运维对象进行管理。

（8）日志中心。日志中心是运维支撑平台的日志存储中心，实现对主机、网络安全设备、中间件、数据库等基本设备的标准日志收集，以及信息系统日志、安全审计日志等日志的全面收集，提高各个中心的系统监控、用户行为审计能力。日志中心实现运维日志的标准化管理，对运维缺陷快速定位，为运维大数据分析提供数据支撑。

（9）审计中心。审计中心是运维支撑平台面向过程的事后管控中心，主要包含了指令通道审计、审计数据采集、数据模型管理、数据分析、异常监控、审计数据展示、工具审计等功能。

（10）公共支撑平台。公共支撑平台是保障运维支撑平台正常运行的基础组件集合，承担安全认证授权及其他公共组件服务职责，提供各中心统一的用户管理、服务注册与发现、消息队列和负载均衡、权限管理等功能，保证用户权限的一致性，保证各中心API 调用过程的安全性，保证各中心对公共通信服务组件的使用需求。

五、SG-ITOM 3.0 应用成效

通过 SG-ITOM 3.0 建设，将运行资源和运行能力转化为产品服务，以产品 / 服务的形式满足业务需求，形成建设团队、运行团队和客户高效协同的信息通信运营模式，从支撑业务向推动业务转变，充分体现信息通信价值。其中，建设团队通过开发、设计、实施等工作提供信息通信运行资源；运行团队通过流程、技术等运行能力对资源协调、控制和部署从而提供产品 / 服务。SG-ITOM3.0 信息通信运营生态圈如图 2-15 所示。

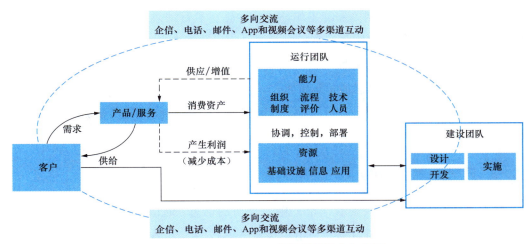

图 2-15　SG-ITOM 3.0 信息通信运营生态圈

通过 SG-ITOM 3.0 建成，进一步创新了运维模式，筑牢本质安全、实现运维服务"面向业务与数据"的转型，完成"管理集约、运行精益、作业智能、服务敏捷"的目标，大幅提升信息通信运行的安全、优质、高效、服务水平。

（1）运行更稳定。信息系统运行率提升至 99.99%，通信业务保障率提升至 99.9998%。

（2）系统更安全。完善的"事前、事中和事后"闭环管理机制，有效防范重大安全事件的发生。

（3）作业更高效。运维自动化工具全面覆盖，运维人员技能水平提升，人均维护设备数翻番。

（4）运维高质量。检修停机时间大幅降低，建运交接和上线流程更快速，系统投产更高效。

（5）用户满意。首问负责制和"业务运维经理"专业化服务能力显著提升，用户满意度提升至 98%，保持同业领先水平。

（6）价值凸显。全面精确的服务成本管理，有效的成本预算和控制，为信息通信建设提供决策依据。

第三节　国网公司信息运维"调运检"体系实践

以"安全支撑发展、运行保障业务"为宗旨，国网公司引入国际最佳实践，借鉴电网生产经验，建设以信息通信调控、运行、检修为核心的一体化信息运维"调运检"体系。一是依托在总部和各省（市）电力公司层面设置的信息通信分公司，专门负责信息通信建设、运维、安全及相关保障工作，持续加强质量管理，优化信息通信安全管理、三线技术支持和一体化客户服务管理机制。二是建设覆盖全运维对象、全运维业务的自动化、智能化信息通信运维支撑平台，加强人才队伍和信息通信运维制度和标准建设，加强专业管理，全面提升信息通信运维水平。三是持续开展精益调度、智能运检、智慧客服建设，构建"服务优质、运行可靠、交付敏捷、工具智能"的信息运维"调运检"体系，为电网企业高质量发展提供保障。

一、典型运维组织架构

目前，国网公司总部及各省（市）电力公司的信息-通信"调运检"工作由其下属信通公司承担，信通公司内部典型组织架构基本按照"五部三中心"进行设置。"五部"分别是综合管理部（办公室、党委组织、人资）、财务资产部（财务）、安全监察生产部（安质）、党建工作部（党宣传、纪检办公室、合规审计）、技术发展部（规划）；"三中心"分别是调控中心、运检中心以及工程中心，地市公司设立虚拟运检班组。其中，调控中心下属四个班组，分别为客户服务组、调控控制组（含方式计划组）、传输网络组、业务保障组；运检中心下属四个班组，分别为系统组、平台组、终端组、安全组（建设管控组属于工程中心，与运检中心合署办公）。具体组织架构如图2-16所示。

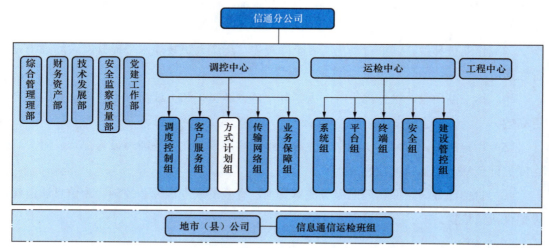

图 2-16　省（市）信通公司典型组织架构图

二、典型运维业务职能

国网公司信息运维业务由客服、调控、运行、检修、三线支持及质量管理组成。业务全景图如图2-17所示。

业务域	客服		调控				运行	检修		三线支持	质量管理
业务职能	坐席职能	业务关系服务职能	调度管理职能	监视控制职能	方式管理职能	应急处理职能	设备(系统)运行职能	设备(系统)检修职能	运维自动化职能	三线支持职能	三线支持职能
业务职责	信息发布 服务受理 业务运维 知识管理	客户满意度 投诉管理 需求管理 应用培训 服务协议管理 上下线受理	调度指挥 缺陷管理 检修计划 检修计划 投退运管理	监视监测 信息报送 检修监视	方式管理 统计分析 资源管理 容量管理 配置管理	应急指挥 风险管理 在线处置	设备巡检 设备评价 检修监护 数据基础运维	设备维护 操作执行 缺陷处置 优化管理 两票管理	运维系统建设 运维系统评测 运维系统维护	厂商技术支持	服务成本管理 厂商评价 服务目录管理 服务级别管理 服务评估管理 服务改进管理

图 2-17　信息运维"调运检"体系架构图

1. 客服业务域

客服业务域包括坐席职能和业务关系服务职能。

（1）坐席职能：面向业务用户，包括信息发布、服务受理、业务运维和知识管理等职责。

1）信息发布。通过电话、短信、网站、邮件等方式向信息通信系统用户发布业务指南、系统停机公告、政策法规、新闻等信息。

2）服务受理。接收和记录来自业务用户的服务请求，并对服务请求做初步支持。

3）业务运维。针对业务应用的运维工作，包括用户操作指导、功能配置变更、账号权限管理、应用问题受理、业务应用统计等。

4）知识管理。通过服务请求对信息通信运行知识进行汇总分析、归纳总结，为运维提供支撑，为用户提供培训资料。

（2）业务关系服务职能：主要涵盖客户满意度、投诉管理、需求管理、应用培训、服务协议管理、上下线受理等职责。

1）客户满意度：制订满意度调查计划，通过邮件、电话、现场访谈等方式，向客户提供的信息通信运维服务开展满意度调查，记录满意度调查结果，并对结果进行汇总分析。

2）投诉管理：设立信息通信客服投诉电话，监督信息通信客服投诉事件的处理过程，建立闭环管理机制。

3）需求管理：对业务用户在信息通信应用系统使用过程中提出的新需求进行记录、

归纳、上报、跟踪和反馈。

4）应用培训：制定信息通信应用培训方案，组织用户参加培训，确认培训成效。

5）服务协议管理：与业务客户商议服务内容，收集客户服务目标需求，并与客户达成一致。

6）上下线受理：接收、登记和跟踪信息通信新业务系统上线或者已有业务系统下线的请求。

2.调控业务域

调控业务域包括调度管理职能、监视控制职能、方式管理职能、应急处置职能。

（1）调度管理职能：调度管理职能主要包括信息通信的调度指挥、缺陷管理、检修计划、检修平衡和投退运管理等职责。

1）调度指挥：指挥调度管辖范围内信息通信设备（系统）运行操作，分析处理信息通信事故，下达检修指令，对检修实施过程进行跟踪、监督、协调。

2）缺陷管理：对信息通信相关的缺陷进行登记、分类、在线处置、过程跟踪，确保缺陷在合理时间内得到解决。

3）检修计划：对检修计划进行申请、分类、评估、编制、统计汇总以及归档，最大限度确保信息通信设备（系统）可用率。

4）检修平衡：组织召开检修平衡会，评估检修计划，确定检修平衡结果。

5）投退运管理：设备（系统）投入运行和退出运行的管理工作。

（2）监视控制职能：监视控制职能主要包括监视监测、信息报送、检修监视等职责。

1）监视监测：对信息通信系统、网络以及相关设备运行状态进行监控。

2）信息报送：对信息通信设备（系统）告警或异常及时报送至上级调度、运行检修部门、客服中心和相关业务部门。

3）检修监视：监视信息通信运行操作，并验证检修结果。

（3）方式管理职能：方式管理职能主要包括方式管理、资源管理、容量管理、配置管理、统计分析等职责。

1）方式管理：制定方式策略，初始化方式数据，对信息通信运行方式申请审批、编制、申请确认和方式审计等进行管理。

2）资源管理：对信息通信资源进行规划和分配。

3）容量管理：管理信息通信设备（系统）的可用容量，包括对信息通信设备（系统）容量进行规划、监控、调整。

4）配置管理：制定配置项策略，初始化配置项数据；对信息通信配置项修改、控制和审计等进行管理。

5）统计分析：对配置和方式数据进行汇总、统计和分析。

（4）应急处置职能：应急处置职能主要包括应急指挥、风险管理、在线处置等职责。

1）应急指挥：组织应急演练，对信息通信紧急、重要事件进行处置、汇报、指导。

2）风险管理：对信息通信相关运行风险进行识别、预警、管控和治理。

3）在线处置：通过自动化运维工具、知识库，以及自身经验对信息通信设备（系统）的缺陷进行在线处置。

3. 运行业务域

运行业务域主要涉及设备（系统）运行职能，主要包括设备（系统）巡检、设备（系统）评价、检修监护、数据基础运维等职责。

（1）设备（系统）巡检：定期巡视、检查信息通信设备（系统）运行情况，并对巡检结果进行统计汇报。

（2）设备（系统）评价：对设备（系统）具体功能、性能、使用年限、运行状态进行评价，并提出针对性措施及建议。

（3）检修监护：依据检修计划对检修工作进行检修许可、环境准备、现场监护及检修验收，确保检修执行得安全性和正确性。

（4）数据基础运维：规范数据接入、使用、变更、存储等方面运维工作，为数据安全利用提供支撑。

4. 检修业务域

检修业务域主要包括设备（系统）检修职能和运维自动化职能。

（1）设备（系统）检修职能：主要包括设备（系统）维护、操作执行、缺陷处置、优化管理、两票管理等职责。

1）设备（系统）维护：对信息设备（系统）进行日常升级、保养、维护。

2）操作执行：接受调度人员下发的操作指令，按照操作指令完成运行操作。

3）缺陷处置：分析信息设备（系统）缺陷，找出导致缺陷产生的根本原因，提出解决方案和相关预防性措施，并实施方案，消除缺陷。

4）优化管理：优化信息设备（系统）性能，涵盖网络层、平台层、应用层、端层等各层级运维对象。

5）两票管理：对工作票、操作票填写、审核、操作执行与监督等进行管理。

（2）运维自动化职能：主要包括运维系统建设、运维系统评测、运维系统维护。

1）运维系统建设：根据运维对象及运维工作需求，建设配套的运维支撑系统（含各类工具）。

2）运维系统评测：对运维支撑系统（含各类工具）的功能、性能进行分析评测，以确保系统能够满足运维需求。

3）运维系统维护：运维支撑系统（含各类工具）的日常维护及技术支持，包括版本升级等工作。

5. 三线支持业务域

三线支持业务域主要包括三线支持职能，如厂商技术支持职责。

厂商技术支持：对缺陷、请求和问题等进行分析，提出解决方案，并在检修过程中负责提供技术支持。

6. 质量管理业务职能

质量管理业务职能主要涉及服务管理职能，主要包括服务成本管理、厂商评价、服务目录管理、服务级别管理、服务评估管理和服务改进管理等职责。

（1）服务成本管理：对信息通信运维服务进行服务成本建模、服务成本核算、服务预算管理。

（2）厂商评价：对厂商提供服务的服务质量进行评估和评价。

（3）服务目录管理：创建和维护服务目录，确保提供一个准确、一致的中心数据源，记录每一项服务的详细信息。

（4）服务级别管理：对特定客户的服务级别进行监控、报告和回顾等。

（5）服务评估管理：对信息通信服务结果进行指标收集、分析、评估，提出服务优化方案。

（6）服务改进管理：识别信息通信服务过程中的改进点，同时整理分析服务评估结果和优化方案，制订详细服务改进计划，落实责任人，实施服务改进工作。

三、典型运维班组岗位职责

国网公司总部及各省（市）电力公司整体信息运维工作，参照电网主业的"电力调运检"体系为基础，采用二级调度、三级检修的运维模式，向业务部门提供支撑与保障服务。信通公司内部信息通信业务管理部门负责对项目整体的管理工作，负责对运维部门进行监督工作以及设备、系统上下线管理等工作。各班组的主要职责分工如下：

1. 调度控制组职责（含方式计划组）

（1）调度控制组职责。负责信息通信调度工作、监控巡视、缺陷管理、值班管理、检修许可、检修实施监控、验证、方式下达等。具体岗位职责详见表2-3。

表 2-3　　　　　　　　　　调度控制组具体岗位职责表

班组	岗位	岗位职责
调度监控组	组长、副组长	（1）负责信息通信调度日常管理和监督考核工作，确保调控值班、应急处置、培训演练等工作有序开展，负责调控考核指标。 （2）负责配合完成可用性、容量和连续性管理相关工作
	值长	（1）作为信息通信调度当值期间的值班工作负责人，负责组织应急处置和紧急、重要事件的汇报，指导、分解值班任务等工作，负责汇总编制调度报表。 （2）值长负责检修方式预案验证
	主值	（1）负责处理总部各项调度指令；负责监控信息通信系统运行情况。 （2）负责受理检修开、竣工许可；负责落实特殊保障时期信息通信应急指挥。 （3）负责协调处理信息通信系统缺陷、异常
	副值	（1）负责信息系统、信息内外网安全情况、灾备系统的日常运行监视、定时巡视和特殊监视。 （2）负责二级信息检修开、竣工令下达，对检修实施过程进行跟踪、监督、协调负责 TMS 系统及设备网管系统的日常运行监视、定时巡视和特殊监视。 （3）负责通信检修开、竣工令下达，对检修实施过程进行跟踪、监督、协调
	信息通信缺陷专职	（1）主要跟踪缺陷处置并负责组织缺陷统计分析。 （2）对缺陷的处置过程进行全程跟踪。 （3）对缺陷解决方案进行记录，对处理结果进行验证并归档
	监控值班岗位	负责监控信息通信整体运行情况、负责对缺陷的在线处置

（2）方式计划组职责。负责信息通信方式、检修日常管理和监督考核工作，确保资源调配、运行方式、统计分析、检修审批、检修管控等工作有序开展。具体岗位职责详见表 2-4。

表 2-4　　　　　　　　　　方式计划组具体岗位职责表

班组	岗位	岗位职责
方式计划组	组长	（1）负责信息通信方式、检修日常管理和监督考核工作，确保资源调配、运行方式、统计分析、检修审批、检修管控等工作有序开展。 （2）负责方式管理策略制定、方式修改申请审批以及方式审计的发起。 （3）负责可用性计划编制、实施、监控和回顾。 （4）负责容量需求收集、容量计划编制、实施、监控和回顾
	信息通信方式专职	（1）负责信息通信系统检修计划审批及重大检修方案评审。 （2）负责信息通信方式编制及运行方式优化、预警。 （3）负责审批信通公司方式单。 （4）负责方式修改申请的审批，以及方式修改后的确认
	信息通信资源专员	（1）负责信息通信资源规划、资源分配及数据治理更新。 （2）对方式数据和实际环境进行比对，并反馈审计结果
	信息通信统计专职	负责信息通信数据统计及分析
	信息通信检修专职	负责信息通信系统检修计划审批及重大检修方案评审

2. 客户服务组职责

受理用户故障申报、业务咨询、数据处理等服务请求，并进行处理、分派、跟踪及回访。对服务请求进行统计分析，发现并及时上报缺陷。承担信息发布、终端报修、用户满意度、投诉管理、缺陷申报、知识管理、需求收集、业务咨询、电话座席等工作。具体岗位职责详见表2-5。

表2-5　　　　　　　　　　　　客户服务组具体岗位职责表

班组	岗位	岗位职责
客户服务组	组长、副组长	（1）负责班组规章制度的制定和修编，制订工作计划；负责班组人员的考核、培训、技术管理。 （2）参与新系统建转运；负责客服系统优化调整、重点保障工作的现场指挥协调等现场工作。 （3）负责对用户投诉处理意见进行审批。 （4）负责知识管理策略的建立和持续优化。 （5）审批需求实施方案，确保实施方案有效、可行、可控
	终端报修坐席	（1）负责受理电话、计算机终端及用户网络故障报修。 （2）尝试对终端故障的处理，即分派、跟踪、回访
	应用咨询坐席	（1）负责受理集中部署信息系统应用咨询。 （2）尝试对应用相关的咨询进行处理，即分派、跟踪、回访
	业务运维坐席	（1）负责申报集中部署信息系统缺陷和数据处理。 （2）经业务部门授权后对用户的请求进行协调处理、升级。 （3）受理用户申报的需求、缺陷并进行跟踪回访
	客服督导	（1）负责投诉的受理、处理以及关闭。 （2）负责对用户进行满意度抽查
	知识管理岗位	（1）客服班组知识管理制度制定、管理要求落实。 （2）系统建转运知识移交管理。 （3）客服知识管理系统需求、缺陷、优化管理。 （4）应用系统知识数据统计、分析、归纳和反馈

3. 传输网络组职责

负责传输设备、光缆及业务保障、负责网管运维配置管理、负责通信机房及通信电源等设备运维保障工作。负责网络及设备安全、应用系统安全、服务器硬件安全方面工作、制定安全策略，并定期对信息通信相关应用和设备进行安全审计，汇总分析安全审计事件并汇报。承担信息内网公司本部局域网、省公司城域网、数据中心网络，信息外网本部局域网，对外服务区数据中心、重要业务承载网网络设备及链路日常运维及检修工作；网络防火墙、内外网隔离装置、安全接入平台、IDS系统、ISS系统、上网行为管理系统、邮件阻断系统等设备日常运维及检修工作；信息内网省市县广域网主备网、数据通信网、信息外网省市县广域网网络设备及链路日常运维及检修工作。具体岗位职责如表2-6所示。

表2-6　　　　　　　　　　传输网络组具体岗位职责表

班组	岗位	岗位职责
传输网络组	传输网络组	（1）负责传输和网络日常管理及监督考核工作，确保集中传输网管、省网传输设备及国网一二级传输设备、网络链路、网络设备等运维工作有序开展，负责传输设备、光缆及业务保障指标；负责制定数据通信网、信息内外网及安全设备的维护规程，提出网络相关部分的建设内容，负责班组内部岗位分工，制订年度、月度、周的工作计划和班组绩效考核。 （2）负责两票审核。 （3）负责配置项数据修改审核。 （4）对网络类问题有效性进行审核
	网管运维专职	（1）负责骨干网络属地传输网管客户端运维、巡检工作。 （2）负责传输网管配置管理、应急处置等工作
	设备运维专职	（1）负责骨干网络、属地网络传输设备、省通信机房及通信电源等设备运维工作。 （2）负责开展三级及以上通信站点集中巡检。 （3）负责组织开展通信系统安全检查和隐患治理督办工作
	光缆运维专职	（1）负责主干光缆归口运行管理。 （2）负责定期开展主干光缆备用纤芯测试工作。 （3）负责出口光缆及跨地区光缆运行管理工作
	网络系统专职	（1）主要负责运维范围内的网络设备的规划、运维和台账管理工作，以及数据通信网、信息内外网的规划和运维工作。 （2）负责两票开票、执行和归档，负责方式修改的申请、执行。 （3）负责网络等配置项数据维护、审计。 （4）负责对问题流程的执行与归档
	网络运维专职	（1）主要负责路由器、交换机等网络设备的台账管理、规划和运维工作。 （2）负责构建统一的数据通信网、数据中心网络。 （3）负责相关设备的建设、运行、维护及各级检修工作，保障公司网络可靠稳定运行。 （4）负责网络等配置项数据维护、审计
	网络缺陷专职	（1）协助调控人员、协调厂商人员对网络类缺陷进行处理、记录缺陷解决方案并反馈至调控人员。 （2）负责对问题类型进行判断及分类，对问题进行分析并找到解决方案，必要时协调厂商人员对问题进行分析与处理。 （3）负责检修的发起、检修方案的制定、方式申请单及方式确认单填报

4. 业务保障组职责

负责语音交换、电视电话会议、TMS系统、IMS系统运维保障工作；承担设备运维、电视电话会议、调度台运维、时钟同步、网管网运维、光缆运行管理、光缆纤芯测试、传输设备和网络维护、巡检、配置、应急处置安全检查、隐患治理等工作。具体岗位职责详见表2-7。

表 2-7　　　　　　　　　　　业务保障组具体岗位职责表

班组	岗位	岗位职责
业务保障组	业务保障管理	（1）负责业务保障日常管理和监督考核工作，确保语音交换网、电视电话会议、TMS 系统等运维保障工作有序开展。 （2）负责 TMS 考核指标
	行政交换运维专职	（1）负责行政交换网及省公司 IMS 系统主、备核心网设备运维工作。 （2）负责省办公电话放装及故障处理工作
	调度交换运维专职	（1）负责调度交换网及主、备调调度台运维工作。 （2）负责调度台数据维护及技术支撑工作
	会议保障专职	负责电视电话会议设备运维及省公司电视电话会议调试、保障工作
	支撑网运维专职	（1）负责 TMS、AMS 系统建设、运维工作。 （2）负责同步时钟、网管网运维工作

5. 系统、平台、安全、终端组职责

（1）系统组职责。审核系统设计和上下线方案，掌握系统架构；分析运行隐患与缺陷，优化运行方式，管控运行变更环节；熟悉系统检修操作，分析检修质量；及时响应故障告警，迅速处理应急。具体岗位职责如表 2-8 所示。

表 2-8　　　　　　　　　　　系统组具体岗位职责表

班组	岗位	岗位职责
系统组	组长、副组长	（1）负责班组工作任务下达、管理标准制定、过程监督及成果评价。 （2）负责两票审核。 （3）负责应用类配置项数据修改审核。 （4）发起客户（业务部门）满意度调查。 （5）对应用类问题有效性进行审核。 （6）负责配合完成可用性、容量和连续性管理相关工作
	运行专职	（1）负责组织网络与信息系统应急演练。 （2）负责开展网络与信息系统隐患排查治理。 （3）负责开展应用系统自动化工具建设实施
	检修专职	（1）检修流程及两票规范制定；检修计划审核及影响范围评估；检修统计分析；检修方案审核；检修计划接受与分类、检修计划审批执行与归档、实施管控等。 （2）负责对问题流程的执行与归档、紧急检修的执行与归档
	业务运维经理	（1）负责运维系统的上下线、建转运和两图两方案的编制；参与系统前期建设，参与建设期间的各环节文档审核及验收。 （2）负责组织运维系统的预防性维护、故障处理及应急处理；按照检修流程进行运维系统的检修计划申报、检修方案审核、检修执行过程质量监控和评估等工作
	系统负责人	（1）根据业务部门信息通信运维需求，组织编制服务级别、运营级别协议，组织编制服务目录。 （2）负责客户（业务部门）满意度调查、回收和分析。 （3）负责应用类配置项数据收集、修改、审计和配置管理报告生成

续表

班组	岗位	岗位职责
系统组	系统运维专职	（1）承担在运应用系统的版本发布、数据操作、调试配合工作；承担在运应用系统的专业性巡检、预防性维护、性能优化、应用情况分析工作；承担在运应用系统的部署、迁移、扩容升级以及应急预案的制定和演练等。 （2）负责两票开票、执行和归档，负责方式修改的申请、执行、协助调控人员、协调厂商人员对缺陷进行处理，记录缺陷解决方案并反馈至调控人员。 （3）负责对问题类型进行判断及分类，对应用类问题进行分析并找到解决方案，必要时协调厂商人员对问题进行分析与处理，负责检修的发起、检修方案的制定、方式申请单及方式确认单填报
	系统检修专职	负责检修执行、配置变更执行、缺陷处理，以及系统检修处理、故障分析及问题分析

（2）平台组职责。负责五大平台（机房基础设施、小型机、PC 服务器、存储、系统软件归类为基础设施平台，硬件平台，OS 平台，DB 平台和基础软件平台）的建设、采购、规划、安全、运行、检修。具体岗位职责详见表 2-9。

表 2-9   平台组具体岗位职责表

班组	岗位	岗位职责
平台组	组长、副组长	（1）主要负责运维范围基础设施、数据库、资源池、灾备系统、存储设备及相关基础软件等平台的运维管理和日常事务的协调工作；负责班组内部岗位分工，制订年度、月度、周的工作计划和班组绩效考核。 （2）负责两票审核；负责配置项数据修改审核；负责对平台类问题有效性进行审核；负责配合完成可用性、容量和连续性管理相关工作
	平台软件专职	（1）主要负责运维范围内计算资源、数据库资源、灾备系统、基础软件资源等的运维、规划调整、性能优化、台账等工作。X86 环境虚拟化平台的资源部署整合、平台优化调整等相关的运维工作。 （2）负责两票开票、执行和归档，负责方式修改的申请、执行。 （3）负责数据库资源、灾备系统、基础软件等配置项数据维护、审计。 （4）负责对问题流程的执行与归档，紧急检修的执行与归档
	平台硬件专职	（1）负责信息机房空调、UPS、配电系统等基础设施的运行、优化、规划等工作；负责计算设备的安装、规划，负责各类操作系统的安装配置、优化、故障、分析、恢复等工作；负责操作系统安全加固、风险分析、攻击行为的处理、防范等工作。 （2）负责两票开票、执行和归档。 （3）负责方式修改的申请、执行。 （4）负责机房基础设施配置项数据维护、审计对问题有效性进行审核。 （5）负责对问题流程的执行与归档，紧急检修的执行与归档

班组	岗位	岗位职责
平台组	平台运维专职	（1）主要负责运维范围内计算资源的运维和台账管理工作。X86 环境虚拟化平台的资源部署整合、平台优化调整等相关的运维工作。负责构建统一的数据备份平台，实现操作系统、文件系统、数据库等重要数据的统一备份、监控、恢复平台，满足其他运维人员的备份需求。负责两票开票、执行和归档。 （2）负责方式修改的申请、执行。 （3）负责计算资源配置项数据维护、审计。 （4）协助调控人员、协调厂商人员对平台类缺陷进行处理。 （5）负责记录缺陷解决方案并反馈至调控人员，对问题类型进行判断及分类，对平台问题进行分析并找到解决方案，必要时协调厂商人员对问题进行分析与处理。 （6）负责检修的发起、检修方案的制定、方式申请单及方式确认单填报

（3）安全组职责。负责网络及设备安全、应用系统安全、主机存储安全方面工作，制定安全策略，并定期对信息通信相关应用和设备进行安全审计，汇总分析安全审计事件并及时汇报。具体岗位职责详见表 2-10。

表 2-10　安全组具体岗位职责表

班组	岗位	岗位职责
安全组	组长、副组长	（1）主要负责制定数据通信网、信息内外网及安全设备的维护规程，向公司提出网络相关部分的建设内容，负责班组内部岗位分工，制订年度、月度、周的工作计划和班组绩效考核。 （2）负责两票审核。 （3）负责配置项数据修改审核。 （4）对网络类问题有效性进行审核。 （5）负责配合完成可用性、容量和连续性管理相关工作
	信息安全专职	（1）主要负责运维范围内信息安全设备的运行维护，制定并实施相关安全防护措施和策略等。 （2）负责两票开票、执行和归档，负责方式修改的申请、执行。 （3）负责安全设备等配置项数据维护、审计。 （4）负责对问题流程的执行与归档，紧急检修的执行与归档
	安全审计专职	（1）主要负责对所有"调运检"的操作行为进行安全审计、跟踪分析和监督检查。 （2）负责网络安全审计系统的日常维护，对审计日志进行定期分析和事件记录。发现系统管理员和信息安全员违规行为或是审计日志中的可疑问题，要及时将审计事件上报主管领导。 （3）负责相关审计资料的记录、整理和归档等管理工作，并定期向主管领导进行审计报告。 （4）负责信息系统和通信安全审计有关的所有工作

（4）终端组职责。负责终端技术运维和安全运维。终端组具体岗位职责详见表 2-11。

表 2-11　　　　　　　　　终端组具体岗位职责表

班组	岗位	岗位职责
终端组	组长、副组长	（1）主要负责制定终端类设备运行维护规程，向公司提出终端类设备及技术发展规划建议。负责组织开展终端运维服务目录、服务标准制定工作，组织开展终端运维工作。负责班组内部岗位分工，制订班组内部年度、月度工作计划和班组绩效考核工作。 （2）对终端类问题有效性进行审核。 （3）负责配合完成可用性、容量和连续性管理相关工作
	终端运维专职	（1）负责终端资产类项目管控，承担对终端类设备的账、卡、物一致性核验工作。承担终端类设备运维规范编制工作，负责终端类设备运行状况统计、故障分析、典型问题跟踪等设备运行管理工作。 （2）负责终端问题的处理。 （3）负责终端类配置项信息的收集、修改、审计
	终端安全专职	（1）承担终端类设备运行的信息安全保障工作，协助开展终端类设备安全运行规范制定工作；负责终端类信息安全指标保障工作，组织开展终端类信息安全项目建设、系统运维、检修管理及实施组织工作；负责面向地市的终端类信息安全指标管理、技术支持工作。 （2）负责终端安全类缺陷的处理。 （3）负责终端安全类问题的处理
	终端运维专职	（1）承担终端类支撑系统运检工作。承担面向客户的台式机、打印机、笔记本等终端设备问题现场维护工作。 （2）负责终端缺陷的处理

第三章

电网企业信息运维 – 精益调度实践

第一节　调度的组织架构及职责

一、调度组织机构与管辖范围

信息系统调度工作，是指为保障信息系统的安全稳定运行，开展的调度监控、调度值班管理、检修计划管理、方式资源管理和应急安全管理等工作。

国网公司信息专业借鉴电网生产调运检体系，设立了两级信息调度体系，一级为国家电网信息调度（简称国网信息调度）、二级为分部、省（自治区、直辖市）电力公司及直属单位信息调度（简称省级信息调度），依托智能一体化运维支撑平台（I6000）和标准化制度保障体系，实现协同保障，一体化运行。信息调度机构是信息系统运行的组织、指挥、协调和监控机构，遵循"统一调度、两级管理"的原则，各级信息调度机构在信息调度业务活动中是上下级关系，信息系统调度工作下级调度必须服从上级调度，各级信息调度机构是本级信息运行维护的组成部分，在信息系统运行中行使调度权。

国网信息调度的调度监管范围是接入 I6000 系统监控的总（分）部、省公司、直属单位信息系统，以及总部与各分部、省公司、直属单位间的信息网络。省级信息调度的调度指挥范围是本单位部署的信息系统、各下属单位信息系统，以及省级单位与各下属单位间的信息网络。

信息调度管控监视范围是上级调度机构对下级调度机构调度管辖范围内的信息系统进行集中监视的范围。国网信息调度的调度管控监视范围为省公司、直属单位信息系统和信息安全；省级信息调度的调度管控监视范围为地市公司、省直属单位信息系统和信息安全。

二、信息调度主要职责

（一）国网信息调度主要职责

（1）负责调度管控监视范围内信息系统的实时监控、指挥协调、检修计划管理、信息报送和统计分析评价工作。

（2）负责审核、下达调度管辖范围内信息系统的运行方式，对调度管辖范围内信息资源统一管理并调配使用。

（3）负责审核（批）调度管辖范围内信息系统检修计划并对检修工作进行监督和协调。

（4）负责组织开展调度管辖范围内信息系统应急预案的编写及应急演练工作，负责应急处置工作。

（5）负责落实与下达总部管理部门信息运行的工作，指导、督促下级信息通信调度日常运行管理。

（6）对调度管辖范围内信息系统的上下线、建转运进行审核。

（7）负责调度管控监视范围内信息安全的监测工作，及时下发风险预警，组织针对安全漏洞的处置工作；参与调查和分析信息系统重大故障及事件。

（8）开展申告受理、事件记录、每月根据需要向职能管理部门（总部数字化部）提供调度月报和信息系统运行分析月报。

（二）省信息调度主要职责

负责调度指挥范围内的信息系统的实时监视、异常申告受理；信息系统的应急管理工作，包括组织开展异常处置指挥、异常原因处置指挥、异常原因调查分析、信息系统应急预案编制、信息运行风险预警及应急演练等工作；信息系统一级检修计划审核、二级检修计划的审批，检修开、竣工许可及执行情况的跟踪验证；负责调度指挥范围内信息系统的上下线审核；审核、下达信息系统的运行方式，对信息资源统一管理并调配使用；组织信息系统运行维护单位开展运行保障工作；负责开展信息系统运行统计分析，根据需要向国网信息调度、本单位数字化职能管理部门提供信息系统运行分析报告。

第二节　调度监控管理

信息调度监控管理包括监视监测、信息报送和运行保障等。国网信息调度对调度监管范围内信息系统、信息网络运行情况进行监管，并指导省级信息调度完成异常处置；省级信息调度对调度指挥范围内信息系统、信息网络、信息软硬件设备及基础设施进行实时监控，及时发现异常并组织处置；省级信息调度针对调度指挥范围内重要信息系统开展全链路监控及核心业务指标监控，并统一接入 I6000 系统监控；两级信息调度定期开展信息系统监控检查核查工作，重点针对监控范围、监控指标项、监控准确性进行核查；根据信息运行情况优化监控指标及监控手段，提高监控数据全面性、及时性、准确性。

一、监视监测运维管理

（一）运行监控分类

运行监控是指通过 I6000、专业网管等监控工具对信息系统的运行状态、运行参数和告警信息进行监视。其主要分为实时监控、定时巡视和特殊监视。

（1）实时监控：值班期间对监视范围内的信息系统进行 7×24h 不间断监视。

（2）定时巡视：按照规定的频次对信息系统及设备的可用性、关键指标及重要性能进行有针对性的检查。定期巡视时间间隔应不大于 4h。

（3）特殊监视：在某些特殊情况下，调度员对部分信息系统采取加强的监视措施。遇有下列情况，应开展特殊监视：

1）设备有严重或紧急缺陷；

2）系统运行有特殊要求或各类重要保障期间；

3）遇特殊恶劣天气时，如地震、雨雪冰冻灾害等；

4）其他有特殊监视要求时。

（二）系统接入要求

原则上所有信息系统应接入 I6000 系统。新上线信息系统（设备）应在上线试运行前完成监控接入，同时还需满足以下条件后方可纳入信息调度监视范围：

（1）信息系统需完成上线试运行申请并通过部署实施验收，具备完整的运行方式及应急预案，接入前完成单点部署等隐患整改工作。

（2）完成监控有效性验证，具备声、光、电告警功能，能够清晰准确地对系统故障、缺陷进行定位和提示；具备完备的操作手册，提供所有监控项、阈值等监控指标的定义，提供监控内容列表，并根据调度需要开展专项培训。

（3）监控工具对于未达到安全生产要求的监控工具（告警准确性、及时性不够，告警信息不明确，存在安全漏洞等）不予接入。

（三）即时报告要求

各级信息调度监视发现调管范围内的信息系统告警信息后，应按照相关规定要求及时组织处理。达到即时报告要求时，应按规定时间要求向上级信息调度进行报告。

（1）上级信息调度监视发现管控范围内的信息系统告警信息后，应及时通知下级信息调度进行处理，并进行闭环跟踪管控。

（2）当监控工具（I6000、专业网管）失效时，各级信息调度应及时通知对应的运维单位，安排专人值守、加强现场巡视。

二、监视监测范围及内容

（一）运行监控范围

运行监控范围包括监控大屏、调度台主机上展示的所有相关运行信息，即各主要信息系统（如 I6000）、专业网管等。

（二）运行监控内容

运行监控内容信息参考表 3-1。

表 3-1　　　　　　　　　　　运行监控内容信息表

类别	监控内容
信息系统	（1）信息系统指标情况：监控 I6000、专业网管等系统运行指标是否正常。 （2）信息系统连通情况：监测信息系统是否能够正常登录及办理相关业务，向 I6000 系统接口发送数据是否正常等。 （3）信息系统响应时间：通过支持工具监控信息系统的响应时间是否正常。 （4）信息系统告警情况：监控各类信息系统告警事件。 （5）机房环境：监控机房的温度、湿度、电源、漏水、消防等情况。 （6）其他辅助设备：空调系统、电源系统、消防系统等是否报警
网络	（1）网络通断指标监控：监测省公司骨干网络节点链路、备用链路的连通情况。 （2）网络流量指标监控：对各网络监测点的流量指标进行监测。重要指标主要有带宽利用率、最大流入、最大流出、平均流入、平均流出、当前流入和当前流出等。 （3）网络性能指标监控：对各网络监测点的性能指标进行监测。重要指标有平均时延和丢包率
安全防护	（1）互联网出口：对互联网出口安全情况进行监测。重要指标有高风险攻击数量、病毒木马数量、敏感信息事件数量等。 （2）对外网站：对外网站所受攻击数量。 （3）桌面终端：桌面终端安装注册率、桌面终端防病毒软件安装率、桌面终端违规外联阻断数量、桌面终端病毒感染情况等。 （4）外网安全：外网邮箱弱口令数量、敏感信息数量、遭受攻击数量等。 （5）系统安全：内网安全漏洞数量

三、信息报送管理机制

信息调度联络方式主要有调度值班电话、邮件、传真和 I6000 系统，联络内容主要有指令下达、操作许可、计划检修、紧急检修、计划调整、异常及故障等。

（一）调度值班电话、邮件、传真联络机制

调度值班电话、邮件、传真的联络方式主要适用于一般性事务联系及工作情况汇报。

调度值班员通过公司各单位均已建立的 7×24h 调度运行值班电话及调度运行邮箱群组列表进行联络。在指令下达、许可操作、计划检修、紧急检修、计划调整、异常及

故障等调度工作联系流程中，调度员认为确有必要向上级信息调度、公司领导及相关专业人员确认的事项，应及时汇报确认。针对异常、故障情况及其他需要报告的重大事件，应了解信息包括：事件发生的时间、地点、背景情况，事件经过、应急处置情况，重要设备损坏情况（设备损坏须核实设备生产厂家及投运时间）、影响情况及系统恢复情况等，必要时应附图说明。

（二）智能一体化运维支撑平台（SG-I6000）联络机制

通过 I6000 进行调度联络的主要有调度联系单、调度指令票、检修计划、其他需要上传下达的资料等。

1. 调度联系单

国网 / 省级信调通过各种监控手段，发现应用系统或链路等异常，主动填写、下发调度联系单，要求相关单位处理并反馈处理情况，国网总调 / 省级信调根据处理情况记录相关审核信息（例如，问题类型、异常类型、停运时长等）。调度联系单模版详见附录 B-1。

2. 调度指令票

调度指令票由国网总调当班信息调度值班员发出，并对下达的调度指令正确性负责。受令人为下级信息调度值班员，受令人执行调度指令并对执行所受指令的正确性和及时性负责。受令人在执行调度指令过程中，确认执行该调度指令将危及信息系统安全稳定运行时，应当立即向发布该调度指令的信息调度值班员报告，由发令人决定该调度指令的执行或者撤销。I6000 系统实现调度指令票的拟写、预审、预发、反馈、审核、执行、确认、撤销全过程闭环管理。调度指令票模版详见附录 B-2。

3. 检修工作票

各省 / 市电力公司及国网直属单位应以 I6000 系统录入方式上报一级检修计划。月检修计划于每月 20 日之前完成检修计划上报，25 日之前完成联调审批工作，次月 1 日前国网信调完成检修审批工作；周检修计划每周四之前完成检修计划上报，周五之前完成联调审批工作；临时检修计划于 24h 之前完成检修计划上报，12h 之前完成联调工作。检修计划填报应遵循简明、规范原则，包括检修名称、工作内容、类型（包含但不限于性能调优、功能升级、日常维护、缺陷修复等）、影响范围等，检修工作名称应反映出检修对象（包含但不限于业务系统、硬件平台、数据库、网络等）。检修工作票模版详见附录 B-3。

4. 其他需要上传下达的资料

通过 I6000 系统来传递各级调度之间需要传达的资料，如公告通知、任务下发等。

第三节　调度值班管理

一、值班工作要求

各级信息调度监控应严格执行 7×24h 有人值班制度，调度员在其值班期间应严格执行交接班和汇报等各项值班制度。

调度员应严格按照批准的值班方式按时到指定席位值班。值班期间应遵守劳动纪律，不得进行与工作无关的活动，并保持调度台整洁。进行调度业务联系时，必须使用普通话及规范用语，互报单位、姓名，及时做好记录。任何与业务有关的电话均应进行电话录音，严禁使用调度电话处理与调度工作无关的事情。应及时在 I6000 系统中做好值班日志记录，日志文字应简洁、清晰。严格执行公司关于事件即时报告等其他规定。

调度员严禁无故脱岗，因故需暂时离岗时，须向当值值长提出申请，由值长安排好人员代岗、做好交接并经值长同意后方可离开，并尽快返岗。原则上离岗时间不超过 30min。调度员调整班次应履行调班手续。

二、交接班工作要求

调度员应按规定时间在值班场所进行交接班，严格履行交接班手续。交接班工作由交班值长统一组织开展。

（一）交接班内容

交接班内容包括：

（1）信息系统运行情况；

（2）信息系统故障、异常及处置情况；

（3）检修工作情况及影响范围、风险点；

（4）运行方式及变动情况；

（5）重要保障任务；

（6）台账、资料收存保管情况；

（7）领导交办事项；

（8）遗留问题及其他注意事项；

（9）值班场所基础设施及环境、技术支撑手段情况。

（二）交接班准备

交班人员应提前 30min 审核当班运行记录，检查本值工作完成情况，准备好交接班记录，整理交接班材料。接班人员应提前 15min 到达值班场所，认真阅读运行记录、交接班记录等，全面了解信息系统运行情况。

交接班前 15min 内，一般不进行重大操作。交接班时发生故障异常，应立即停止交接班，并由交班人员负责处理；接班人员按交班人员的要求，协助处理，待处理告一段落后，再进行交接班。

交接班时，交班值应至少保留 1 名调度员继续履行监视职责。除监视人员外，交班和接班人员均需参加交接班。交接班期间运行责任由交班人员承担，接班人员同意接班后，交班人员方能离开。

调度员不得擅自变更交接班时间。若接班值人员无法按时到岗，应提前告知当值值长，并由交班值人员继续值班。由于交班人员擅自离岗产生的问题，由交班人员负责。

交接班全体参与人员应严肃认真，保持良好秩序，做到交接两清。交班人员对交班内容的正确性负责。接班人员应检查交接班内容的正确性，如对交班内容有疑问，应立即提出，交班人员予以解答。交班人员未交代或交代不清而发生问题，由交班人员负责。因接班人员未检查或检查不到位而发生问题，由接班人员负责。交接班完毕后，交、接班值双方人员应对交接班记录进行核对，核对无误后分别在交接班记录上签字，以接班值长签字时间为完成交接班时间。

第四节　调度方式资源管理

方式资源管理工作包括上下线管理、资源管理和方式管理等。

一、上下线管理

上线是指信息系统或其部分功能模块在生产环境中完成部署，导入或产生生产数据，对外提供服务的过程；下线是指信息系统退出正常运行，不再提供任何应用服务。上下线管理工作主要内容，一是国网信息调度受理并审核省级信息调度上报的信息系统上下线备案申请；二是省级信息调度对调度指挥范围内信息系统上线、试运行验收、下线的指标满足情况进行审查。

（一）信息系统上线形式

根据信息系统的类型特点和上线需求，分为新建系统上线、大版本变更、小版本迭代（敏捷发布）和 App 上线四种形式。

（1）新建系统上线是指根据公司年度电网数字化专项建设内容，满足业务应用目标和整体架构要求，全新部署的稳态信息系统。软硬件购置类项目，试运行无异常，凭验收投运单即可完成验收。信息系统上线试运行申请单（模版）见附录 B-4。信息系统上线移交资料参考清单见附录 B-5。

（2）大版本变更是指在原有信息系统上进行升级改造，出现以下特征之一的，判定为大版本变更：

1）信息系统核心组件、核心功能发生变化；

2）信息系统开发平台发生变化；

3）信息系统或软硬件平台改造后迁移；

4）信息系统安全架构重大变更。

（3）小版本迭代是指除大版本变更特征外（不含大版本变更），功能模块需要快速迭代和敏捷发布的，判定为小版本迭代；本办法中特指敏态信息系统小版本迭代。

（4）App 上线是指 App 通过首次上架发布程序，对外提供服务的过程。App 包括移动门户、移动微应用和独立部署 App。其中移动门户是国网公司为各类移动应用提供统一入口的 App，移动微应用指嵌入于国网公司移动门户（i 国网、网上国网等），由移动门户统一进行登录和提供框架支持的应用程序；独立部署 App 是指在国网公司移动应用技术政策要求范围内，基于国网公司统一移动平台，构建于移动门户之外独立运行的应用程序。App 上线试运行申请单（模版）见附录 B-5。

（二）红、蓝线指标

红线指标是以满足公司安全要求为底线，判断信息系统是否具备上线试运行的条件，包括数据遵从度、架构遵从度、运安符合度和功能满足度；红线指标采用一票否决制，全部满足即可上线试运行。

蓝线指标是以满足信息系统安全可靠为基础，通过上线试运行期间信息系统运行、应用的情况，判断信息系统是否具备正式运行条件，主要包括运行可靠性、系统实用化、系统安全性和资源复用率；蓝线指标采用量化评分制，评分达到 80 分后，即可完成上线试运行验收。

红蓝线指标可参考附录 B-7、B-8。

（三）信息系统下线

信息系统下线前，业务主管部门或运行维护单位（部门）提出下线申请，运行维护单位（部门）负责对系统下线进行风险评估并开展具体实施，下线完成后报国网信息调度备案。运行维护单位（部门）根据业务主管部门要求对应用程序和数据进行备份、迁移或擦除、销毁。信息系统下线申请单（模版）见附录 B-9。

信息系统下线时应同步完成设备台账状态变更、业务监控接口与系统集成接口停运、账号权限和 IP 地址等资源回收，以及系统相关文档材料的归档备查工作。

二、资源管理

省级信息调度对调度指挥范围内各类软硬件资源（包括云平台资源）进行统筹规划，受理、评估、审核资源新增、变更、回收等申请，组织开展资源调配，对资源使用情况进行统计分析、评价和预警。

省级信息调度受理网络域名申请，并进行域名分配。紧急情况下，上级调度机构有权调度下级调度机构人力和技术资源。

三、方式管理

省级信息调度组织开展调度指挥范围内信息系统日常运行方式的编制、下达、监督执行、分析总结和优化等工作，并根据业务变化及系统运行存在的薄弱环节和缺陷隐患，组织开展运行方式调整。运行方式策略参考见附录 B-10。

执行机构收到方式单后应严格按照方式单上的要求执行相关工作，并将执行结果及时反馈；方式单采用书面形式下达，若遇紧急、特殊情况，信息调度有权先以口头方式指挥执行调度方式单，但事后应立即补发。

省级信息调度组织相关单位开展网络与信息系统年度运行方式的编制工作。各分部、省公司级单位网络与信息系统年度运行方式由本单位数字化职能管理部门审批，并经国网信息调度报国网数字化部审查、备案。

第五节　调度检修管理

一、检修原则

信息系统检修工作须贯彻"预防为主"的方针，坚持"应修必修，修必修好"的原则，实行统一领导、分级负责。

二、检修分类

信息系统检修根据影响程度和范围分为一级检修和二级检修两级。一级检修工作是指影响国网公司与容灾（数据）中心，各区域电网、省（自治区、直辖市）电力公司，国网公司直属单位之间信息系统纵向贯通及应用的检修工作；二级检修工作是指生产环境中非巡检类且不构成一级检修的检修工作。

信息系统检修根据是否列入计划分为计划检修和非计划检修。其中，非计划检修包括临时检修和紧急检修。计划检修指列入年度、月度和周检修计划的检修工作，主要包括信息系统、网络、信息设备、机房辅助设备的检测、维护、性能调优，以及信息系统投运、变更、升级等工作。临时检修指未列入年度、月度和周检修计划，需要适时安排的检修工作，主要包括信息系统故障及安全隐患处理和消缺等工作。紧急检修指因设备或系统异常需要紧急处理以及设备故障停运后的检修。

信息系统检测归属于检修工作，是对在运信息系统软、硬件的健康状况进行的周期性检查与测试，及时发现信息系统的缺陷和隐患，提高信息系统安全稳定运行水平。应按照检修计划管理要求，定期开展信息系统检测工作，及时发现信息系统的缺陷和隐患，预防信息系统损坏和事故发生。检测工作完毕后，应出具相应的检测报告。信息系统检测中发现的缺陷和隐患，应立即进行分析和处理。

三、检修计划编制要求

信息系统运维单位（部门）应于年底前完成次年的稳态系统年度一级检修计划的编制，由本单位信息系统调度机构上报国网信通公司，经审核方可执行；信息系统运维单位（部门）应按月编制稳态系统月度一级检修计划，由本单位信息系统调度机构于每月20日前，将次月月度一级检修计划报国网信通公司审核；影响灾备、营销系统或涉及数据结构变更的一级检修，信息系统运维单位（部门）应提前与国网信通公司、三地数据中心、国网客服中心、国网大数据中心等联调单位沟通，获得联调单位同意；信息系统运维单位（部门）应组织相关业务部门、互联网相关部门，召开次月月度检修计划平衡会，协调运维资源，确保检修顺利执行；信息系统运维单位（部门）应提前1个工作日组织通知受检修工作影响的系统用户。

各部门不得无故取消或变更已批复的检修计划。如确需取消或变更，应及时向本单位信息系统调度机构报告；如需延长检修时间，应及时向本单位信息系统调度机构申请延期，经批准后方可超计划时间进行检修；若为一级检修计划，应由本单位信息系统调度机构及时向国网信息调度及时报告或申请延期。

四、检修要求

检修工作应提前制定实施方案，落实组织措施、技术措施和安全措施，提前做好对关键用户、重要系统的影响范围和影响程度的评估，开展事故预想和风险分析，制定相应的应急预案及回退、恢复机制。

（1）实施前。检修工作实施前，各部门信息系统检修机构应做好充分准备，落实人员、工具、器材、备品备件；正式开工前，应检查检修工作准备是否完整，确保现场人员清楚工作内容、范围和安全措施等。若检修工作由外部单位承担，应签订安全协议和保密协议。

（2）开始前。检修工作开始前须办理一单两票许可手续，许可手续办理完毕后方可进行检修操作。检修工作操作过程要按照工作票和操作票的工作内容严格执行，不得擅自扩大工作票工作内容和范围。

（3）实施期间。检修工作实施期间，各部门信息系统检修机构应指派专人全程监护检修操作，保证检修工作安全执行。检修工作中应严格执行信息系统调度、运行和检修工作规程，以及现场有关安全工作规程和要求。紧急检修工作要严格按照相应的应急预案组织进行，应尽快消除缺陷，恢复信息系统正常运行，要依据相关要求及时报告。

（4）完成后。检修工作完成后，检修单位应立即组织自验收，并将检修完成时间、内容、效果、存在问题及整改意见等情况报告运行监护人员，办理检修工作完结手续。验收合格后，及时清理现场。对信息系统事故及障碍，在紧急检修工作结束后，要依据相关安全管理规定，及时进行分析，制定整改完善措施并落实。

第六节　调度应急管理

信息调度员应全面监控所辖范围内信息网络、信息系统、信息安全、数据指标等相关内容，监控中如发现系统运行状态、数据指标等出现异常后应立即进行记录，并通知相关单位和人员进行处理，跟踪处理结果直到异常现象消除。异常处理主要包括告警处理、紧急检修、与上级调度协调处理等多个方面的工作。

一、异常及故障处理原则

（1）各级信息调度是信息异常处理的指挥和协调中心，各级信息运行维护机构应在本级和上级信息调度的统一指挥下开展异常处置工作。

（2）信息调度员是信息异常处理的最高指挥员，是信息异常处理的发令人和异常排除的确认人，应根据异常影响范围和程度组织检修，按有关规定启动应急处置预案。

（3）异常发生时，信息检修人员应及时向当值信息调度员汇报异常设备状态，并按照信息调度员的指挥采取措施和处理。

（4）对于中断时间较长、影响范围较大或原因不明，有必要进行调查的故障，信息调度员应要求有关运行维护单位组织调查，并以书面形式报送信息调度。

二、异常及故障处理方式

1. 各主要监控系统可发出的关键性告警信息

信息调度员通过 I6000、桌面终端管理、专业网管、动力环境监控等支撑系统来实现对信息网络、系统、设备、电路、机房环境、桌面终端等关键运行指标的监视，当发现某项指标超出既定阈值时即认为运行状态异常并发出相应的告警信息。各主要监控系统可发出的关键性告警信息有：

（1）信息网络通断性告警。

（2）主机 CPU、内存利用率告警。

（3）逻辑磁盘 / 文件系统利用率告警。

（4）交换分区利用率告警。

（5）信息系统平均响应时长告警。

（6）信息系统横向级联、纵向贯通性告警。

（7）数据库表空间使用率告警。

（8）桌面终端违规外联告警。

（9）互联网边界安全告警。

（10）机房环境类告警（电源、空调等辅助设施，包括漏水、门禁、视频等）。

2. 告警处理的基本流程

各级信息调度员在当值期间应通过实时监控、现场巡视等方法实时监控信息系统的告警信息，实现对信息系统及其运行环境的管控；应对值班期间和例行巡检过程中出现的各类告警信息进行跟踪处理。告警处理的基本流程如下：

（1）发现告警信息。

（2）初步分析告警原因，对比相关记录判断可能的影响范围及影响时间。

（3）报告（通知）相关单位（部门）人员。

（4）确定异常（故障）等级。

（5）启动相应应急处理流程，并根据告警信息反馈结果填写相关处理记录。

三、紧急检修

紧急检修是指计划检修以外因信息系统异常 / 故障需立即处理的检修工作。

各级信息调度机构应对调管范围内信息系统紧急检修进行统一管理，当信息调度发现需要立即进行紧急检修的信息系统异常 / 故障或接到此类报告后，应初步判断故障现象、影响范围，通知相关单位，统筹调度资源，立即组织开展紧急检修工作。

对影响上级调管范围的信息系统及业务应用的紧急检修，必须向上级信息调度机构进行紧急检修检修申请，经批复后方可执行。

紧急检修工作严格按照相应的应急预案组织进行检修，并应尽快消除缺陷，恢复信息系统正常运行；检修工作依据各级制度相关要求及时进行报告，并纳入运行工作考核。

各级调度机构应对紧急检修过程进行跟踪和监督。如紧急检修过程中需要配合，各级信息调度及相关单位应积极支持。

紧急检修结束后，检修单位应及时将异常／故障原因、处理结果、恢复时间等汇报所属信息调度。信息调度应确认信息业务恢复情况并通知相关调度、专业或业务应用部门。

在信息系统异常／故障紧急检修工作结束后，所属信息调度应依据相关安全管理规定，及时开展异常／故障分析工作，制定整改完善措施并落实，并在 24h 内提交书面即时报告至国网信息调度，七个工作日内提交正式报告至国网信息调度。

📝 考一考

判断题

① 当检修工作不需信通调度签发、许可时，检修工作开工前不需要向调度员汇报。
（　　）

答案：错。当检修工作不需信通调度签发、许可时，开工前也要向调度员汇报。

② 管理信息大区业务系统使用无线网络传输业务信息时，应具备接入认证、加密等安全机制；接入信息内网时，应使用公司认可的接入认证、隔离、加密等安全措施。
（　　）

答案：对。

单选题

③ 信息作业现场的（　　）等应符合有关标准、规范的要求。

A．生产条件和安全设施　　　　　B．办公条件和生产设施

C．生产条件和生产设施　　　　　D．办公条件和安全设施

答案：D。

④ 全部工作完毕后，工作班应（　　）等内容，确认信息系统运行正常，清扫、整理现场，全体工作班人员撤离工作地点。

A．修改系统账号默认口令

B．收回临时授权

C．注销或调整过期账号及其权限

D．删除工作过程中产生的临时数据、临时账号

答案：D。

⑤需要变更工作负责人时，应由（　　　）同意并通知（　　　）。

A．原工作负责人、工作许可人　　　　B．原工作票签发人、工作许可人

C．原工作许可人、工作票签发人　　　D．以上都不对

答案：B。

⑥在信息系统上工作，保证安全的组织措施的有（　　　）。

A．操作票制度　　　　　　　　　　　B．工作票制度

C．调度值班制度　　　　　　　　　　D．工作票变更制度

答案：B。

多选题

⑦"四不放过"是指（　　　）。

A．违章原因未查清不放过　　　　　　B．违章责任人员未处理不放过

C．违章整改措施未落实不放过　　　　D．有关人员未受到教育不放过

答案：ABCD。

⑧网络设备或安全设备检修工作结束前，应验证（　　　）。

A．设备运行正常　　　　　　　　　　B．所承载的业务运行正常

C．配置策略已备份　　　　　　　　　D．配置策略符合要求

答案：ABD。

⑨更换（　　　）的热插拔部件时，应做好防静电措施。

A．主机设备　　　B．存储设备　　　C．网络设备　　　D．安全设备

答案：ABCD。

⑩按照实施细则"三种人"的认定原则，工作负责人包括（　　　）。

A．调度员　　　　　　　　　　　　　B．业务中心专责

C．外部单位人员　　　　　　　　　　D．临时工作人员

答案：ABC。

第七节　调度的工具与平台

信息调度通过监控工具对信息系统、网络链路、基础设施和环境的运行状态、运行

参数和告警信息进行监视。目前，信息调度主要采用的监控工具包括 I6000、性能监测、综合网管、动力环境监控等工具。使用这些监控工具，基本实现了从"基础设施 - 网络链路 - 信息系统"的多层次、全方位监控。过去基于单一资源视角的监控方式现已无法满足的快速发展需求，构建以业务系统为视角的全链路监控势在必行，因此在总部信息调度的指导与要求下，很多省级信息调度正在开展重要系统的全链路监控工具的建设。

一、智能一体化运维支撑平台（I6000）

国网公司基于公司信息化发展需求，借鉴成熟互联网运维平台成功经验，按照公司信息系统调度运行体系设计要求，采用微服务架构，全力构建智能一体化运维支撑平台（I6000），自主研发了集"资源监控、资源管理、调度管理、运行管理、检修管理、三线支持、客服管理、灾备管理、决策分析、运维门户、移动运维"等运行业务于一体的大型企业级信息运行综合监管平台。

I6000 的目标是夯实运维技术支撑基础，满足一线运维操作需求，构建国网运维生态圈，实现双态运维。I6000 定位：一是作为运维业务中台，提供运维数据和业务共享服务能力；二是作为运维工具集中集成平台，构建生态圈和统一运维入口；三是作为作业支撑平台，支撑一线运维人员自动化作业；四是作为资源调度平台，统筹全网资源高效运行。

I6000 实现包括资源配置、采集控制、作业服务、场景编排、工具商店、流程服务、日志分析、数据分析等 15 个核心组件，提升了资源管控、全链路监测、自动化作业及流程自定义等能力，建立了包括自动化工具集、运维安全审计、大数据分析应用等工具应用的运维技术支撑体系。I6000 工具应用如图 3-1 所示。

图 3-1　智能一体化运维支撑平台（I6000）工具应用

在资源监测中，除了监控本地的业务系统，还包括服务器监测、数据库监测、中间件监测等，实现了信息系统多角度、深层次的全方位监控，提高了信息系统的运维及故障处置能力。SG-I6000 2.0 资源监测如图 3-2 所示。

图 3-2 智能一体化运维支撑平台（I6000）资源监测

二、信息系统性能监测系统

信息系统性能监测聚焦于监测和管理公司业务应用的性能及可用性，通过模拟终端用户，对业务应用系统的可用性及其性能进行监测，但同时对用户体验问题的定位分析需要结合传统监测对网络、资源等的监测结果来进行。信息系统性能监测系统整体架构如图 3-3 所示。

从系统的边界关系的角度来看，性能监测模块作为 I6000 的子模块，需要与 I6000 实现内部应用集成；I6000 与统一权限平台进行集成，对性能监测模块进行用户、角色、权限的统一管理。

从应用分布的角度来看，信息系统性能监测模块包括应用服务和监测终端两大部分，总部部署应用服务，包括功业务监测、性能分析、主动告警、故障回溯定位等业务功能，以及监测策略配置、数据采集分析等基础支撑功能。公司总部、省（市）公司、县公司部署监测终端，采集信息系统可用性及性能数据。从底层实现的角度看，采用主动监测和被动监测两种方式实现监测数据的采集，主动监测核心在于模拟用户访问信息系统业务操作；被动监测是基于 IE 插件技术，监测真实用户操作信息系统产生的各项数据。两种方式的监测数据都通过 I6000 采集管理中心进行统一管理。性能监测系统监控视图如图 3-4 所示。

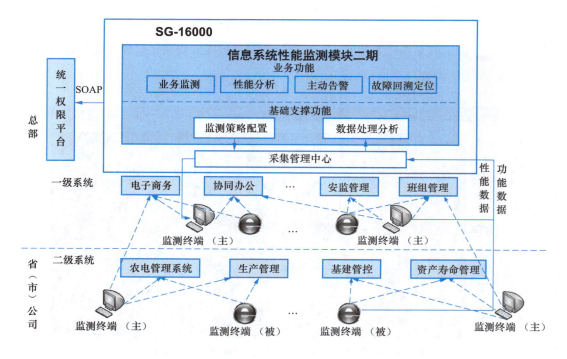

图 3-3   信息系统性能监测系统整体架构图

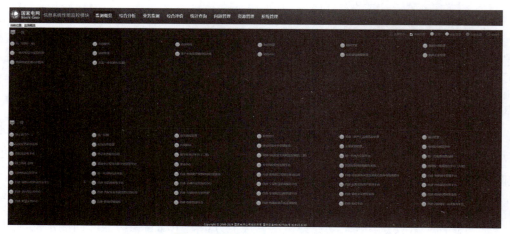

图 3-4   性能监测系统监控视图

三、综合网管监控

综合网管监控可以对网络设备及网络链路进行集中监控和管理，通过一个统一的监控平台，调度员可以方便地获取各个设备的运行状态、性能参数以及潜在问题，并通过告警机制通知调度员。网络监控物理拓扑图如图 3-5 所示。

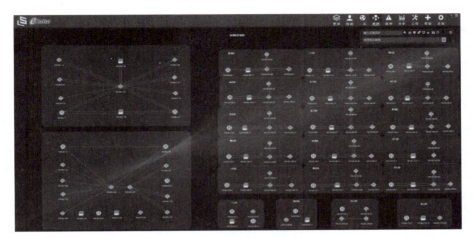

图 3-5　网络监控物理拓扑图

当出现网络故障时，综合网管提供了故障定位和排查的功能，调度员可以通过网络的拓扑图、带宽利用率、响应时间、流量、时间日志和性能数据等信息，快速发现及定位故障点，并采取相应的解决措施，缩短故障恢复时间。网络监控交换机单设备状态图如图 3-6 所示。

图 3-6　网络监控交换机单设备状态图

四、动力环境监控

信息机房内的服务器和网络设备等对于信息系统的正常运行至关重要，动力环境监控可以实时监测和记录机房内的温湿度、烟感、漏水、空调及 UPS 等重要设备的运行状态。因此，及时发现和预警可能存在的异常情况，如高温、低温、过湿、供电不稳定等，以保障设备的安全稳定运行。动力与环境集中监控系统图如图 3-7 所示。

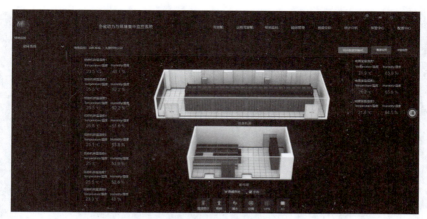

图 3-7　动力与环境集中监控系统图

动力环境监控系统可以集中监控信息机房的各项参数，并对数据进行实时分析和告警。可以使调度人员远程监控设备状态，及时发现故障或异常情况，并快速告知运维人员采取相应的措施，提高运维效率、降低人工巡检成本。

通过动力环境监控，可以及时感知并预测设备故障的风险，监控系统能够发出告警并及时通知相关人员采取措施，从而预防事故与故障的发生，减少停机时间，保证信息系统的连续性和可用性。

第八节　调度与运检的衔接

一、运维模式

（一）组织架构

省信通公司设置信息调度，省信通公司、各地市信通公司设置两层运检，协同国网信通公司构建两层运营，同时以调度和运检业务支撑运营业务来提升用户体验，形成一体化的服务能力。

（二）职责描述

（1）信息调度。强化状态控制与资源调配能力，将信息调度打造为"运行监控中心、资源调配中心、应急指挥中心"。完善"信息调度"体系，纵向以信息调度为枢纽实现省、地信通公司的有效联动，横向以信息调度为中枢实现运营、运检各环节的高效协同。

（2）两层运检。构筑云平台、数据中台、物联管理平台运维能力。强化安全运维与系统运维的协同，提升漏洞修复、检修执行的质效。推进建运协同，在保证"稳态"业务安全可靠运行的同时，提升"敏态"业务的快速交付能力。

（3）一体化运营。推进用户运营与平台运营和数据运营联动，归集内外部用户业务和功能需求，持续提升用户体验增加用户黏性，优化平台性能保障平台稳定性，挖掘数据价值实现融通共享，加强安全防护确保信息安全。

（三）工作机制

强化客服对外窗口的作用，加强调度、运检、运营的信息共享和一体化协作关系，以调度和运检为基础保障运营对外服务能力，提升用户服务水平，推进一体化运营的探索和实践。信息运维模式如图 3-8 所示。

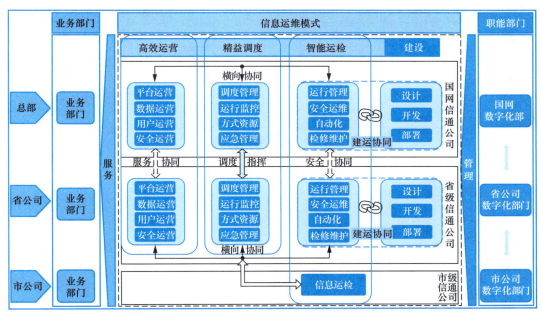

图 3-8　信息运维模式

（1）调度：以信息调度为核心，发挥信息调度枢纽作用，强化省信通公司（数据中心）同国网信通公司、国网大数据中心的纵向联动，深化调度、运检、运营横向协同。

（2）运检：将安全运维纳入运检，强化安全运维与系统运维协同，强化建设与运检协同，保证"稳态"业务可靠运行，促进"敏态"业务快速交付。

（3）运营：将信息客服纳入用户运营体系，将用户运营、平台运营、数据运营、安全运营纳入运营管控，强化运营对外服务作用，归集内外部用户需求，探索与实践运营工作。

二、运维业务

涵盖"精益调度、智能运检、高效运营"三大业务域，调度管理、平台运营等 12

项职能，49 项职责。精益调度业务域中，涵盖调度管理、运行监控、方式资源、应急管理 4 项业务职能，共分设 14 项职责。精益调度业务域如图 3-9 所示。

业务域	精益调度				智能运检				高效运营			
职能	调度管理	运行监控	方式资源	应急管理	运行管理	安全运维	自动化	检修维护	平台运营	数据运营	用户运营	安全运营
职责	调度指挥	信息报送	上下线管理	风险管理	巡视巡检	安全系统维护	工具开发	缺陷处置	云平台运营	数据接入整理	信息发布	安全合规
	缺陷管理	监视监测	资源管理	应急指挥	工作票管理	安全防护	工具维护	检修执行	数据中台运营	两级数据贯通	服务受理	安全监测
	统计分析		方式管理	在线处置	运行分析			系统(设备)维护	物联平台运营	数据模型设计管控	业务运维	安全分析
	检修管理			应急演练	数据备份			架构优化		数据资产目录维护	知识管理	漏洞管理
	运行保障				版本管理			建运协同		数据服务目录维护	服务目录管理	
								三线管理		数据分析挖掘	满意度管理	
											用户分析	

图 3-9　精益调度业务域

三、运维流程

建立分层分级运维流程，增强调度枢纽作用，完善配置管理、检修管理、调度联络、风险预警、运行故障汇报、缺陷管理等流程，实现信息共享。健全云平台、数据中台、物联管理平台运维流程，进一步清晰新型数字化场景下端到端和跨部门间的界面分工。信息调运检流程框架图如图 3-10 所示。

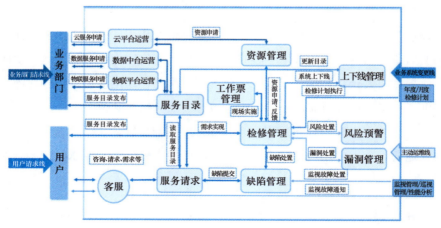

图例：── 用户请求线　── 业务部门请求线　── 主动运维线　── 业务系统变更线

图 3-10　信息调运检流程框架图

四、技术支撑

打造全场景、全覆盖、全过程的信息通信调度可视化支撑工具链，以 I6000、数据中台、自动化工具等新型数字化技术为技术底座，通过微服务、微应用、数据服务等手段，开展资源容量监测、业务全链路监控、运行状态全息感知、运行数据智能分析等应用建设，提升调度的自动化、智能化水平和支撑能力。

第四章

电网企业信息运维——智能运检实践

第一节 概 述

智能运检包含运行管理和检修管理两部分，其中运行管理主要是通过巡检、监测等方式确保信息系统安全稳定运行；检修管理主要包括检修计划管理、检修执行管理、临时检修管理、紧急检修管理和检修分析等工作。鉴于运行值班管理和上下线管理要求与精益调度中的相关内容一致，以下将重点介绍巡检、缺陷、检修、应急及灾备管理相关内容。

智能运检按照信息系统"三线运维"工作体系，也分为一线运维、二线运维和三线运维。

（1）一线运维：是指客服为信息系统使用人员提供统一的服务入口，解答问题并负责解决用户端桌面问题，向二线运维派发服务工单或提交无法解决的问题。通常包括信息客户服务、监测值班等。

（2）二线运维：是指确保信息系统正常运行而进行的维护工作，接受一线客服派发的服务工单，向三线运维提交无法解决的问题或寻求技术支持。通常指软、硬件运维及信息基础设施二线运维服务。

（3）三线运维：是指为解决二线运维无法解决的问题而进行的外围技术支持工作及硬件维保服务。

此外，运维服务形式还有外委运维服务、远程运维服务、现场运维服务及驻场运维服务等。

（1）外委运维服务：可以由信息业务承包单位提供的非自主化信息运维服务。

（2）远程运维服务：服务提供方通过远程方式诊断并解决问题的运维服务。

（3）现场运维服务：在特定情况下，服务提供方派遣合格的服务人员到现场提供技术服务。

（4）驻场运维服务：服务提供方指派合格的服务人员在信息运维单位指定的工作地

点提供持续的运维服务。

　　智能运检按照运维对象，服务内容分为客户服务、硬件设备、软件系统、基础设施等。运维服务主要运维对象覆盖范围见表4-1。

表 4-1　　　　　　　　　　　　运维服务主要运维对象覆盖范围

一级分类	二级分类	三级分类	运维对象
硬件设备	服务器	服务器	小型机、PC 服务器、自主可控服务器、虚拟服务器（不含云平台虚拟机）等
	存储设备	存储设备	存储及虚拟带库、分布式存储、备份一体机、存储交换机（包含 SAN 交换机、分布式存储交换机）、物理带库等
	网络设备	网络设备	交换机 / 路由器、负载均衡、DNS 等
	安全防护设备	安全防护设备	防火墙、入侵检测 / 防御、网站防御系统、安全接入网关、漏洞扫描、流量检测（分析）设备、逻辑隔离装置、加密机等
	桌面终端	桌面终端	个人计算机、自主可控终端、云终端等
软件系统	系统软件	系统软件	数据库、中间件、资源池、云终端管理系统、存储备份软件等
	基础应用	基础应用	内网网站、外网网站、内网邮件、外网邮件、短信平台、即时通信系统、防病毒系统等
	业务平台	业务平台	统一数据交换平台，业务流程管理系统，企业服务总线，内、外网移动互联应用支撑平台，外网移动互联应用支撑平台等
	云平台	云平台	云平台
	企业中台	数据中台	数据中台、指标中心、报表中心等
		技术中台	统一门户（含统一权限）、统一视频监控平台、电网地理信息平台等
		业务中台	电网资源业务中台
		其他	企业级实时量测中心、物联管理平台
	业务应用	ERP	ERP（含 ERP 高级应用）
		人资管理	人力资源管理系统等
		财务管理	财务管控、国网商旅等
		物资管理	电子商务平台、智慧物资供应链
		规划管理	网上电网等
		项目管理	基建全过程综合数字化管理平台
		生产管理	设备（资产）运维精益管理系统等
		营销管理	营销 2.0、营销业务应用等
		协同综合	协同办公、无纸化会议系统等
		综合管理	经济法律、数字化审计等
	信息运行安全管理	信息运行安全管理	智能一体化运维支撑平台（SG-I6000 2.0）、运维审计系统（含用户行为审计）、桌面终端管理系统等

续表

一级分类	二级分类	三级分类	运维对象
基础设施	信息机房	信息机房	机房空调、机房电源、机房消防、门禁系统、机房环控系统等
	音视频系统	音视频系统	监控中心大屏系统、音频系统、集中控制系统、视频系统等
	软视频会议系统	软视频会议系统	网络会议、网络直播等
	工器具及辅材	工器具及辅材	网络工具、机房工具、布线材料、常用配件等

第二节　运检通用管理要求

一、巡检管理

运维单位应按照数字化职能管理部门要求，结合运维对象运行状况和本地重大活动、气候环境变化等情况，制定切实可行的巡检制度，编制计划并合理安排巡检工作。巡检主要目的是及时掌握业务系统运维及运行环境的运行状况，分为定期巡检、特殊巡检和监察巡检。

（1）定期巡检是指按既定周期，以及时发现业务系统运维安全运行隐患和缺陷为目的的巡检。

（2）特殊巡检是指在有外力破坏可能或恶劣气象条件（如雷电、暴雨、高温等）、特殊历史时期、节假日、国家重要会议期间、业务系统设备带缺陷运行或其他特殊情况下对设备进行的巡检。

（3）监察巡检业务系统是指由管理人员组织，以了解系统及设备运行状况、检查指导业务系统工作为目的的巡检。

巡检人员应认真填写巡检记录，发现异常故障时业务系统应立即报告业务系统运维单位负责人和信息调度机构，协助业务系统做好相关现场处理工作。

二、缺陷管理

与信息通信调度、信息客服等部门共同完成缺陷填报、分析、审核、处理、验收、统计等工作。其中，基础设施缺陷来自巡检、运行、测试、演练等过程中发现的异常。信息系统缺陷按其严重程度划分为危急缺陷、严重缺陷、一般缺陷三个等级。危急缺陷需要开展紧急检修，其他等级的缺陷可纳入年度、月度和周检修管理计划进行消缺工作。

按照全面排查、分级管理、闭环管控原则，逐步建立标准化、精细化隐患排查措施。加大隐患排查整治力度，定期开展系统安全隐患整改"回头看"，抓好隐患风险处置工作，确保各项整改措施落实到位，保障各系统运行稳定。

（1）隐患录入要求：各专业中心须在发现隐患后 5 个工作日内依据隐患排查标准完成初步定级，并建立隐患台账。

（2）隐患"签字画押"要求：一般隐患由隐患部门负责人负责验收并签字；较大隐患在隐患部门负责人验收签字后，由专业管理部门负责人再次验收并签字。

三、检修管理

（一）检修原则

检修采取逐步升级或切换的策略，平滑过渡确保检修操作不会对现有的业务产生不必要的影响，以减小风险，同时保持服务的连续性、可用性和安全性，持续维护系统和设备安全稳定运行。

（二）检修管理类型

检修来源主要为三方面：一是运行过程中发现的缺陷；二是例行的应急演练，例如双电源切换演练；三是预防性维护，例如基础设施的充放电实验以及 UPS 切换等内容。检修可以根据是否提前列入计划分为不同类别，包括计划检修、临时检修和紧急检修。这三种类型的检修涵盖了不同类型的维护需求和优化工作，从长期计划的优化工作到紧急情况下的迅速应对。

1. 计划检修

计划检修是事先安排好的且在年度、月度和周检修计划中列出的检修工作。这种类型的检修涵盖了广泛的维护活动，包括云平台的性能调优、安全性升级、设备维护、配置更改等。此类工作通常旨在确保云平台的可靠性、稳定性和可用性，同时满足业务需求。计划检修还包括云平台的软件更新、服务扩展、版本升级等工作，以适应不断发展的业务要求。

2. 临时检修

临时检修是未在年度、月度和周检修计划中预先安排的维护工作。这可能是由于突发性问题、性能瓶颈或其他不可预测的事件所引发的维护需求。临时检修可以包括处理云平台故障、解决安全隐患、应对性能问题等。这种类型的检修通常需要及时安排，最小化对业务的影响，并迅速解决问题。

3. 紧急检修

紧急检修是由于设备或系统的严重异常而需要立即处理的情况，包括设备故障、系统崩溃、严重安全漏洞或其他导致云平台停运或数据风险的紧急情况。紧急检修需要迅速采取行动，以确保云平台的连续性和可用性，以及避免潜在的损失。

（三）检修执行要点

检修执行遵循一系列明确的流程和安全措施，有助于确保检修工作的有序执行和安全性，确保维护工作的顺利进行和信息系统的可靠性。

1. 检修计划和准备

在执行检修工作之前，制定详细的检修方案，确定检修目标和范围。明确要执行的操作，以及检修是否涵盖整个检修对象或仅特定部分。实施内容根据升级操作、维护操作、配置更改、安全性补丁安装等，确保每个操作都有明确的描述；其次明确安全措施以应对可能的问题和故障，进行影响范围和程度的评估，执行事故预想和风险分析，并制定相应的应急预案和回退、恢复机制。

2. 沟通机制

制定相应的沟通机制，以通知相关团队、业务部门和其他利益相关方检修计划和进度，确保有效的沟通，以减小风险，同时保持服务的连续性。

3. 准备工作

在正式开始检修工作前，确保所有必要的准备工作已经完成，包括人员、工具，以及涉及账号、服务、设备、备份和还原策略，并确保现场人员充分了解工作内容、范围、风险点和安全措施及验证工作。

4. 数据备份

在检修操作之前要做好数据备份，确保备份是完整的，且可以在需要时进行还原。

5. 许可手续

在检修工作开始前，检修计划需要通过 I6000 工单系统提报进行技术审批、调度审批，取到方案审批同意后提报工作票，办理完毕后才能执行检修操作。检修过程中必须严格按照工作票规定的工作内容和时间进行操作，不得擅自扩大工作范围。

6. 监护和监控

在检修工作期间，明确参与检修操作的团队成员和职责，确保每个人都明确了解需要执行的任务，指派专人全程监护检修操作，为确保检修工作的安全执行，监护人员应负责监视并协调检修操作。

7. 计划不得更改

不得无故取消或变更已批准的检修计划。如果确实需要变更，应向调控中心报告并获得批准。如果延长检修时间，也需要及时申请延期。

8. 检修后验证和报告

检修后的验证工作是确保维护、升级或修复操作成功的必要性检查且检修对象正常运行的关键步骤。检修工作完成后，进行功能测试，以确保检修对象的各项功能正常运行。测试应覆盖检修对象中的主要功能或应用程序，确保所有功能都可以如预期般正常工作，验证工作完成且检修对象已恢复正常后，通知相关的负责人。

9. 监控和持续评估

持续进行监控，定期评估运维对象的健康状况和安全性，以确保在正常状态。

四、应急及灾备管理

（一）应急管理

应急管理主要包括预警机制、应急响应、应急处理、应急结束及应急保障等环节。

1. 预警机制

系统发生故障，操作人员立即保存数据，并立即停止对系统的使用，由相关负责人将情况报告系统维护管理人员，不得擅自进行处理。维护管理人员在第一时间进行处理，必要情况下，应对硬盘进行备份，并向管理层汇报问题解决进度。相关处理人员应在 4h 之内完成具体情况的恢复，保证业务工作不受影响。

2. 应急响应

（1）应急启动：在发生突发事件后，应立即启动应急预案，本着尽量减少损失的原则，将应急事件尽快隔离，在不影响云平台正常运行的情况下，保护现场。相关人员接到应用部门突发事件的应急报告后，根据事件情况，启动系统应急预案。相关人员接到Ⅰ级和Ⅱ级信息系统突发事件报告后，根据事件的性质和影响向公司应急领导小组报告，应急领导小组应及时启动应急预案和处理流程。

（2）应急事件报告：任何部门和个人均不得缓报、瞒报、谎报或者授意他人缓报、瞒报、谎报事件。运维团队负责日常运维，应用系统用户如发现突发事件，应及时向运维相关负责人进行报告，运维相关人员应对各类突发事件的影响进行初步判断，Ⅰ级事件须在 20min 内向应急领导小组进行紧急报告，Ⅱ级事件应在 30min 内进行报告，Ⅲ级事件在 3h 内汇报。发生下列情况引起突发事件时，系统应用部门还须同时报应急领导小组：

（1）大面积病毒爆发，且快速扩散事件；

（2）对主要网站、应用系统和关键设备等的大规模攻击和非法入侵，攻击数据包源 IP 地址不明或为内部 IP 地址；

（3）信息网络上传播不符合保密要求的涉密信息事件；

（4）其他能够影响管理正常业务开展的突发事件。

3. 应急处理

运维人员每天定时对服务器进行监测，及时发现服务器的异常及其他故障。当应用程序无法连接数据库时，通知相关人员，保留现场，立即通知主机系统管理员、安全系统管理员、应用程序维护管理员。服务器和数据库故障如能解决，当场解决，如一时解决不了，启用重新部署系统，从储蓄备份上恢复备份的应用包和数据库，将备用服务器连接到网络上，通过系统日志、主机防护系统日志、防火墙日志、入侵检测系统日志、数据库日志等，对事件进行审计，对损失进行评估，追查事件的发生原因。根据审计结果，修正防火墙、入侵检测、主机防护系统策略及数据库配置，由信息管理部门形成事故分析报告，分析事故原因，修正预案处理流程并归档。

4. 应急结束

在同时满足下列条件下，应急领导小组或管理单位可决定宣布解除应急状态：

（1）突发事件已得到有效控制，情况趋缓。

（2）突发事件处理已经结束，设备、系统已经恢复运行。

（3）应急领导小组或信息部门发布解除应急响应状态的指令。

相关部门应及时向管理单位和参与应急支援的有关单位传达解除应急状态响应的指令，恢复云平台正常工作秩序。事件相关部门向信息管理部门报告已解除应急状态，恢复正常运行。

5. 应急保障

应急保障主要包括通信、物资、技术、网络安全和人员保障。

（1）通信保障：应急期间，指挥、通信联络和信息交换的渠道主要有系统应急处理相关人员的办公电话、手机、传真、电子邮件等方式，有关应急联系的手机应保持24h开机状态。

（2）物资保障：主要包括设备备品备件、常用工具和常用工具软件等内容。

（3）技术保障：主要包括软硬件技术支持保障和应用支持保障。

1）软硬件技术支持保障：产品提供商提供服务支持，系统的硬件设备的各项技术指标要满足国网公司的统一要求，服务器至少有一台备用。建立严格的安全策略和日志访问记录，保障用户安全、密码安全，以及网络对系统的访问控制安全。

2）应用支持保障：由于网路、服务器等原因造成的运行问题，在软件系统中表现为异常或运行中断时应综合分析、找出问题原因，并判断和根据事件等级，及时报予公司应急领导小组，并在发现问题后1个工作日内通知运维支持组及时予以解决。

（4）网络安全保障：采用防火墙进一步保障网络和主机的安全。采用防病毒系统，杜绝病毒对客户主机的感染。采用入侵检测设备，提供基于网络、主机、数据库、应用程序的入侵检测服务，确保用户系统的高度安全。定期对用户主机及应用系统进行安全漏洞扫描和分析，排除安全隐患，做到隐患防患于未然。

（5）人员保障：设置专门的管理员，明确各级人员的责任并由其上级进行监督。加强对管理和应用人员的安全培训，严格遵守运维管理有关制度。

（二）灾备管理

灾备管理是确保在发生灾难性事件时能够迅速恢复关键业务和数据的关键流程，有助于降低潜在的灾难性风险，并在不可预测的事件发生时保护业务运行。灾备管理各环节管理要求如下：

1. 风险评估

灾备管理开始于风险评估，以识别潜在的灾难性事件，如自然灾害、硬件故障、网络攻击等，这有助于了解潜在的风险和威胁。随后进行业务影响分析，以确定不同灾难事件对业务的影响程度，这有助于确定关键业务功能和数据。

2. 灾备计划及数据备份策略

（1）灾备计划：基于风险评估和业务影响分析的结果，制订详细的灾备计划。其主要包括恢复策略、程序、责任人、通信计划和恢复时间目标（RTO）等关键元素。

（2）数据备份策略：确定数据备份策略。其主要包括数据备份频率、数据恢复点目标（RPO）和备份存储位置。

3. 数据备份和恢复

（1）数据备份：定期备份关键数据，确保数据可在灾难发生后进行恢复。

（2）数据恢复：建立有效的数据恢复流程，以确保在数据损坏或丢失时能够快速还原。

4. 高可用性架构与自动化和负载均衡

（1）高可用性架构：可使用多个区域、数据中心和冗余系统来构建高可用性云架构用于减轻单点故障的影响。

（2）自动化和负载均衡：使用自动化工具和负载均衡来确保服务能够无缝地切换到备用系统。

5. 定期测试与持续监控

（1）定期测试：执行灾备计划的定期测试和演练，以验证系统的可用性和数据恢复性能，测试结果的反馈用于改进计划。

（2）持续监控：实时监控系统的状态和性能，以及潜在的灾难事件，使用监控工具来自动检测问题。

（3）告警和通知：建立告警系统，以便在灾难事件发生时能够迅速通知相关团队。

6. 恢复计划

（1）灾后恢复：如果发生灾难事件，根据灾备计划执行快速恢复，确保关键业务能够在较短的时间内重新启动。

（2）数据完整性：验证备份数据的完整性，以确保在恢复后没有数据损坏。

五、供应商管理

（一）服务标准

供应商的人员服务标准通常用于确保供应商提供的人员具备必要的技能和素质，以满足客户的需求并提供高质量的云平台服务。其中供应商人员服务标准中的要点如下：

（1）资质和培训：明确供应商人员需要具备的技能、资格和认证，以确保其能够胜任工作。提供定期培训以更新员工的知识和技能，以适应不断变化的云技术和最佳实践。

（2）专业素养：要求员工遵守职业道德和隐私规定，确保客户数据和信息的安全；强调员工的沟通和协作能力，以满足客户需求和提供卓越的客户服务。

（3）技术支持：技术专家提供专业的技术支持，以解决技术问题和提供解决方案；规定员工需要快速响应和解决客户的技术问题。

（4）安全和合规性：确保员工了解安全最佳实践和客户的安全要求；提供合规性培训，以确保员工遵守法规和行业标准。

（5）服务管理：定义员工需要遵循的服务流程，以确保一致性和质量；明确服务水平目标，包括响应时间、解决问题的速度和客户满意度。

（6）持续改进：定期对员工的绩效进行评估，以提供反馈和改进计划；鼓励员工接受客户反馈，以不断改进服务质量。

（7）沟通和报告：定义员工与客户之间的沟通渠道和频率；规定员工需要提供的报告类型和频率，以展示服务绩效。

（8）问题处理：定义处理客户投诉的程序和时间表；规定员工需要在紧急情况下采取的措施。

（二）工作要求

供应商支撑服务质量的评价主要从服务交付、安全管控、用户满意度三个方面来统计衡量。

1. 服务交付

主要包括响应时间、问题解决速度、服务水平协议（SLA）达成等指标。

（1）响应时间：评价供应商的支撑服务质量的一个关键指标是响应时间。这包括供应商对故障报告、问题解决请求以及服务请求的响应速度。短时间内快速响应客户的需求和问题通常被认为是高质量支撑服务的表现。

（2）问题解决速度：服务供应商应迅速解决客户报告的问题，确保问题不会对业务造成重大中断。快速而高效的问题解决通常被视为支撑服务质量的重要指标。

（3）服务水平协议（SLA）达成：客户和供应商通常会在合同中约定一些服务水平目标，如可用性、性能、故障解决时间等。评价支撑服务质量时，检查供应商是否达到了这些 SLA，这有助于确保供应商按照合同履行。

2. 安全管控

安全管控主要包括数据安全和隐私、安全事件响应等指标。

（1）数据安全和隐私：评价供应商的安全管控是至关重要的。供应商应采取适当的措施来保护客户的数据和信息，包括数据加密、访问控制、漏洞管理和合规性措施。

（2）安全事件响应：了解供应商的安全事件响应计划，包括如何检测、通知和应对安全事件。客户需要确信供应商在安全威胁发生时能够快速采取行动。

3. 用户满意度

（1）主要包括定期调查、用户反馈、持续改进等指标。

（2）定期调查：客户满意度调查是评价支撑服务质量的常见方法。通过定期向客户发送运维工作评价表，了解他们对支撑服务的看法，包括对支撑团队的响应、问题解决、沟通和专业性等方面。

（3）用户反馈：收集用户的实际反馈和投诉，以了解他们的需求和不满。这有助于及时改进服务，满足客户期望。

（4）持续改进：评价供应商是否采取措施改进其服务，以满足客户的需求。供应商应积极参与问题解决和改进计划。

（三）服务报告

供应商在支撑服务工作中的每次重大事件、定期例会、定期总结活动应完成相应报告编制并按时提交。服务报告是确保供应商支撑服务质量的透明和有效的方式。通过分析报告中的数据和信息，客户可以更好地了解服务的表现，制定决策，提出改进建议，并确保服务质量得到不断提高。

1. 报告类型

（1）定期服务报告：通常以每周、每月或每季度为周期，由供应商向客户提供的报告，用于总结过去一段时间内的服务表现。这些报告通常包括服务可用性、性能数据、故障处理情况等信息。

（2）事件报告：在发生特定事件或问题时，供应商会生成事件报告。这些报告通常详细描述了问题的性质、原因、解决方案和预防措施。

（3）改进报告：供应商提供改进报告，以说明他们计划采取的措施来提高服务质量和性能。这些报告通常包括计划的时间表和实施步骤。

2. 报告内容

报告通常包括以下部分：

（1）服务可用性和性能：如系统的正常运行时间、响应时间、吞吐量等。

（2）事件和问题处理：包括故障、安全事件或其他问题。它们通常提供了问题的根本原因、解决方案和恢复计划。

（3）安全和合规性：包括关于安全事件、漏洞处理和合规性方面的信息，以确保服务的安全性和合法性。

（4）特殊保障：在特殊保障期间，应客户正式要求提供现场值守支持保障服务。以协助客户监控和评估云平台运行状态，并实时提供技术咨询和支持，在发生故障时根据实施应急方案向客户提供最快的响应和支持。

（5）平台监测优化：通过实时监控、例行巡检、容量预警预测等手段对运维对象状况进行综合分析评估，通过更新监控配置模板、后台开发等方法完善监控功能，强化监控展示。

（6）运行质量分析：通过工具，对版本缺陷分析、漏洞分析及管理、硬件返还率分析和维护问题分析，进行综合性的运行质量分析和优化调整。

第三节　硬件设备运维管理及实践

硬件设备运维是对企业信息机房的各业务系统服务器、存储设备、网络设备及桌面终端进行管理和维护的一系列活动。其中，桌面终端包括企业管理信息大区和互联网大区的办公用台式机、笔记本电脑、移动办公专用终端、无纸化会议终端等办公终端及其外设。办公终端外设是指办公终端与外部环境通信的各类设备，包含打印机、扫描仪、摄像头、存储设备、专用 SIM 卡、安全加密 TF 卡等。

硬件设备运维目标是保障服务器、存储设备的不间断运行，最大限度地提高其效率并减少任何潜在的风险或停机时间，确保桌面及终端运维标准化、信息化、精益化，从而辅助企业提升工作效率，助力企业提质增效，在支撑服务"双碳"目标方面具有重要价值和现实意义。主要体现在：①提高客户满意度，通过提供优质的技术支持服务，提高用户的满意度，提升服务质效；②确保运维规范，通过接入管理、故障处理、运行监测、资源管理、升级维护、退网管理等全程标准化管理，提高运维管理水平，提升用户满意度。③确保运行安全，通过管理手段和技防手段相结合的方式，确保桌面及终端安全、稳定、可靠运行。④确保数据安全，遵循"涉密不上网、上网不涉密"的原则，加强桌面及终端数据安全管理，避免信息泄露。

一、通用服务内容

1. 二线运维服务

（1）设备巡检：定期对设备运行状况进行巡视和检查，形成巡检记录。

（2）系统升级：定时、定期进行版本升级、重要补丁安装。

（3）备份与恢复：定时、定期进行数据备份、数据备份检查、数据恢复、数据备份恢复测试。

（4）运行分析：通过对硬件设备检查，定期统计分析故障与告警、运行数据、日志等，完成并提交运行分析报告。

（5）软件问题处理：对硬件设备运行过程中发生的系统软件问题进行处理。

（6）硬件故障检修配合：在硬件设备故障维修时，配合开展硬件故障检修工作。

（7）日常故障处理（仅适用于桌面终端）：对桌面终端设备发生的日常问题进行支持和处理。

（8）设备运行状态监测：通过监控工具、脚本的安装部署及调试编制，对硬件设备的运行状态及配置信息进行监护及更新，及时对设备的运行参数（策略）进行优化。

（9）资源调配（仅适用于存储系统）：按照业务系统资源使用需求，对存储系统的资源进行分配、回收和调配优化等工作。

2. 三线运维服务

硬件维保：超过原厂质保期后，由专业第三方或原厂商提供有偿的备品备件保障及技术支持服务。

二、运维关键点

（一）服务器及网络设备

服务器及网络设备运维应坚持以"预防为主，治疗为辅"的基本方针。

1. 预防阶段

在预防阶段需要做到"早发现，早预防"，提升架构的高可靠能力。主要体现在：

（1）提升服务器及网络设备的架构高可靠性。在服务器或网络设备投运时，部署实施方案的过程中，需对架构进行严格审核，杜绝服务器以及网络设备单链路、单点，确保架构的高可靠性。

（2）提升服务器及网络设备的监控及时性。服务器及网络设备上架后应全量接入监控，如I6000等监控平台，实时监控，及时发现服务器异常状态，一些不影响设备的主体功能但具有隐患的硬件故障，应录入数字化协作平台（知识库），按照公司要求提报计划检修，及时完成隐患消缺，完成数字化协作平台隐患消缺闭环流程，形成海量隐患消缺数据库。

（3）提升服务器及网络设备的安全性。服务器中存储着大量敏感数据，包括客户信息、公司机密等，需统一设备管理入口，建设作业管控专区（堡垒机），所有网络设备以及服务器登录，需经过堡垒机专管员对业务人员最小化授权后，方可登录硬件设备。一是杜绝他人未经授权登录他人设备，二是业务人员误操作可进行录像回放，精准定位故障源头，快速恢复。

2. 治疗阶段

治疗阶段须做到"精准定位，快速解决"，即：

（1）精准定位。设备在接入网管或I6000等监控平台时，需确保监控平台可推送短信至运维一线人员移动端。在配置监控平台时，将设备承载的业务系统，设备型号，设备的配置信息，设备的IP地址，运行投放位置等重要基础信息全量录入。

（2）快速解决。在发生服务器及网络设备故障时，精准定位故障所在位置，查找故障原因。快速解决；运维人员设置主备岗，主备岗运维人员至少保障一人可在30min内到达现场。主备岗一线运维人员需具备独立解决故障的能力，在到达现场后，按照公司要求提报紧急检修，快速恢复设备运行。

考一考

判断题

① 各单位在执行网络和信息系统安全运行快报上报时，需在48h内完成上报工作。（　　）

答案：错。各单位在执行网络和信息系统安全运行快报上报时，需在24h内完成上报工作。

② 重要的信息机房应实行7×24h有人值班，具备远程监控条件的，正常工作时间以外可以实行无人值守。（　　）

答案：错。信息机房不能实行无人值守，要保持有人值守状态。

③ 一个IP地址可同时对应多个域名地址。（　　）

答案：对。

单选题

④ 在国家信息安全等级保护制度中，信息系统的安全等级共被划分为（　　）个安全等级。

A．2　　　　　　　B．3　　　　　C．4　　　　　　D．5

答案：D。

⑤《国家电网有限公司应用软件通用安全要求》中规定，在系统上线投运前，应进行软件产品最终的（　　），检查软件产品是否满了安全需求。

A．风险评估　　　　　　　　B．安全性测试和评估

C．安全定级　　　　　　　　D．试运行

答案：B。

⑥ 网络与信息系统安全运行情况通报工作实行"统一领导，（　　），逐级上报"的工作方针。

A．分级管理　　　B．分级负责　　C．分级主管　　　D．分级运营

答案：A。

多选题

⑦ 风险评估的三个要素是（　　）。

A．资产　　　　　B．信息　　　　C．威胁　　　　　脆弱性

答案：ACD。

⑧ 各专项应急预案在制定、修订后，各单位要组织相应的演练，演练的要求包括（　　）。

A．在安全保电前应开展相关的演练

B．在重大节假日前应开展相关的演练

C．各单位每年应至少组织一次联合事故演习

D．以演练为全力保障演习顺利完成

答案：ABC。

⑨ 僵尸网络由（　　）组成。

A．僵尸程序　　　B．僵尸计算机　　C．命令控制中心　　D．ISP

答案：ABC。

⑩ 信息系统安全保护等级定级原则是（　　）。

A．突出重点　　　B．等级最大化　　C．系统重要　　　D．按类归并原则

答案：ABD。

（二）办公计算机及外设

1. 标准化运维

组建 186 信息通信客服团队，为属地用户提供一对一的热线服务，并成立桌面一线运维团队，开展现场技术服务支撑。服务内容有办公计算机及外设入网、故障处置、电话装移机等。同时，通过企业门户服务之窗栏目，为客户提供各类业务流程申请表单、流程信息、正版化软件等，客户服务日益标准化、流程化。

2. 便捷化服务

为进一步提升桌面终端运维客户满意度，提高运维人员技能水平，基于运维工程师的经验，整理形成客户服务标准话术、桌面运维指南等运维材料，并提供"一站式服务"。"一站式服务"主要为调入（挂职培养锻炼）员工提供办公所需基础软硬件及业务系统开通服务，可凭组织部的调入单作为申请依据，无需用户另外申请，为用户提供便捷的桌面技术服务。"一站式服务"主要包括：

（1）资源申请：包括内外网办公计算机和智能终端 IP 地址分配、电话号码分配、安全移动存储介质等分配。

（2）终端入网：包括内外网计算接入网络及安装必备办公软件、电话装机、智能终端接入网络。

（3）信息系统账号开通：内外网邮箱账号、企业门户账号、协同办公账号、经法系统账号、后勤管理系统账号。

3. 安全性保障

桌面终端安全域应采取安全准入管理、访问控制、入侵监测、病毒防护、恶意代码过滤、漏洞扫描、补丁管理、事件审计、桌面资产管理、保密检查、非办公软件检测、违规外联监测、数据保护与监控等措施进行安全防护。安全基线是基于以上办公终端安全防护要求的最小安全保证，即该终端最基本需要满足的安全要求。构造办公终端安全基线是安全工程的首要步骤，同时也是进行安全评估、发现和解决办公终端安全问题的先决条件。

（1）安全基线防护对象。

安全基线的防护对象分为四个方面：

1）存在的安全漏洞：漏洞通常是由于软件或协议等系统自身存在缺陷引起的安全风险，一般包括登录漏洞、拒绝服务漏洞、缓冲区溢出、信息泄漏、蠕虫后门、意外情况处置错误等，反映了系统自身的安全脆弱性。漏洞信息一般基于相应的国际标准，如 CVE（Common Vulnerabilities & Exposures）。

2）安全配置的脆弱性：通常都是由于人为操作的疏忽造成，主要包括了账号、口令、授权、日志、IP 通信等方面内容，反映了终端配置的安全脆弱性。

3）终端的运行状态：包含系统端口状态、进程、注册表的监控等。这些内容反映了办公终端当前所处环境的安全状况，有助于了解办公终端运行的动态情况。

4）终端的行为：包括违规外联、违规组建网中网、多操作系统、多网卡、安装虚拟机、重要数据拷贝等。

（2）安全基线内容。

安全基线的建立基于不同系统的安全漏洞要求、配置要求和状态要求的检查项和行为监控，为标准化和自动化的技术安全操作提供可操作和可执行的标准。安全基线由以下四方面必须满足的最小安全防护要求组成，分别是：

1）安全漏洞基线：安全漏洞基线建立的时候，首先需要满足和符合安全规范要求，并且考虑漏洞修补技术原因，限定资产出现漏洞的范围，此范围作为资产在安全漏洞方面的最低标准，即漏洞基线。一般使用漏洞白名单作为漏洞基线的标准实现。而安全配置基线是指为满足以上安全规范要求，资产安全配置必须达到的标准，一般通过检查安全配置参数是否符合标准来度量。终端漏洞安全基线通过安装补丁的方式来修复安全漏洞。企业应定期对办公终端补丁更新情况进行检查，确保补丁更新及时。根据级别，补丁可分为高危、严重、中危、低危。运维人员可按级别优先选择修复严重级别以上系统安全漏洞，其他三方补丁则根据企业需要充分测试评估后进行修复。

2）安全配置基线：安全配置基线的建立，首先要建立终端资产信息收集和管理。收集信息主要有终端 IP、MAC、操作系统、账户、口令复杂度、组策略、系统访问权限、对象访问权限、目录文件共享等信息。通常，可通过系统策略进行组策略、账户弱口令、访问权限等监控。

3）终端运行状态基线：系统端口状态、进程、注册表的监控以黑白名单形式进行监控，通过端口封禁、进程封禁、注册表修改行为等进行终端运行状态的监控以达到安全防护的目的。

4）终端行为基线：终端行为基线建立主要通过监测其异常行为，如探测互联网地址的方式检测违规外联行为，通过准入策略检测违规组建"网中网"等行为，通过数据审计和移动存储介质审计达到重要数据审计的目的，防止敏感信息泄露。

（3）安全基线的动态变更。

安全基线也不是一成不变的。在应用安全基线进行评估和检查工作时，由于各个业务系统、各个设备业务应用和功能实现的不同，安全要求也不同；同一设备随着应用的改变，安全要求也随之改变。因此，每次使用同一安全基线进行检查，就会重复出现一些已经确认过的风险，而一些新出现的风险却又未加进检查范围内，比如升级或扩容等工作都有可能引入新的安全风险。

在建立安全基线并进行安全评估后，运维人员对评估结果进行确认，如果有需要忽略或新增的项目，就调整并保存到基线数据库中，这个基线就是初始基线。在之后日常的检查和评估工作中，生成的新的评估/检查结果与初始安全基线可能存在偏差。这时候管理员或安全人员需要对评估结果进行确认。如果有需要忽略或新增的项目，就保存到基线库形成新的基线；如果没有任何基线项目需要变更，则沿用当前基线。如此循环，使用来参照的安全基线能够随着系统变化而动态变化。

（4）办公终端接入层网络规则措施。

1）信息设备准入规则：在信息设备方面，强化信息设备（包括网络设备、安全设备、主机设备、终端设备）准入流程控制，规范入网信息设备从准入申请、入网审批、入网实施、监控审计及违规断网的闭环流程管理。

2）网络设备入网规则：严禁在未备案的情况下私自将交换机、路由器等网络设备接入公司网络，扩大信息网络边界范围。

3）入网信息设备认证规则：加强信息设备的入网认证管理，确保入网信息设备进行认证。

4）网络安全域划分规则：划分独立的安全域以供用户接入使用。加强该安全域的安全访问控制措施与安全防护措施，严格限制网络访问策略与权限管理，与其他域仅进行必要的信息交互。

5）入网终端安全管理规则：严禁私自卸载公司要求安装的防病毒软件与桌面管控软件，确保办公计算机的信息安全和内容安全。信息运维单位/部门应定期对办公计算机防病毒软件的升级、操作系统补丁更新、系统弱口令设置情况等进行常规性检查。

6）终端设备行为规则：禁止利用无线上网卡、带上网功能的第三方设备等方式将私网终端联入互联网，出现办公计算机违规外联行为。禁止使用未备案的互联网出口（非公司统一互联网出口）进行互联网访问，确保互联网出口唯一性。

7）网络设备和安全设备管理规则：严禁未备案的网络设备（网络打印机、网络交换机等）和安全设备（防火墙、入侵防护系统、入侵检测系统等）接入公司网络，严禁未采取安全加固措施（系统默认口令，未关闭 FTP、SNMP 等不必要的服务）的网络设备和安全设备接入公司网络。

考一考

判断题

① 任何部门和个人如有需要，可以改动办公终端 IP 地址。（　　　）

答案：错。如需改动办公终端 IP 必须履行相关审批手续后，由运维单位负责修改。

② 为方便用户使用，专用移动存储介质交换区与保密区登录密码不区分大小写。
（　　）

答案：错。为提高密码安全等级要求必须是强安全密码口令。

③ 将十进制数 19 和 0.875 转换成对应的二进制数，结果分别是 10011B 和 0.111B。
（　　）

答案：对。

单选题

④ 信息安全风险评估包括资产评估、（　　）、脆弱性评估、现有安全措施评估、风险计算和分析、风险决策和安全建议等评估内容。

A．安全评估　　　　　B．威胁评估　　　C．漏洞评估　　　　D．攻击评估

答案：B。

⑤ 桌面系统级联状态下，上级服务器制定的强制策略，下级管理员是否可以修改、删除（　　）。

A．下级管理员无权修改，不可删除　　B．下级管理员无权修改，可以删除

C．下级管理员可以修改，可以删除　　D．下级管理员可以修改，不可删除

答案：A。

⑥ 策略中心普通文件分发策略，文件分发之前要将文件上传到服务器。默认文件上传到服务器（　　）目录下。

A．VRV\RegionManage\Distribute\patch 目录下

B．VRV\RegionManage\Distribute\Software 目录下

C．VRV\VRVEIS\Distribute\patch 目录下

D．VRV\VRVEIS\Distribute\Software 目录下

答案：B。

⑦（　　）设备既是输入设备又是输出设备。

A．键盘　　　　　　　B．打印机　　　　C．硬盘　　　　　　D．显示器

答案：C。

多选题

⑧ 下列关于 OSI 参考模型分层的选项中，分层相邻且顺序从低到高的有（　　）。

A．物理层 - 数据链路层 - 网络层　　B．数据链路层 - 网络接口层 - 网络层

C．传输层－会话层－表示层　　　D．表示层－会话层－应用层

答案：AC。

⑨ 计算机的存储系统一般指（　　）。

A．ROM　　　　　B．内存（主存）　C．RAM　　　　D．外存（辅存）

答案：BD。

⑩ 操作系统的功能是（　　）。

A．处理器管理　　　B．存储器管理　C．设备管理　　　D．文件管理

答案：ABCD。

三、典型运维实践

2019 年，国网公司各单位开始部署公司统一推广的计算机桌面终端标准化管理系统（以下简称"桌管 2.0"），纵向形成防御、监测、处置三个平面，横向形成从终端入网、资产监控、终端加固、行为监控、数据保护、环境扫描、离网管理 7 大环节共 42 项安全数据的全生命周期管理，同时充分利用沉积在终端侧的海量安全数据，通过进行深度挖掘分析实现终端安全态势感知，实现了终端的标准化运维和桌面的合规化管理，加强了对办公终端的安全防护。桌管 2.0 功能架构图如图 4-1 所示。

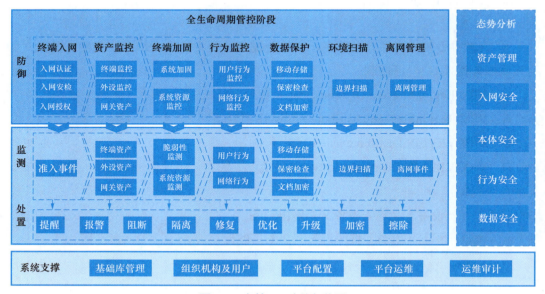

图 4-1　桌管 2.0 功能架构图

办公终端安全监测遵循"统一管理、分级负责"基本原则，监测范围覆盖总部、省公司的所有内外网办公终端。通过全网办公终端安全关键指标实时监测，构建"一级

部署、两级管控、分级负责"终端安全监测总体架构，开展常态化办公终端安全监测工作。对照办公计算机信息安全管理办法、企标等，重点监测内外网桌面终端的安全事件、本体安全、访问安全、数据安全、异常使用等五大类共计 20 项关键指标。终端指标监控如图 4-2 所示。

图 4-2　终端指标监控

（1）安全事件：主要是监控终端设备挖矿软件、勒索病毒、违规软件、违规进程的安装应用情况，防止挖矿软件、非法软件、违规进程将携带的木马、病毒、恶意程序释放到内部网络环境中，造成终端安全风险隐患。

（2）本体安全：主要包括终端资产百分比统计和终端脆弱性监控，一是实时监控桌管安装、杀毒软件安装、补丁安装等情况，及时发现遗漏终端带来的安全风险；二是持续监控并整改终端脆弱性，逐步提升全网终端安全防御能力。如异常注册表监测，根据注册表路径、键名称、类型、键值、操作系统位数（32 位、64 位）、维护方式（维护、删除）等内容配置注册表维护规则，从而达到监测注册表异常情况。

（3）访问安全：通过制定用户及网络行为规范，减少终端使用过程的安全隐患，系统根据行为规范对用户及网络进行持续监测与记录，发现异常或威胁行为时立即阻断，并进行提醒和报警。

1）违规绑定：办公终端 IP 地址均为固定分配，对发现私自修改 IP 的行为自动修复并进行告警。

2）违规外联：通过 ping 包监测是否将信息内网与信息外网互联互通。

3）违规上网：监控终端上网行为，记录终端用户访问网站是否合规。

4）流量告警：设置终端网络流量阈值，审计超过流量阈值的终端及其流量使用情况。

（4）异常使用：主要是监控终端是否含有多操作系统、安装虚拟机、违规外设、多网卡等情况。

1）多操作系统：对终端存在多操作系统进行监控，多操作系统容易遗漏对另一套操作系统的管控，造成数据泄露，提高被攻击风险。

2）安装虚拟机：终端存在虚拟机，会影响到主机安全，通过数据存入虚拟机来逃逸终端安全检查。

3）违规外设：外接设备包含蓝牙、红外、移动光驱、串口、并口、PPPOE 拨号、读卡器、USB 非存储设备、对拷线等设备。

4）多网卡：存在多网卡的终端，避免终端存在非授权访问、网络冲突、网址占用等安全隐患。

（5）数据安全：通过移动存储安全管控、移动存储漫游、保密检查、文件保护，实现对移动存储数据传输、敏感文件及核心业务文件的闭环防护。通过移动存储漫游功能，实现安全 U 盘跨区域使用。通过关闭默认共享脚本实现共享目录治理。

终端监控关键参考指标见表 4-2。

表 4-2   终端监控关键参考指标

序号	指标类别	指标项	描述	管控类型
1	安全事件	挖矿软件	禁止终端上挖矿软件的运行，如 CGMinert、BFGMinert、EasyMiner、Guiminer 、MultiMiner、Awesome Miner	同时开启审计上报、终端告警、卸载软件
2		勒索病毒	禁止终端上勒索病毒程序运行。如 WannaCry.exe	同时开启审计上报、终端告警、卸载软件
3		违规软件	禁止终端安装违规软件。包括红芯浏览器、帆软软件、飞秋、内网通、飞鸽传书、ToDesk、向日葵等	同时开启审计上报、终端告警、卸载软件
4		违规进程	禁止终端上违规进程运行。包括 feiq.exe、DiskGenius.exe、rkcyber.exe、hongxinliulanqi.exe 等	同时开启审计上报、终端告警、卸载软件
5	本体安全	终端注册率	终端需安装桌面终端管理客户端	自动统计
6		杀软安装率	终端需安装杀毒软件	自动统计
7		补丁安装率	终端需安装微软官方公布的重要补丁以及公司预警通知单发布的相关补丁，设置每隔 12h 统计一次当前终端已安装的补丁安装情况	开启审计上报

序号	指标类别	指标项	描述	管控类型
8	本体安全	终端弱口令	启用终端密码复杂度（字母、数字、特殊符号），设置8位以上，密码有效期90天。设置本地账户锁定，开启弱口令检查	开启审计上报、终端告警、强制修改密码
9		基线不合格	开启组策略、系统访问、对象访问权限等14项终端安全基线策略检测，涉及屏幕保护、账号安全设置、本地/远程交互式登录的检查	开启审计上报
10		异常注册表	监控终端安全类的关键注册表键值有无异常，以确认电脑终端是否异常	开启审计上报
11		高危端口	禁用终端高危端口，包括135、137、138、139、445、3389、21、22、23端口号	开启审计上报、终端告警
12	访问安全	违规外联	禁止终端违规外联，并对违规外联终端进行断网、关机或锁屏	开启审计上报、终端告警、断开网络、终端重启
13	数据安全	共享终端数	禁止违规设置共享文件夹。关闭Windows系统默认共享	开启审计上报
14		共享文件夹数	禁止违规设置共享文件夹。关闭Windows系统默认共享	开启审计上报
15		敏感文件数	禁止拷贝敏感文件	开启审计上报
16	异常使用	多操作系统	禁止终端安装多操作系统	开启审计上报、终端告警
17		安装虚拟机	禁止安装虚拟机	开启审计上报、终端告警
18		多网卡终端	禁止双网卡或者多网卡的终端入网	开启审计上报、终端告警

第四节　业务应用运维管理及实践

业务应用运维是智能运维体系中的运行管理部分，是对企业的核心业务系统进行管理、维护和优化的一系列活动，主要通过运行监测、巡视巡检、运行监护、接入管理、运行方式执行、账号权限管理、设备管理、缺陷管理、故障管理、运行分析、上下线管理、安全保障等工作，实现对信息系统及其运行环境的管控，确保业务系统的稳定运行，提高系统性能，降低故障率，保障业务连续性，满足业务发展需求，从而提高电网企业的运营效率和竞争力。主要体现在：①提高系统稳定性，确保业务系统在各种环境下的稳定运行，减少系统故障和宕机时间，提高系统的可用性；②提升系统性能，通过对系统性能的监控和优化，提高系统的响应速度和处理能力，满足业务发展的需求；③保障业务连续性，在系统出现故障或中断时，能够快速定位问题并进行修复，确保业务的连续性和不间断运行；④降低运维成本，通过合理的资源配置、高效的运维流程和规范的实施，降低运维成本，提高资源利用率；⑤提高用户满意度，通过提供优质的技术支持和培训服务，提高用户对业务系统的满意度和使用效果；⑥确保数据安全，通过对系统安全的监控和管理，防止数据泄露、篡改和丢失，保障企业的数据资产安全；⑦适应业务发展，随着业务的不断发展，运维团队需要不断调整和优化运维策略，以满足新业务的需求和技术发展趋势；⑧提高企业竞争力，通过提高业务系统的稳定运行和性能，降低故障率，满足公司业务线上办理需求，推动公司数字化转型发展。

随着电网企业数字化转型要求，信息化环境日益复杂，对业务应用运维管理的要求也越来越高。为保障电网企业业务应用的正常运营，业务应用运维管理已经成为信息化建设的重要环节。本节将从业务系统通用服务内容、关键服务以及典型运维实践等方面进行探讨。

一、通用服务内容

1. 二线运维服务

（1）系统巡检：定期对系统运行状况进行巡视和检查，形成巡检记录。

（2）应用系统升级：系统版本（或补丁）升级所涉及的升级包测试、升级部署执行、升级验证等，按需开展服务节点增减等。

（3）系统安全支撑：根据安全工作要求，配合完成系统安全提升工作。

（4）事件及故障处理：对系统故障、缺陷等进行分析诊断，提供解决方案并进行处理，包括故障缺陷发现、测试评估、排查处理故障、事件及故障分析等。

（5）应急演练：编制应急预案，定期开展应急演练，通过应急演练检验并完善应急预案。

（6）运行方式维护：配合信息调度开展业务系统运行方式的编制和更新维护工作。

（7）集成数据运维：与关联系统的接口配置、数据传输等操作，对已接入数据在传输、使用、存储等流转过程中及时性和完整性进行技术保障。

（8）日常操作（仅适用于数据库、中间件、资源池、云终端）：日常对系统软件进行的常规操作，如根据应用需求进行数据库表空间调整、索引更新等，资源池 / 云终端的虚拟机 / 虚拟终端部署等。

（9）运行监测及优化：通过监控工具、脚本的安装部署、调试编制及运行日志分析，对系统的关键服务（含微服务）、运行状态及配置信息进行监测，通过运行数据分析，及时对系统的运行参数（策略）、服务节点、资源等进行优化。

（10）运维配置信息维护：定期、应需开展应用系统运维配置项的收集、更新等，不包括应用系统核心功能配置。

（11）备份与恢复：定期对系统的数据、配置信息等进行备份及恢复验证。

（12）特殊保障：在重大活动、重要节日、重点工作期间为保障系统高可靠性进行的专项保障。

（13）日常应用巡检：定期对系统的登录、各个菜单功能、数据查询、报表导出、页面展示进行例行检查，形成巡检记录。

（14）账号权限维护：依据业务部门的需求申请进行用户的创建、变更、冻结等工作，配合业务部门进行权限变更。

（15）功能配置变更：评估配置变更方案，制定备份、测试方案，更改系统配置以满足业务变化的需要，组织测试并反馈最终用户；配置变更在生产系统生效后更新配置清单、操作手册等文档。

（16）用户操作指导：解决用户关于系统使用方面的问题或咨询，包括客户端安装、操作指导、基础数据维护、后台事务处理等。

（17）应用问题处置：处理通过客服收集、用户反馈等问题提报渠道发现的应用问题，分析引起问题的原因，对问题进行汇总、归纳、总结。

（18）专项业务保障：针对业务周期性较显著的系统，在重点工作期间或业务高峰期进行的专项业务保障（包括占用节假日）。

（19）业务应用分析：对业务应用的频度、业务量等应用效果进行分析，提出应用优化建议，支撑应用实用化工作；对系统功能满足业务程度和系统现存缺陷进行统计、分析，提出系统功能优化建议。

（20）用户数据统计分析：对系统的用户登录情况、用户活跃情况、用户注册情况等数据进行统计分析。

（21）运维服务分析：提供业务运维服务情况统计分析与工作建议，提升运维服务能力。

（22）业务活动技术支持：根据业务活动要求评估个性化功能方案，配合制定测试方案，联调通过后，申请正式下发，按需维护个性化功能；开展个性化数据报表设计、查询、统计及分析。

二、运维关键点及流程

1. 运行监测管理

业务系统运行实行 7×24h 运行值班制的运行监测，并根据实际情况设置业务系统运行主值、副值；运行值班人员应实时监测业务系统及运行环境的运行状态，内容包括但不限于机房基础设施、网络、主机、数据库、中间件、业务应用、安全设备等，同时做好记录。发现运行异常，应立即报告业务系统运维单位负责人和业务系统运维调度机构，记录现场各项异常参数，协助做好相关现场处理工作。

2. 检修操作管理

（1）检修操作开始前，运行人员需检查两票是否已通过信息调度机构审核，检查两票是否填写完整，检查两票是否与检修业务系统计划一致，检查工作内容是否符合工作票规定，检查是否符合信息安全管理规定。

（2）两票查验合格后，运行人员须根据两票的要求，准备业务系统工作环境，部署相应的安全措施，并履行两票许可手续，向信息调度机构报告。

（3）检修操作过程中，运行人员须对检修工作现场进行业务系统监护，通过安全运维审计系统，监督检修工作。

（4）检修操作结束后，运行人员会同检修人员现场验收业务系统合格后，办理工作完结手续，并向信息调度机构报告。

3. 接入管理

接入管理包括新建业务系统运维的上线，在运系统的扩建、改建后重新投入运行，新设备的投运，在运设备的升级改造后重新投运等。

业务系统及设备接入须在完成必要的上线测试、升级测试后，由业务系统运维检修机构向业务系统运维单位提出接入申请，业务系统运维单位确认业务系统及设备达到运行条件后报数字化职能管理部门审批，审批通过后方可执行。业务系统运维单位负责业务系统及设备接入过程中的全程监督，对各个环节进行验收，并负责收集、整理、归档各类安装、配置、测试等文档。

新建业务系统及设备接入。须同步纳入信息运维综合监管系统监管，并作为接入必备条件，改造类业务系统及设备接入，须同步进行监管接口调整，经测试验证后方可接入；新系统上线、大版本升级等接入申请须通过独立的测试机构对其进行的功能性能和安全确认测试后，方可安排接入工作。

4. 运行方式管理

运行方式内容应包括网络与业务系统现状描述、需求分析和运行方式安排三部分内容。运行方式分为年度运行方式和月度运行方式。其中，年度运行方式经公司总部数字化职能管理批准后执行，月度运行方式经本单位数字化职能管理部门批准后执行，并向公司总部报备。

业务系统运维单位负责组织业务系统检修机构编制管理范围内的运行方式，执行经批准的运行方式，并报信息调度机构备案；业务系统运维单位应严格按照既定运行方式执行，特殊情况下，应依据调度管理要求征得信息调度机构同意后方可开展运行方式调整工作。

5. 账号权限管理

系统账号分为基础软件平台账号、业务运维账号、业务账号、接口账号以及临时账号。

（1）基础软件平台账号由建设单位（部门）负责管理和具体分配、调整工作，主要包括数据库 DBA 账号、操作系统 root 账号、数据库业务账号、中间件账号等。

（2）业务运维账号必须包括系统管理员、系统审计员、系统配置员三类账号，且账号权限需区分，同时满足不涉及业务数据操作。系统管理员权限不能过大，不能包含业务数据操作权限。

（3）业务账号管理以"谁使用、谁负责"为原则，权限的建立、分配、调整和注销由相关专业管理部门负责审批，建设单位（部门）具体执行。开展实名制治理工作，确保账号与使用人员一一对应，并按照账号有效期规定，对 3 个月未登录账号进行锁定、6 个月未登录账号进行注销。

（4）临时账号、接口账号遵循"一事一授权"原则，账号申请单上需明确账号使用人员、使用时间、账号权限。

6. 缺陷管理工作

业务系统缺陷按照严重程度分为紧急、重要和一般三个级别。紧急缺陷是指随时可能造成业务系统故障并致使业务系统停运的隐患；重要缺陷是指对业务系统运行安全有严重威胁，但业务系统尚能坚持运行的隐患；一般缺陷是指上述紧急、重要缺陷以外的，性质一般、情况较轻，对安全运行影响不大的隐患。

业务系统运维单位（部门）应尽可能通过业务系统运维人员的巡视巡检和业务系统检修人员的系统检测发现缺陷，业务系统运维单位分类定级审核后，向信息调度机构报备，并组织业务系统运维检修机构开展消缺工作；并根据缺陷情况合理制定消缺计划，确保在消缺周期内完成消缺工作，避免由缺陷演变为业务系统故障；要做好消缺工作的运行安全措施，及时督办，消缺完成后做好相关记录，并向信息调度机构报备；可能构成重大共性缺陷的，要及时向上级数字化职能管理部门报告，便于统一组织消缺。

7. 应急管理

业务系统及设备发生异常、故障时，运行值班人员应立即向业务系统运维单位负责人和信息调度机构报告，并按照紧急检修流程处理；运维单位要定期对异常、故障信息及处理情况进行总结、分析。

8. 运行分析管理

运行分析内容主要包括：运行值班质量、机房基础设施运行情况、网络及安全设备运行情况、网络流量情况、主机及存储设备运行情况、系统软件运行情况、业务应用系统运行情况、信息安全情况、业务系统运维故障情况、两票执行情况等；业务系统运维单位要定期形成分析报告，重大保障和应急处置时期要每日进行运行情况简报，并按规定报数字化职能管理部门。

9. 上下线管理工作

新建、大版本变更、小版本迭代的系统上线和试运行验收过程主要包括上线试运行申请及红线指标验证、上线试运行验收申请及蓝线指标验证。新建、大版本变更的系统在三个月试运行期内稳定运行，未发生停运及较大变更，承建单位即可填写上线试运行验收申请单，运行维护单位开展蓝线指标验证，评分达到 80 分即可完成上线试运行验收。

业务系统下线前，业务主管部门或运行维护单位提出下线申请，运行维护单位负责对系统下线进行风险评估并开展具体实施，下线完成后报国网信息调度备案。运行维护单位根据业务主管部门要求对应用程序和数据进行备份、迁移或擦除、销毁。业务系统下线时应同步完成设备台账状态变更、业务监控接口与系统集成接口停运、账号权限和 IP 地址等资源回收，以及系统相关文档材料的归档备查工作。

10. 安全保障

业务系统运维单位应落实公司业务系统运维安全事件的业务系统预警、分析、处置及通报工作机制，制定并实施安全稳定运行的防范措施，提升安全保障水平；应参与制定运维应急预案编制与应急演练，提高运行应急处置能力；应根据数据安全相关管理规定，组织制定业务系统运维备份策略，并监督备份与恢复演练执行情况。

📝 考一考

判断题

① 在同一个数据库表中可以有多个主索引。（   ）

答案：错。一个表只有一个主键。如果在一个数据库表中出现了多个主键，会引起数据一致性和关系完整性等问题。

② 用户进程可以直接操纵数据库。（   ）

答案：错。直接操纵数据库会导致数据的不一致性、错误及安全问题。应通过 DBMS 提供的接口和工具与数据库进行交互，确保数据正确性和安全性。

③ 如果在紧急情况下，需要尽可能快的关闭数据库，可以使用 shutdown abort 命

令。（ ）

答案：对。在紧急情况下，可以使用 SHUTDOWN ABORT，并在操作后需要进行数据库恢复和检查。

④ 在 Linux 下启动 Weblogic 域时，没有前台启动和后台启动之分。（ ）

答案：错。在 WebLogic Server 中，启动域（Domain）有前台启动和后台启动之分，可以选择在前台或后台启动 WebLogic Server。

⑤ 在创建域的时候不能进行服务端口（Listen Port）的修改。（ ）

答案：错。WebLogic Server 创建域时的配置工具会引导用户设置域的各种参数，其中包括服务端口是可以根据需求修改的。

单选题

⑥ SQL 语言是（ ）的语言，轻易学习。

A．导航式 B．过程化 C．格式化 D．非过程化

答案：D。

⑦ 从资源管理的角度看，操作系统中进程调度是为了进行（ ）。

A．表空间、区、段 B．段、表空间、区

C．表空间、段、区 D．区、表空间、段

答案：C。

⑧ mysql 返回当前日期的函数是（ ）。

A．curtime() B．adddate() C．curnow() D．curdate()

答案：D。

⑨ 在周五 11:30，你决定执行一个闪回数据库操作，因为在 8:30 发送了一个用户错误。（ ）选项可以用来检查闪回操作可以将数据库恢复到的指定时间。

A．检查 V$FLASHBACK_DATABASE_LOG 视图

B．检查 V$RECOVERY_FILE_DEST_SIZE 视图

C．检查 V$FLASHBACK_DATABASE_STAT 视图

D．检查 UNDO_RETENTION 分配的值

答案：A。

⑩（ ）是 ORACLE 最基本的逻辑存储单位。

A．盘区 B．表空间 C．数据块 D．段

答案：C。

⑪ 为了监视索引的空间使用效率，可以首先分析该索引的结构，使用（　　）语句，然后查询 INDEX_STATE 视图。

A．SELECT INDEX … VALIDATE STRUCTURE

B．ANALYZE INDEX … VALIDATE STRUCTURE

C．UPDATE INDEX … VALIDATE STRUCTURE

D．REBUILD INDEX … VALIDATE STRUCTURE

答案：B。

⑫ 为了启动 Oracle 数据库实例，Oracle 必须读取一个（　　）文件，该文件保存了实例和数据库的配置参数列表。（　　）。

A．控制文件　　　　B．数据文件　　　　C．参数文件　　　　D．初始化文件

答案：C。

⑬（　　）像表一样由列组成，其查询方式与表相同，但是不包含数据。

A．视图　　　　　　B．索引　　　　　　C．同义词　　　　　D．过程

答案：A。

多选题

⑭ 在实际优化过程中，我们通常需要优化语句的访问路径，下列（　　）是优化访问路径的方法。

A．调整索引的访问方式

B．及时根据执行计划的开销调整表连接顺序

C．及时更新表的统计信息，让 CBO 选择正确的执行计划

D．正确选择表与表之间的连接方式

答案：ABCD。

⑮ 下列情况违反"五禁止"的有（　　）。

A．一张数据表一旦建立完成，是不能修改的

B．在 MySQL 中，用户在单机上操作的数据就存放在单机中

C．在 MySQL 中，可以建立多个数据库，但也可以通过限定，使用户只能建立一个数据库

D．要建立一张数据表，必须先建数据表的结构

答案：BCD。

⑯ 消息发送的模式有（　　）。

A．同步通信　　　　B．异步通信　　　　C．单向　　　　　D．延迟同步

答案：AB。

⑰ 以下不是 weblogic 所遵循的标准架构是（ ）。

A. DCOM B. J2EEC C. DCE D. TCPIP

答案：ACD。

三、典型运维实践

随着某省电力公司数字化转型全面开展，智能运维工作已在信息中心、大数据中心、调控中心应用并推广，覆盖班组 12 个。每日自动巡检 3000 余次，生成报表 140 份 / 日，推送各类异常告警 100 余条 / 日。共承载业务系统 70 套，数据库实例 169 套。场景覆盖方面，自主开发运维场景工具 68 个，开发联动处置脚本 144 个，基本具备了对业务系统整体运行状态的智能巡检能力。运营服务方面，开启对运维数据的价值挖掘工作，利用 API 接口、探针等多种方式，获取核心运维数据 1200 余万条，构建关键数据表 160 余张，通过自主开发，对运营指标按需进行可视化展示，定制运营工具 8 个，包括云资源总体态势、无纸化办公全链路实时监测、统一权限用户运营等，辅助运维人员高效开展运营工作。智能运营态势一览如图 4-3 所示。

图 4-3 智能运营态势一览

在持续完善工具脚本的同时，也同步建立智能运维规范化流程和标准，解决存量系统覆盖到哪些功能，增量系统覆盖哪些功能，权限如何划分才安全等问题，将智能运维作为一项长期工作进行推进。一是以标准化为着眼点，建成信息系统标准化运维工艺库，优化繁复杂乱的运维流程，形成涵盖 58 套系统、设备的标准化运维手册；二是以对外规范化服务为切入点，编写信息专业服务目录，涉及资源、平台、数据、安全等 4 类业务共计 18 项服务，规范数据库操作、统一权限账号申请、华为云资源申请等运维服务，为系统化的自动工具开发打实基础；三是确定智能运维的权限范围，以只读权限为主，重要业务系统对主业人员按需开通读写权限，一事一授权。

第五节　云平台运维管理及实践

一、云平台运维通用服务内容

主要包括云平台监控、业务上云支持、资源管理与评估等运维内容。运维服务具体内容如下：

（1）云平台资源监控：对云平台纳管物理资源的运行状态进行监测分析，对云平台中主机、存储、网络等硬件设备上线、下线开展配置工作。

（2）业务上云支持：对应用系统上云提供云平台架构遵循、资源使用方面的技术支持与指导，开展部署实施配合、业务调测配合等工作和应用系统上云后的技术验证配合、故障排查处置配合、应用系统检修配合等工作。

（3）资源管理与评估包括虚拟资源调配、优化及评估，包括：

1）虚拟资源调配：对云主机、云数据库、云存储、虚拟化网络、安全组、容器等资源进行资源配额的分配及回收工作，对虚拟资源情况进行监控，并依据资源使用情况，开展虚拟资源调配工作。

2）云资源优化：通过云运维工具，对云平台的运行状态、流量、配置、操作等信息进行监测，通过数据分析，及时对云平台的运行参数进行优化。

3）资源使用评估：对云平台资源使用情况开展计量分析，给资源使用绩效评估提供依据。

二、云平台监控管理要点

云平台监控是通过专业监控工具对云环境中的资源、应用程序、网络和安全状态进行实时监视，确保系统的稳定性和可用性。运维人员应及时组织处理监视范围内的告警信息，按照故障处理要求进行处理，如满足即时报告要求时，应按规定时间向上级有关人员报告，并进行闭环跟踪管控，确保告警信息的及时处理和问题解决。

（一）监控类型

（1）日常监控：云平台的日常监视是指全天候（7×24h）的监视操作，每日巡检实时了解组件、系统的健康状态，使用 FusionCare 结合 OC 资源监控、明细报表、esight 工具等及时发现平台问题并开展相应处置，确保云平台持续稳定运行。

（2）定时巡视：按照预定的频次对云平台的性能、可用性和资源利用率、运行状态进行有针对性的检查，巡视时间间隔应不大于 4h。

（3）特殊监控：特殊监视是指在特殊情况下对云平台采取加强的监控措施，如关键业务期间、设备紧急缺陷等。

（二）监控接入条件

新上线的云环境应在上线前完成监控接入，并需满足以下条件后方可纳入监视范围：完成上线试运行申请和部署实施验收，具备完整的运行方式和应急预案。完成监控有效性验证，确保监控工具准确地对系统故障和性能问题进行定位和提示。提供完备的操作手册，定义所有监控项、阈值，提供监控内容列表。其中，监控工具（Fusion-Care、OC、eSight、Service OM、APM）必须满足接入要求，确保告警准确性、及时性、明晰性，不得存在安全漏洞等。

（三）监控内容

云平台的运行监控管理对于确保云环境的可用性、性能和安全性至关重要。通过日常监视、定时巡视和特殊监视，以及监控工具的有效使用，可以及时发现并解决潜在问题，确保云平台的持续稳定运行。云平台运行监控类别及内容见表 4-3。

表 4-3　　　　　　　　　　云平台运行监控类别及内容

序号	监控类别	监控内容
1	资源监控	包括云主机、存储、网络设备等的性能监视，以确保资源的正常运行和利用率处于合理区间
2	应用程序监控	对云平台上托管的应用程序进行性能监视，检查应用程序的可用性和响应时间
3	网络监控	监控云平台的网络流量、带宽使用和网络连接状态，以确保网络的稳定性
4	安全监控	监视云平台的安全事件、漏洞扫描、入侵检测等，以确保云环境的安全性
5	性能参数	监视资源的性能参数，如 CPU 利用率、内存使用率、磁盘空间、网络带宽等
6	可用性	检查云主机、应用程序和网络的可用性，确保它们能够正常响应请求
7	资源利用率	监控资源的利用率，以确保资源得到有效利用，避免过度消耗
8	安全事件	监控安全事件，如登录尝试、漏洞扫描、异常访问等，以及时发现安全威胁

三、云平台资源管理要点

为合理优化资源配置、明确资源管理方向，需建立贯穿云资源全生命周期的管理过程，包括资源规划、申请、分配、优化、回收等阶段。此外还应定期开展资源晾晒评价，为平衡好资源效率和安全运行的关系提供有效支撑。

（一）资源管理基本规范

资源管理规范主要包括资源分配标准统一，命名规则标准统一，资源使用效率提升等工作，实现云平台资源精益化管理。基本管理规范包括：

（1）合理规划资源容量：通过分析业务系统资源分配容量、资源增长趋势和用户增长量，结合当前的云平台资源使用情况，统筹规划，确定资源需求。

（2）最小化分配原则：因业务系统从部署到上线达到用户使用峰值需一个时间段，默认按照最小化分配原则合理进行资源分配，以满足业务系统初期运行需要。对于不满足业务系统实际使用的情况，需提交资源特定情况申请说明，待审核通过后按实际使用分配。

（3）资源分类回收：按照云资源回收标准，针对业务系统下线、资源不再使用或闲置等情况进行分类，开展资源回收删除工作，有效保障云资源合理充分利用。回收资源主要分为四类：僵尸资源、闲置资源、下线资源、测试资源。

（4）资源统一命名：应按照云资源命名标准进行统一命名。其主要包含业务系统上云使用的各类组件。

（5）合规性检查：对物理服务器、操作系统、虚拟化层、虚拟机操作系统的合规性进行检查，并对合规项的状态进行定期校验管理。合规项检查包括但不限于操作系统、中间件与应用的版本要求、密码复杂度要求、开放端口的要求等。

（二）资源管理各阶段要求

1. 规划阶段

结合数字化建设需求，通过业务系统调研及架构评估确定上云方式，分析业务资源分配容量、增长趋势和用户增长量，统筹合理规划资源容量，确定年度软硬件资源需求规模，编制形成《上云方案》《上云可行性分析报告》等。

云平台组件主要包括基础架构上云组件、容器架构上云组件、混合架构上云组件和主机安全组件。其中，基础架构上云可选组件、容器架构上云可选组件、混合架构上云可选组件可参考附录 B-12 上云可选组件参考表。主机安全组件主要有主机安全 HSS、Web 应用防火墙 WAF、云堡垒机、数据库审计、态势感知 SA 等，需要根据业务情况规划相应的安全组件。其中，所有的云平台服务器都需要部署主机安全服务，所有的云平台数据库都需要配置数据库安全审计；Web 应用防火墙针对业务系统需要提供 Web 服务的场景，需要开启 Web 防火墙；云堡垒机业务运维人员需要对云平台组件、服务器进行程序升级、运维操作时需申请云堡垒机，对操作行为进行管控、审计；态势感知 SA 主要是对云平台安全进行全方位的监控，安全态势分析，整体掌控云平台态势。

2. 申请阶段

根据业务系统的业务量、用户数、重要程度等参数测算出上云系统资源需求总量，限定资源申报上限，然后将业务需求转化成资源需求，指导业务系统资源合理申报。根据云平台业务情况，对主机安全 HSS、Web 应用防火墙 WAF、云堡垒机、数据库审计、态势感知 SA 组件申请相应的规格。如云主机，一个配额只能绑定一个主机，根据主机的数量来选择 HSS 的规格，是否需要开启网页防篡改。云 WAF 是否涉及 Web 应用，是否使用代理等。

3. 分配阶段

因业务系统从部署到上线达到用户使用峰值需一个时间段，默认按照最小化分配原则合理进行资源分配，以满足业务系统初期运行需要。对于不满足业务系统实际使用的情况，需提交资源特定情况申请说明，待审核通过后准许开通。所有主机必须安装主机安全服务，云平台运维必须经过堡垒机操作，数据库必须具备数据库审计功能。

4. 优化阶段

优化阶段分为资源优化、监控性能优化、日志优化及安全优化，具体优化内容如下：

（1）资源优化。

1）业务部署流程优化：服务构建器 VAPP，通过页面设计和流程编排方式，通过脚本资源来实现基础架构上云业务系统一键实施，支持自定义模板和样例模板管理。目前只支持的组件有 ECS、EIP、VPC、ELB、EVS、IMS。容器部分也有一个资源编排功能（需要进行测试验证功能）。

2）业务系统用户高并发优化：生产环境业务系统部署完成后，保障业务系统上线后可应对业务高并发场景，保障业务系统稳定运行。需要选择如下方式进行优化。

① 基础架构优化：通过压测工具对业务系统虚拟机 ECS 的 CPU/ 内存 / 带宽进行高并发压测，根据压测结果，选择合适的弹性伸缩 AS 服务策略，主要分为告警策略、定时策略、周期策略三类，其中告警策略需要合理设置 CPU、内存、带宽阀值。配置完成后，弹性伸缩服务会根据预定策略对云平台虚拟机 ECS 节点进行动态扩缩容操作。

② 容器架构优化：通过压测工具对业务系统微服务容器实例 CPU/ 内存进行高并发压测，根据压测结果，一是配置云容器节点伸缩服务 Autoscaler，定义资源池并创建伸缩策略；二是配置容器工作负载 HPA 服务，配置指标触发或周期策略，其中指标触发策略需要合理设置 CPU 和内存阈值。配置完成后，HPA 服务会根据预定策略对容器工作负载进行动态扩缩容操作，当云容器节点无法满足工作负载扩缩容要求时，Autoscaler 服务会根据预定策略实现节点动态伸缩。

③ 混合架构上云优化：通过压测工具对业务系统虚拟机 ECS 的 CPU/ 内存 / 带宽和微服务容器实例 CPU/ 内存进行高并发压测，根据压测结果：

a）对于虚拟机 ECS，选择合适的弹性伸缩 AS 服务策略，主要分为告警策略、定时策略、周期策略三类，其中告警策略需要合理设置 CPU、内存、带宽阀值。配置完成后，弹性伸缩服务会根据预定策略对云平台虚拟机 ECS 节点进行动态扩缩容操作。

b）对于微服务容器实例，一是配置云容器节点伸缩服务 Autoscaler，定义资源池并创建伸缩策略；二是配置容器工作负载 HPA 服务，配置指标触发或周期策略，其中指标触发策略需要合理设置 CPU 和内存阈值。配置完成后，HPA 服务会根据预定策略对容器工作负载进行动态扩缩容操作，当云容器节点无法满足工作负载扩缩容要求时，Autoscaler 服务会根据预定策略实现节点动态伸缩。

（2）监控性能优化。

业务系统部署期间需开启应用性能管理服务 APM 组件，基础架构上云方式使用云平台项目管理员账号创建永久 AK/SK，容器架构和混合架构使用业务系统账号创建永久 AK/SK，进行弹性云服务器 ECS、容器 CCE 的 Agent 安装。弹性服务器 ECS 的 JAVA 应用监控需业务系统进行探针配置。容器 CCE 需要对无状态或者有状态业务重新部署或者以升级方式添加探针，实现 JAVA 应用监控。

业务系统部署期间需开启应用运维管理 AOM，AOM 主要功能是展现可视化微服务间的依赖关系、将散落的日志进行关联分析等。云平台使用项目 VDC 管理账号创建永久 AK/SK，进行弹性云服务器 ECS 进行 Agent 安装。日志资源监控需要业务系统协助配置。

（3）日志优化。

云日志服务（LTS），可实现 ECS 和 CCE 日志数据对采集，支持关键字查询、模糊查询等方式。适用于日志实时数据分析、安全诊断与分析等，或将日志上报至云日志服务等功能。基础架构上云方式使用云项目 VDC 管理员账号创建永久 AK/SK，容器架构和混合架构使用业务系统账号创建永久 AK/SK，进行弹性云服务器 ECS 的 Agent 安装，CCE 通过 AOM 对接 LTS 方式获取日志。

（4）安全优化。

制定云平台安全组件下发流程，对云平台业务组件、上云业务系统提供安全支撑。及时升级云平台安全组件，及时更新安全防护病毒库，根据业务体系制定相应的防护策略。

5. 回收阶段

制定云资源分类回收标准，针对业务系统下线、资源不再使用或闲置等情况进行分类，每月度末开展资源回收删除工作，有效保障云资源合理充分利用。回收资源主要分为四类：僵尸资源、闲置资源、下线资源、测试资源。

6. 分析阶段

对业务系统进行资源分配时评估已有云资源使用情况进行晾晒分析，根据业务资源实际使用情况进行动态调整。以资源运行情况月度"晾晒"为例，每月生成云资源运营月报，从云资源分配、云资源使用、云资源回收、业务系统上云等维度进行分析，"晾晒"对比各业务系统的资源运行情况，为各系统的资源主动治理提供决策依据，同时帮助云平台指标评价体系的落地。

四、业务上云支持管理要求

（一）业务上云基本要求

新上线的业务系统需要在云平台上部署运行，业务系统新开发功能需要微服务化改造，并且容器上云，对于第三方组件，可以采用虚拟机方式上云。业务系统承建单位需编写《应用上云方案》，云平台运营团队进行技术支撑；应用上云方案先在信通公司进行内审，对集成架构、部署架构、资源需求等进行了讨论；内审通过后，由数字化部进行评审应用上云方案，通过后才能进行资源分配。此外，应在满足业务上云需求的基础上，依据权限最小化原则，合理分配业务系统账号权限，保障云平台业务系统安全。

（二）业务上云原则

1. 虚拟机上云

对于业务逻辑复杂、业务模块间紧耦合、业务风险比较大的传统单体应用，比如营销、PMS、ERP、CRM 等业务流程固定、数据模型稳定，应用版本较少发生变化，应用访问量平稳，没有明显高峰和低谷场景应用部署和运行需要使用特定操作系统，这类应用无法采用容器镜像方式部署和发布的应用。

2. 容器化上云

数据分离应用可基于容器镜像进行部署和发布，不依赖底层操作系统的特殊机制。访问流量存在高峰低谷的场景，则应用需要实现弹性伸缩，应用部署繁琐、配置文件易出错，存在快速、标准、自动化部署的需求；应用实例较多，存在统一日志、统一监控的需求。

3. 微服务上云

直接采用的应用改造上云多为传统集中式架构，应用模块间紧耦合，只能通过升级、扩容硬件，已无法满足应用功能性、非功能性方面的发展要求。采用微服务架构设计开发可实现改造上云的需求快速上线、灰度发布、满足业务功能频繁变化；可以快速迭代开发，面向内网用户访问的应用。

五、常用云平台自动化运维工具

云平台自动化运维是指利用自动化技术和工具来维护和管理云平台的运行。通过自动化运维，可以提高运维效率，减少人工操作的错误和工作量，实现快速响应和高可用性。常见的自动化运维任务包括 FusionCare 健康巡检、自动化验收、信息收集；通过自动作业对资源批量执行脚本完成日常运维操作；应用运维管理 AOM 提供的批量磁盘清理、作业编排、脚本执行等功能将日常运维操作服务化、标准化、自动化。

（一）FusionCare 健康巡检

FusionCare 是为信息设施提供的一套综合的运维管理工具，主要针对云计算产品进行健康检查和信息收集。自动化运维概览图如图 4-4 所示。

FusionCare 健康巡检是一套健康检查工具，能够一键式检查云平台各项组件的相关对象的健康状态。通过 FusionCare 健康巡检对云平台进行日常巡检，巡检日常需要的基本巡检项，生成健康检查报告；可以对云平台进行升级前检查，巡检系统状态是否达到升级标准。通过健康检查报告，工程师可以快速掌握云平台的健康状况，确定业务在可用性、可靠性、资源的占用等各方面是否符合预期。健康巡检如图 4-5 所示。

图 4-4　自动化运维概览图

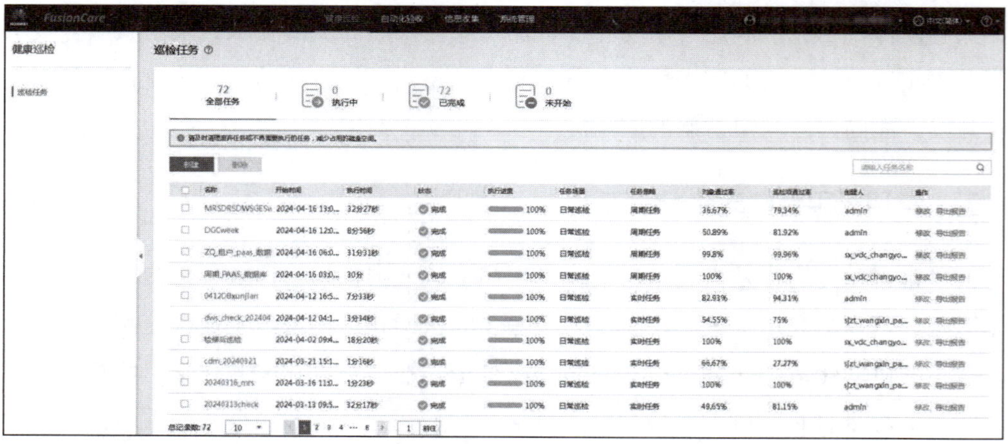

图 4-5　健康巡检图

FusionCare 提供日志信息收集和云档案信息收集的功能，通过收集不同区域下的各节点日志信息、各服务基本信息、档案信息收集，可以快速获取运维所需的数据，定位诊断和解决问题，提升运维效率。日志信息收集如图 4-6 所示。

图 4-6　日志信息收集

（二）自动作业（AutoOps）平台

基于敏捷运维理念打造的运维自动化平台，提供基础架构到业务应用的全栈自动化运维能力。构建丰富的运维操作库，灵活编排运维流程，标准化各种运维场景，定时 / 立即批量执行运维操作或流程，可以根据企业的运维诉求按需扩展，最大限度地节约人力成本、降低管理风险、告别枯燥的重复工作，提升运维效率和满意度。自动化作业示意图如图 4-7 所示。

图 4-7　自动化作业示意图

自动作业提供的主要功能包括设备管理、操作管理、编排管理、作业管理。自动作业通过对资源批量执行脚本完成日常运维操作，降低运维复杂度；通过编排引擎和扩展机制，实现场景化运维操作编排，组合成打补丁、定期巡检等操作，简化日常运维，提升运维效率。自动化作业各模块关系图如图 4-8 所示。

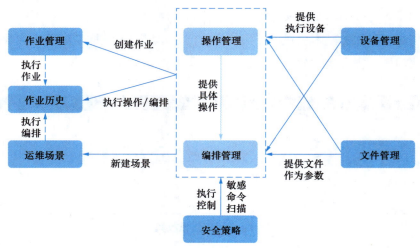

图 4-8　自动化作业各模块关系图

考一考

判断题

① 华为云 RDS 数据库参数可以通过控制台进行修改。（　　）

答案：对。

② 客户业务相关数据即可以存储在华为云 DDM 实例的数据库中也可以存储在后端 RDS 实例上分片中。（　　）

答案：错。

③ 在 API 网关中能针对 VPC 通道内的 ECS 私有 IP 进行访问控制。（　　）

答案：错。

单选题

④ 当华为云 RDS 实例处于以下（　　）状态时，无法删除实例。

A．正常　　　　　　　　　　　　　B．主备切换中

C．异常　　　　　　　　　　　　　D．创建失败

答案：B。

⑤ 华为云分布式数据库中间件 DDM 和开源 MyCAT 对比，不正确的是（　　）。

A．运维管理：DDM 提供 Console 界面，可在线对 DDM 实例、逻辑库、逻辑表、拆分规则等进行管理和维护

B．集群高可用：DDM 支持集群高可用，可实现跨 AZ，RDS 也支持跨 AZ

C．安全增强：支持 VPC（虚拟私有云）、子网、安全组，与其他租户网络隔离

D．高成本：稳定的产品，完善的运维和技术支持，相比开源产品总体性价比更低

答案：D。

⑥ 在使用华为云 DRS 服务从自建 Mysql 数据库向华为云 RDS 实例中迁移数据时，不支持的 Mysql 版本为（　　　）。

A．MySQL5.5　　　　　　　　B．MySQL5.6

C．MySQL5.7　　　　　　　　D．MySQL7.0

答案：D。

⑦ 华为云 DRS 服务不适合用于以下（　　　）场景。

A．数据在线迁移　　　　　　B．数据格式转换

C．数据同步复制　　　　　　D．多对一数据归集

答案：B。

多选题

⑧ 通过华为云管控制台创建 Redis 实例时，必须指定的配置项包括（　　　）。

A．可用区　　　　B．实例规格　　　　C．虚拟私有云　　　　D．IP 地址 ABC

答案：ABC。

⑨ 分布式缓存服务（Redis）通过（　　　）存储数据。

A．KEY　　　　　B．Value　　　　C．ID　　　　　D．主键

答案：AB。

⑩ 假如华为云有 3 个可用区，分别为可用区 1、可用区 2、可用区 3，（　　　）用户不能划分资源创建所在可用区权限。

A．VDC 管理员　　　　　　　B．VDC 业务员

C．VDC 只读管理员　　　　　D．超级管理员

答案：ABC。

第六节　企业中台运维管理及实践

近年来，大数据技术已经成为支撑企业数字化和智慧化建设的核心技术，如何使数据成为提升企业生产和经营管理水平、优化业务流程、实现精细化生产管理与辅助决策的利器，是当前企业数字化转型建设的关键。其中，企业中台运维发挥着核心作用。

为适应当前数字化转型工作需要，落实数字化支撑保障体系强化工程任务要求，公司坚持以用户为中心，聚焦"核心业务集中、技术核心集中、数据共享集中"，积极构

建运维管控架构，不断提升业务处理的自动化和智能化水平，实现全量数据集中共享，敏捷响应前端业务，不断拓展信息系统更新，提升精益管理水平和整体业务效率，创新实现对企业运维的全方位管理，促进信息系统重要、核心功能规模化应用，助力提升中台运维质量，引导建设方向，提升企业中台服务实用化水平，推动企业服务高质量发展与转型升级。

一、相关运维对象服务内容

企业中台基于云平台和物联平台构建，是企业级的技术、数据、业务能力共享平台，企业中台包括数据中台、技术中台和业务中台。其中，技术中台提供统一、集中、复用的信息基础能力；数据中台实现数据和计算能力全局共享；业务中台通过业务功能沉淀实现跨业务复用。基于中台架构，实现高效支撑前端应用快速、灵活构建，支撑业务快速发展、敏捷迭代、按需调整。各运维对象服务内容如下：

（一）数据中台运维内容

（1）数据资产目录维护：开展接入数据中台数据资源目录维护，包括数据表信息和字段信息，形成各专业数据库表目录，并组织开展专业数据库表目录动态维护；发布、更新数据共享负面清单。

（2）数据资源授权：开展数据资源申请流程审批，完成业务应用的数据使用授权，并反馈用户确认。

（3）数据模型维护：开展模型元数据（模型字典、枚举字典）维护，以及模型实体类、属性等变更维护。

（4）数据接入：开展数据接入，并对接入数据进行审查和校验，提出包括去除重复数据、填补缺失值、处理异常值等操作建议。

（5）两级数据贯通：依据总部和省（市）公司数据的需求，建立数据链路，完成数据的下发和上报。

（6）数据分析挖掘：构建及优化数据分析算法模型，构建及维护标签，挖掘数据价值。

（7）数据接口维护：与关联系统的接口及数据服务接口（API）的调试、接口配置、接口发布、接口变更及级联保障等维护工作。

（8）数据链路维护：对已接入的数据在传输、使用、存储等流转过程中的及时性和完整性进行技术保障。

（二）技术中台运维内容

（1）移动应用：主要包括移动应用上下架和应用监控分析。其中，移动应用上下架是指受理移动应用上架及下架申请，并审核相关材料；应用监控分析是指开展应用埋点监控、设备终端分析、用户行为分析、应用异常分析等工作，监控、评估上架应用调用和运行情况，对低质量应用提出优化建议。

（2）统一权限：主要包括统一身份维护、统一授权维护、统一认证维护和账号合规审计等。其中，统一身份维护是指开展组织信息、用户账号、身份信息目录维护；统一授权维护是指受理集成应用授权申请并完成授权操作；统一认证维护是指对集成应用单点登录、认证需求提供技术支持；账号合规审计是指用户账号登录情况、操作记录、违规事件溯源取证等。

（3）统一视频：主要包括终端设备接入腾退、终端设备运行监控等。其中，终端设备接入腾退是为视频、图像设备的接入腾退工作提供技术支持；终端设备运行监控是指开展视频设备运行、画面质量、网络通道、流量、业务应用承载等状态的全链路运维监控，确保相关问题及时发现和处置。

（4）电网 GIS：主要包括拓扑服务维护、地图数据维护及应用调用分析等。其中，拓扑服务维护是依据业务需求开展电网 GIS 服务、统一地图服务、三维 GIS 服务和移动 GIS 服务维护；地图数据维护是对地图数据进行维护，以满足集成方系统业务需求；应用调用分析是开展地图等技术服务调用情况的分析，并提出优化建议。

（三）业务中台运维内容

（1）服务需求统筹：承接由服务使用方提出的关于业务中台服务新增、服务优化、服务共享等合理诉求，组织相关评审工作，从技术实现、业务范围、安全合规等方面对服务需求进行分析统筹。

（2）服务准入准出：发布标准化服务目录，确保服务目录"标准统一、格式一致、更新及时"；参与服务上线审核，强化服务准入管控；开展服务成熟度评估，对零调用、低频调用服务提出下架建议。

（3）服务调用鉴权：组织开展业务应用服务调用申请的审核审批，完成业务应用的服务调用授权，按需开展服务调用权限管控。

（4）服务白名单维护：维护服务白名单目录，定期进行评估及更新，减少审批环节，提高服务效率。

（5）服务运行分析：开展业务中台运行和服务共享相关情况分析，包括业务中台运行稳定性分析、服务调用情况分析、业务支撑情况分析等，并提出服务优化完善、服务节点扩容等优化建议。

（6）数据模型维护：开展模型元数据（模型字典、枚举字典）维护，以及模型实体类、属性等变更维护。

（7）模型变更管控：基于模型管理规范，组织模型变更需求评审工作，对模型进行优化与完善，同步更新相应的数据访问服务。

（8）技术遵从度检查：基于业务中台架构设计相关标准，常态化开展架构设计遵从度检查报告编制、审核、提交、备案等工作。

二、运维关键点及流程

（一）数据中台

1. 资源管理

（1）资源分配：从安全作业、综合通用、数据中台存储资源、数据中台计算资源、数据中台管理资源等方面规范资源管理方式，为资源管理提供了有效的基础支撑。资源分配流程如图 4-9 所示。

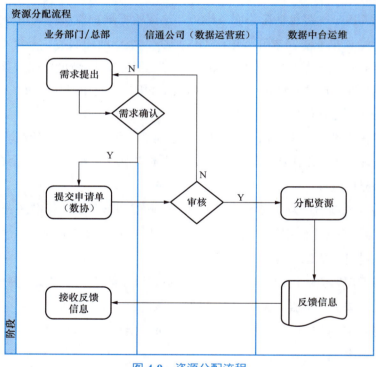

图 4-9　资源分配流程

（2）全量数据接入：根据数据接入需求，将业务系统数据接入到数据中台 DWS 数据库中，经过数据中台进行清洗转化后提供给相关业务部门，同时根据数据时效性要求配置数据接入频率。通过配置集群作业或数据开发作业（DAYU-DLF）进行数据接入，根据数据类型选择接入方式，如数据增量接入通过配置数据复制服务（DRS）链路和数据开发数据抹平任务接入。数据接入流程如图 4-10 所示。

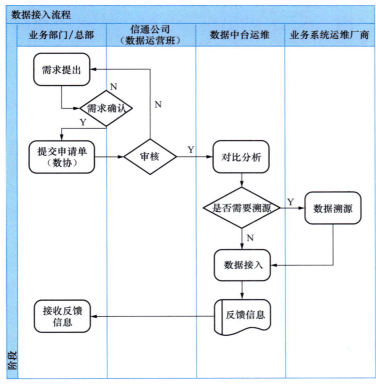

图 4-10 数据接入流程

（3）数据对外共享服务：数据对外共享服务方式包括数据服务（API）、UEP（ucloud enterprise program）传输、DWS（data warehouse solution）授权和作业任务传输。其中，数据服务是业务系统通过调用接口获取相关数据；UEP 传输是针对总部需求通过数据传输组件 UEP 上传到总部；DWS 授权是为本地业务部门的 DWS 账号授相关标的查询权限，业务部门通过连接数据中台数据库查询获取数据；作业任务传输是通过大数据开发套件（DAYU-CDM）作业将数据抽取到业务部门的数据库中。数据对外共享服务流程如图 4-11 所示。

2. 监控管理

数据中台集群监控配置包括分布式数据仓库、分布式关系数据库、MapReduce 服务、分布式列式数据库、批量计算、内存计算、流计算、数据服务等功能组件，根据集群运行监控标准针对性进行深度检查，根据结果及时整改、调优，确保各个集群运行正常，通过配置组件节点监控，提高监控预警准确性和实效性。从数据一致性监测、数据时效性监测和数据规范性监测三个方面提高监控质量和效率。

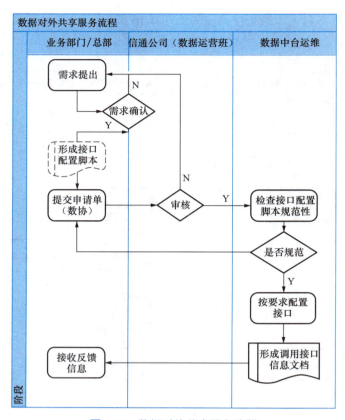

图 4-11　数据对外共享服务流程

3. 检修管理

（1）漏洞整改：数据中台应用层（SAAS）的漏洞管理范围主要是数据中台分布式数据仓库（DWS）、分布式关系数据库（RDS）、MapReduce 服务、分布式列式数据库（MRS MapReduce 服务 Hbase)、批量计算（Hive 组件）、内存计算（Spark 组件）、流计算（Flink 组件）、数据服务（APIG）等。其中操作系统集成服务层（IAAS）涉及的相关组件服务的漏洞修复，由云平台负责。漏洞整改流程如图 4-12 所示。

（2）版本升级：数据中台版本升级可分为纠错性、适应性、完善性等类型。其中纠错性版本升级是解决数据中台各组件服务运行过程中出现的故障，进行优化；适应性版本升级是由于运行环境的改变而调整数据中台各组件服务接口；完善性版本升级是根据对数据中台各组件服务要求对现有组件服务进行功能扩充或性能改进。

数据中台升级内容为数据中台软件应用层（SAAS），升级的范围数据中台应用层（SAAS）各类数据存储组件、数据计算组件、数据管理组件。其中，针对操作系统等集成服务层（IAAS）涉及的相关组件服务的版本升级，由云平台负责。版本升级流程如图 4-13 所示。

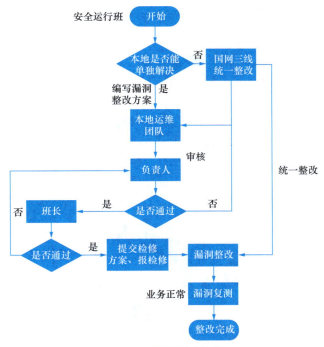

图 4-12 漏洞整改流程

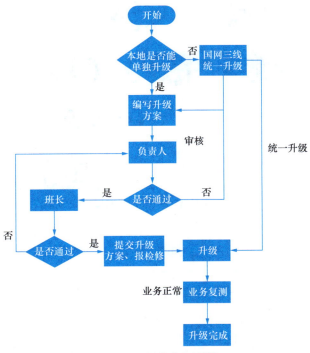

图 4-13 版本升级流程

（3）故障处理。数据中台故障内容为数据中台软件应用层（SAAS），故障的范围数据中台应用层（SAAS）各类数据存储组件、数据计算组件、数据管理组件。其中，针对操作系统等集成服务层（IAAS）涉及的相关组件服务的故障，由云平台负责。故障处理流程如图 4-14 所示。

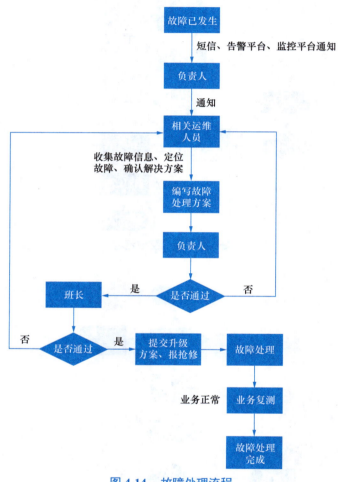

图 4-14　故障处理流程

考一考

判断题

① Hbase 的 BloomFiliter 是用来过滤数据。（　　）

答案：错。Bloomfilte 适用范围：可以用来实现数据字典，进行数据的判重，或者集合求交集。

② Flume 的数据流可以根据 headers 的信息发送到不同的 Channel 中。（　　）

答案：对。

③ Hive 中 union all 操作符用于合并两个或多个 select 语句的结果集，结果集中，不允许有重复值。（　　）

答案：错。在 Hive 中，union 和 union all 都是对两个以及多个子查询的结果合并，union 会对子查询的结果去重合并，而 union all 不会对子查询结果去重处理。

单选题

④ 以下（　　）工具可以实现大量数据的快速导入和导出。

A．gsql　　　　　　B．GDS　　　　　C．Data Studio　　　D．DSC

答案：B。

⑤ 表设计时选择分布列的原则包括（　　）。

A．作为分布列的字段尽量聚集

B．选择查询中关联条件作为分布列

C．尽量选择在查询中存在形如 col=10001 过滤条件的字段

答案：B。

⑥ DWS DN 的高可用架构是怎样的（　　）。

A．主备从架构　　B．一主多备架构　　　　C．两者兼有　　D．其他

答案：A。

⑦ 以下不属于 CN 自动剔除约束的是（　　）。

A．设置 CN 心跳超时时间的值大于 0

B．集群中的 CN 总数必须大于等于 3

C．多 CN 故障时只能剔除一个 CN

D．CN 剔除以后，逻辑集群的创建、删除、扩容、缩容、回滚、显示操作可以执行

答案：D。

多选题

⑧ 整库迁移支持的源端数据源类型有：（　　）。

A．MySQL　　　　　B．Oracle　　　　C．Hive　　　　　D．DWS

答案：ABCD。

⑨ 对资产搜索结果，可以基于条件进行筛选，下列筛选条件中支持类别有（　　）。

A．数据连接　　　B．类型　　　C．密级　　　D．大小

答案：ABC。

⑩ DAYU 作业的节点库中 MRS Kafka 的失败策略（　　）。

A．终止当前作业执行计划　　　B．继续执行下一节点

C．挂起当前作业执行计划　　　D．终止后续节点执行计划

答案：ABCD。

⑪ API 网关是华为云提供的一个 API 托管的应用服务，以下（　　）是 API 网管包括的功能。

A．API 全生命周期的管理　　　B．权限控制

C．访问控制　　　D．流量控制

答案：ABCD。

（二）技术中台

1．巡视巡检

对系统运行状况进行巡视和检查，针对台账完整性、架构完整性、服务架构监控、华为云 CCE 集群、服务线程使用情况等开展深度巡检，紧盯巡检巡视中的薄弱环节，深入分析系统延迟、调用失败和链路耗时情况，不断优化系统功能。

2．检修管理

（1）漏洞整改：技术中台应用层的漏洞范围主要是 SSH 服务支持弱加密算法、Apache HTTP Server 安全漏洞、python 安全漏洞、未授权访问、Cloudbees Jenkins、Apache Tomcat、nginx 安全漏洞、Redis 安全漏洞、Eclipse Jetty 安全漏洞、Swagger API 未授权访问漏洞、SQL 安全漏洞、nacos 未授权访问漏洞等。应在特征库最新版本发布后一周内完成漏洞扫描工具特征库升级，完善信息系统漏洞台账，根据系统应用责任人分配，强化整改计划，按期完成整改。日常防范上，开展常态基线和漏洞管控，利用入侵检测、攻击溯源、web 应用防护及 360 天眼等安全设备进行常态监控和阻断恶意攻击，确保业务系统安全运行。

（2）版本升级：版本升级常见为应用程序版本迭代升级、中间件版本升级、平台组件版本升级、集成接入优化兼容升级等类型。加强检修方案内容细化量化、工作难点及风险点、授权备份、测试验证等关键点管控，提高检修效率，保障检修成功，系统运行稳定。

（3）故障处理：针对故障报修、重大危急缺陷处理、故障紧急检修不需申报作业计划的检修工作，应完善检修后检修方案、应急处置措施、故障分析报告等资料，完善更

新知识库，列入日常针对性、重点性巡检检查重点。

（4）性能优化：如调整参数、服务重启、应急演练、主备切换等工作，根据业务系统实际情况，按照季度、年度等定期开展，作为系统运行的常态化工作。

3. 移动应用 App 上下架管理

应用上架到正式环境之前，须在测试环境完成联调测试以及上架工作。所有上架 i 国网的应用必须接入 ISC 单点登录和安全交互平台，登录加载出现异常时须给出异常提示，应用须给出用户登录加载的进度提示；基于 i 国网应用的各类密钥不允许保存在 i 国网上架的前端应用代码中。

移动应用系统下架时，须与业务部门沟通 App 是否符合下架要求，提供《移动应用业务受理单》，并完成承建单位、建设单位、业务主管部门、数字化职能管理部门等负责人签字盖章；移动应用系统负责人将业务受理单提交至 i 国网项目组，i 国网负责人受理后完成 App 下架。

4. 统一视频平台接入管理

统一视频平台接入管理包括核查视频信息、确认接入模式、视频接入测试等流程环节。

（1）核查视频信息：统一视频平台设备接入根据各单位提供的设备清单进行接入。设备类型包括内网非标设备及 VPN 专线设备两种类型。其中 VPN 专线设备包含企标协议、国标协议及 I1 协议三大类，针对非标设备接入前，核查设备所属单位提供设备信息网络是否正常，IP 端口是否畅通，确认无误后方可接入；VPN 专线设备接入前，须确认设备是否完成数字证书申请及导入工作，SIM 是否完成申请，完成上述信息确认后方可录入设备台账。

（2）确认接入模式：非标设备接入前，需确认设备协议是否为非标，视频设备协议编码为 H.264/H.265，保障设备接入后视频可正常展示，针对 VPN 专线设备，企标协议根据设备类型确认协议版本为 2014 或 2020；国标协议根据设备类型确认协议版本为 2016 或 2022，确认信息后，应进行设备台账建立，同时生成台账信息反馈相关单位；I1 协议设备目前只有微拍图片机，设备接入前核实设备所属单位是否提供设备协议编码，信息完备后，方可接入。

（3）视频接入测试：包括设备参数配置、设备运行测试、设备信号测试、设备并发测试及开关机测试等。

（4）设备参数配置：设备测试前，检查相关设备参数配置是否符合要求，具体根据《设备参数配置指导手册》进行核查，同时在测试设备接入视频平台后，根据测试设备运行情况，包括设备清晰度、网络是否流畅等问题进行参数调整，得出该批次设备分辨率及运行状态最佳的参数配置，作为该批次设备参数配置依据。

（5）设备运行测试：在设备接入测试阶段，分别对设备电量在90%以上、50%左右、20%左右及电量不足的情况下进行设备测试，确保此批次设备不会因为设备自身带电问题影响视频传输；对设备通信模块进行检查，保障设备不会因为通信模块版本老化原因，影响视频信号传输及信令接收与回复。

（6）设备信号测试：在确认设备端所使用的运营商VPN专网卡后，在调用设备过程中，测试会不会出现网络波动，在VPN卡不变的情况下，测试设备在信号传输方面是否会出现异常，确保设备自身不会因为网络连接异常影响视频传输。

（7）设备并发测试：在保障设备电量充足的情况下，将设备至少持续运行20h，测试设备长时间运行会不会导致视频传输卡顿、黑评等异常问题。

（8）开关机测试：对设备进行开关机测试，测试设备开机后，视频上线时间，设备关机后，平台设备状态同步情况，测试此批次设备自检过程时长，确保设备性能符合接入要求。

5. 权限管理

设备所属单位根据视频项目组提供台账，督促设备厂商进行配置，所有设备测试完成后，统一视频完成设备授权，根据设备所属单位，设备使用用户范围进行授权，确保用户可正常调用。

6. 监控管理

对系统的监控内容进行深度挖掘，针对重要业务流程实现全链路监控，对业务成功率、及时率进行监控，业务异常发生时，能够及时触发告警。根据以往故障、异常，设立监控项，增加监控角度，做到早发现、早处置，降低影响范围，确保系统运行稳定。云上部分无法根据系统直接监控，需要根据主机性能资源使用规律、增长趋势、应用服务日志、进程等辅助监测手段，强化监控、巡检力度，夯实运维基础，有力保障系统运行。相关监控类型及内容见表4-4。

表4-4　　　　　　　　　技术中台监控类型及内容

序号	类型	监控内容
1	台账	系统台账数据（包括主机、中间件、数据库等类型）发生变化时应及时更新系统台账，确保台账完整、准确
2		满足监控管理要求的主机、中间件、数据库、系统接口等基础台账，并集成信息系统运维单位（部门）要求的监控系统
3	账号	运维账号由信息系统运维单位（部门）统一管理，项目建设期间运维账号由信息系统运维单位（部门）授权实施厂商管理，系统上线时统一由信息系统运维单位（部门）回收并修改密码

续表

序号	类型	监控内容
4	账号	定期开展僵尸账号清理工作，对于超过 6 个月以上未登录的账号进行禁用操作，并向公司科网部报备，禁用账号启用须重新申请
5	性能	满足相关监控系统的接入要求，主要包括日志、CPU、内存、存储、端口等

（三）业务中台运维要点

1. 巡视巡检

为保障系统建设期间稳定运营，电网资源业务中台按照系统功能巡检、服务器巡检、云状态检测巡检、数据库巡检四个方面开展巡检工作。其中：

（1）系统功能巡检：在同源维护工具、运营平台系统界面对页面的功能菜单进行业务测试，确保系统功能正常，请求无超时现象。

（2）服务器巡检：开展服务器巡检工作，主要查看服务器 cpu、内存、磁盘使用情况，查看服务器节点与主节点连接正常、docker 组件正常。

（3）云状态检测巡检：登录华为云管理平台，查看项目所使用的云组件状态正常。

（4）数据库巡检：连接数据库，打开查询界面，查询关键表正常返回数据，测试连接数据库请求不超时。

2. 缺陷管理

业务中台同源维护工具在实际使用中充分发现问题，针对发现的问题用户可优先联系相关人员，判断是否为系统缺陷，如果发现系统缺陷或者隐患问题统一提报数字化问题，对缺陷、隐患问题进行修复。

3. 账号权限管理

业务中台应与统一权限系统完成集成，通过同步统一权限人员账号、角色统一管理人员信息，对于需要使用业务中台的用户提交申请单后，统一进行角色赋权。

三、典型运维实践

通过某电力公司外网视频传输平台的典型运维实践，说明在运维过程中发现问题之后如何排查消缺、如何快速定位问题节点。

（一）问题发现

1. 图片监拍设备在线率低

外网图片监拍设备、视频设备安装在输电线路杆塔上，采用物联网＋防火墙＋联通通道的方式接入，物联网运营商公网出口在区外，网络链路过长，设备侧操作困难。

2. 图片监拍设备及视频数据不稳定

采用物联网＋防火墙＋联通通道方式接入，图片监拍设备上图不稳定（上图延时大、丢图等）、视频调阅存在调阅问题（卡顿、黑屏、花屏），在设备侧和平台侧抓包发现，网络传输链路存在丢包、拥塞等问题。

3. 内网调阅外网视频质量差

在内网穿透调阅外网视频设备过程中，网络链路均有不同程度的丢包，因涉及外网不同运营商数据交换、视频穿透设备、内外网安全设备等数据传输链路长、涉及面广、问题定位复杂。

（二）主要做法

1. 建强专班团队，提高问题处置能力

针对外网统一视频平台网络链路存在的问题，信息归口管理部门统筹安排，信通公司技术牵头，信息中心组织成立视频平台网络链路优化专班，负责运营商、设备厂商、视频平台以及安全设备厂商的协调沟通工作，不断提高外网统一视频问题处置能力，提升用户对视频平台应用满意度。

2. 深度排查分析，实现精准定位

图片监拍设备问题排查定位：优化专班协调设备厂家、运营商、各个安全设备厂家、视频平台等在各个节点进行抓包分析。首先，设备厂商与视频平台两侧抓包分析，发现图片传输过程中存在网络拥塞、重传问题；其次，分别在设备侧、运营商、防火墙、IPS、外网核心交换机及平台侧分别抓包分析，定位视频调阅过程中丢包问题，通过大量抓包分析，最终定位数据包在经过 IPS 入侵防御系统到达 DMZ 核心交换机存在丢包及网络拥堵问题。

穿透调阅问题排查定位：对视频网网闸设备传输过程中发现的视频网络流量存在拥塞、丢包现象，网络损耗主要集中在视频网闸隔离转换前后，因此对网闸所处网络环境进行着重核查。对视频网闸设备所处网络环境进行核查，发现设备处于公司办公网，视频传输流程中涉及多个防火墙及路由设备，导致流量损耗较大，影响视频穿透调阅效果。内外网视频平台、视频穿透设备、安全设备、华为云平台等网络链路节点进行抓包分析，发现网络丢包集中在网闸设备转换前后，判断网闸设备所处网络环境导致内网穿透调阅外网设备出现视频调用卡顿、延时等问题。随即，科数部协调将视频网闸迁移至信息机房，降低视频流传输过程中网络流量损耗。

3. 优化网络架构，提升平台服务能力

一是在外网视频平台增设移动和电信通道，确保 SIM 卡和传输通道属于同一运营商；二是视频穿透设备由备调机房迁移至信息机房，有效解决数据传输链路较长问题。

4．优化网络链路，提升平台性能

一是对前期设备厂商办理的归属地进行迁移修改，缩短网络链路；二是对公司所属安全设备进行排查，更换 IPS 老旧、性能不足的设备。

（三）成果成效

通过修改防火墙策略（会话保持时长、源 IP 限制等）、更换 IPS 设备、增加运营商通道以及将物联网卡通道迁移至本地等一系列优化后，图片机在线率及传图异常问题得到解决。图片监拍设备在线率由 66.8% 提升至 98% 以上，设备上图稳定，更好地支撑输电隐患排查，确保输电线路安全；通过增加运营商通道以及视频网闸搬迁等一系列优化工作后，穿透调阅问题得以解决，视频调阅效果得到的极大改善，为安监、基建、设备、营销等专业部门提供更加优质的视频应用服务，提升用户对视频平台应用满意度。

第七节　基础设施运维管理及实践

基础设施主要包括机房电气系统、空气调节系统、消防系统以及动环系统。其中，机房电气系统包括 UPS 系统、低压配电柜、馈线柜等设备（系统）；空气调节系统包括精密空调、水过滤设备、恒湿设备等设备（系统）；消防系统包括气体灭火系统、消防报警系统等；动环系统包括门禁系统、视频监控以及机房环境监控系统。基础设施运维的目标是，降低运行安全风险，减少机房基础设施事故可能带来的系统停运、设备故障等，提高基础环境的运行稳定性，保障机房基础设施安全、稳定运行，确保信息机房安全、稳定运行。

一、通用服务内容

基础设施运维服务主要分为二线运维服务和三线运维服务。

1．二线运维服务

（1）日常巡检：定期对信息基础设施运行状态进行巡视和检查，形成巡检记录。

（2）日常运行：为保障设备使用进行的常规操作。

（3）工器具及辅材：在信息运行维护过程中所必需的单项价值较低或使用年限较短，在使用过程中价值随着实物损耗逐渐转移，不能作为固定资产核算的物资和劳动资料。

2．三线运维服务

设备维保：超过原厂质保期后，由专业第三方或原厂商提供有偿的备品备件保障和深度巡检等技术支持服务。

二、运维关键点

数据中心信息机房基础设施运行维护工作关键点在于"巡测演保"四个方面："巡"是巡查，即对数据中心基础设施最基本的维护工作，除了运维人员日常巡查外还包括原厂专家对设备的定期巡检；"测"是测试，即为了保证设备在不同情况下都能按照预期效果运行，如测试一台空调故障对机房的影响，确保机房制冷系统的可靠性；"演"是演练，即模拟故障情况下运维人员对故障的处置，在检验设备系统性能的同时提高运维人员的应急处置水平，比如每年组织一次电气系统应急演练；"保"是保养，即为了使设备处于良好的工作状态，定期对设备进行维护，比如定期对耗材进行更换，按年度对UPS 风扇、模块和内部主板等主要部件进行深度清洁。

具体运维流程主要包括日常巡检和日常运行两方面工作。日常巡检是指每个工作日对电气系统、空气调节系统、消防系统以及动环系统运行状态进行巡视和检查，形成巡检记录。日常运行是按一定时间间隔对设备开展操作，以下将对不同系统的具体运维关键点进行介绍。

（一）暖通空调系统运维关键点

1. 对冷水机组

每年对冷水机组做全面检测评估，并出具相关报告。每季度对冷水机组全面巡视检查一次。定期对对机组维护保养，如更换冷冻油、油过滤器，干燥过滤器；冷媒充注量检查；压缩机轴承润滑保养，清洗冷凝器，冷却液检查、补充等。对设备中的散热板换季度性冲洗，过滤器清洗；定期日常巡视检查，检查机组外观零部件是否完整，有无油迹，设备外观搽拭。运行数据监测，运行异响、漏水等检查。

2. 管道阀门

每月定期对管道阀门外观检查修复，确保保温完整外观无锈蚀，无漏水，保证标识标牌清洗完整，固定管卡是否完好，管道软连接是否漏水、变形，阀门做好保养。每年定期进行管道阀门防腐、除锈、刷漆、润滑保养、检查清理水过滤网。每季度对过滤器进行清洗、检查。

3. 水泵

每年定期对循环水泵机械保养（检查电机轴承润滑是否良好，有无异响，检查绝缘阻值）、冷水循环水泵除锈防腐刷漆，保证外观整洁如新。每季度对循环水泵电气检查保养（水泵所对应电压、电流、频率，检查控制开关是否及时有效，检查接触器是否有无虚接打火痕迹，水泵进出口阀门、压力表、卫生检查修复清理。

4. 冷却塔

每年定期对冷却塔钢结构件防腐除锈刷漆、检查风扇电机运行是否灵活，风扇电机轴承是否正常，检查风机皮带、支架、风机系统结构架及爬梯是否完整，风机叶片腐蚀是否严重。每季度对冷却塔电气检测维护。定期对冷却塔填料检查及清洗，检查管道过滤器是否有堵塞现象，布水器检查，冷却塔水槽过滤网检查及清理，清理冷却塔底部污垢，检查补水阀进水是否正常，检查排水是否正常，检查溢水口连接是否良好。

5. 组合式空调器

每年定期至少两次对组合式空调器风机轴承润滑保养，检查风机皮带，检查风系统风阀是否正常，检查电源接地，检查电机绝缘性，检查各插件是否良好，检查各控制部分电压是否正常，防腐除锈处理。每月清理表冷器、机组初效、中效滤网及机组卫生。

6. 新风机组空调器

每月清洗更换出效过滤网，保证滤网的过滤效果，对凝结水盘，排水管检查清洗保证排水畅通，检查清理，对管道保温检查修复保持完整，检查调整密闭门不得有跑漏风，检查风机基础减震部件，运行是否灵活，平稳，是否有异响。每年定期检查风阀有无锈蚀，动作是否灵活，风道连接是否完好，检查控制柜元器件是否正常，清洁保养或者更换损坏部件。

7. 风机盘管

每月检查送回风口是否完整，清洁，清洗回风过滤网，风机运行有无异响，进出水金属连接管完好，无漏水，接水盘除尘清垢。每季度检查风机蜗壳有无变形，盘管排气防止气堵影响换热，供回水阀门开关自如，正常过水。每年定期至少两次检查电气接线是否牢固可靠，检查风机启动电容有无变形、漏液，控制开关是否灵活有效，测试风机运行电压、电流，过滤器是否脏堵。

8. 精密空调

每月进行精密空调回风滤网清洗，风机运行状态检查，检查表冷器接水盘是否脏堵，整机设备结构件检查是否完整，整机表面卫生清理。每季度检查电源接地是否牢靠，检查电机及电控箱绝缘性（绝缘值），电气接线检查紧固，配电线路检查整理，检查各插件接触是否良好，检查控制柜元器件是否正常；检查设备供电电压、运行电流，电磁阀工作是否正常，冷凝水排管道连接是否完好。每年定期至少两次检查加湿器进水、排水，加湿罐结垢是否严重，及时清洗，加湿器管路连接是否完好，加湿器控制是否良好，显示是否正常。

9. 电锅炉

每年定期检查水泵轴承，观察是否有阻滞卡住碰撞现象，检查水泵叶轮是否有异响，锅炉内壁是否结垢，锅炉是否有渗漏，检测阻值是否正常，电加热管是否结垢，检查电源接地，检查电机及电控箱绝缘性，全面检查电缆的老化腐蚀情况，紧固螺丝，用扎条整理包扎电线，检查个插件是否良好，检查各控制部分电压是否正常，清理机组内外卫生。

10. 板换、集、分水器

每年定期检查板式换热器外观有无渗漏水，板换进出口阀门是否完好，是否有渗漏水，板式换热器工作状态有无异常水流冲击声音，板式换热器内壁是否脏堵。每季度对板式换热器各个部件进行润滑维护保养。

11. VRV 多联机

每月用高压水枪对室外机冷凝器，用翅片清洗剂进行清洗，用高压水枪清洗室内机过滤网。每季度检查电源接地，全面检查电缆的老化腐蚀情况，紧固螺丝，用扎条整理包扎电线，检查各插件接触是否良好，检查各控制部分电压是否正常，接线固定，绝缘情况。每月检查压缩机的绝缘值，三相阻值、毛细管、管路有无渗漏，保温是否完整，制冷剂有无泄漏，测试冷媒压力观察数据是否正常。

12. 配电柜

每季度检查交流接触器电源电压是否正常、触点是否正常，继电器开合动作是否正常，检查电源接地是否牢靠，检查配电柜内有无异味，检查电缆的老化腐蚀情况，检查各端子螺丝有无松动，对凌乱线路进行梳理，检查各插件接触元件是否良好，检查各控制部分电压，检查各控制部分电流，对柜内，箱体内的灰尘、铁锈等杂物进行清理，机组结构件是否完整。

13. 补水系统

每季度检查补水泵是否完好，能否正常运行，检查叶轮是否有异响，检查水泵轴承，观察是否有阻滞卡住碰撞现象，水系统过滤器是否有堵塞现象，电动阀是否自动开启是否灵活，水箱内补水是否正常、有无漏水，水箱内部是否结垢，软化器运行是否正常，能否正常软化空调系统用水，检查电源接地，检查电机及电控箱绝缘性，紧固螺丝，检查各个插件是否良好，检查各控制部分电压是否正常，清理机组卫生。

14. 冷却塔降噪大厅

每季度对冷却塔降噪大厅内部照明灯具进行检查，发现照明灯具损坏将及时进行更换，对内部控制柜进行检查保证运行正常；利用高压水枪对冷却塔降噪大厅内壁和外立面进行冲洗，并用加长杆对冷却塔降噪大厅的内壁和外立面进行擦拭；对冷却塔降噪大厅进出风插片进行检查，确认无松动。每年春季、秋季对冷却塔降噪大厅门锁及百叶进行检查并根据情况添加润滑剂；每年定期对冷却塔降噪大厅门的塔顶部屋面、支架、风机系统的构架以及爬梯进行防腐除锈，并根据腐蚀情况进行刷漆；每年冬季根据天气情况，及时对冷却塔降噪大厅的顶面积雪进行清扫。

15. 列间空调

每月进行列间空调回风滤网清洗，风机运行状态检查，检查表冷器接水盘是否脏堵，整机设备结构件检查是否完整，整机表面卫生清理。每季度检查电源接地是否牢靠，检查电机及电控箱绝缘性（绝缘值），电气接线检查紧固，配电线路检查整理，检查各插件接触是否良好，检查控制柜元器件是否正常，检查设备供电电压、运行电流，电磁阀工作是否正常，冷凝水排管道连接是否完好。每月进行设备管道全面巡查一次。

16. 恒湿机

每季进行恒湿机回风滤网清洗，风机运行状态检查，检查表冷器接水盘是否脏堵，整机设备结构件检查是否完整，整机表面卫生清理。每季度检查电源接地是否牢靠，检查电机及电控箱绝缘性（绝缘值），电气接线检查紧固，配电线路检查整理，检查各插件接触是否良好，检查控制柜元器件是否正常，检查设备供电电压、运行电流，电磁阀工作是否正常，冷凝水排管道连接是否完好。每年定期检查加湿器进水、排水，加湿罐结垢是否严重，及时清洗，加湿器管路连接是否完好，加湿器控制是否良好，显示是否正常。每月检查压缩机的绝缘值，三相阻值、毛细管、管路有无渗漏，保温是否完整，制冷剂有无泄漏，测试冷媒压力观察数据是否正常。

17. 水源热泵

每季度检查电源接地，全面检查电缆的老化腐蚀情况，紧固螺丝，用扎条整理包扎电线，检查各插件接触是否良好，检查各控制部分电压是否正常，接线固定，绝缘情况。每季度检查压缩机的绝缘值，三相阻值、毛细管、管路有无渗漏，保温是否完整，制冷剂有无泄漏，测试冷媒压力观察数据是否正常。每季度清洗水过滤网，保证滤网的过滤效果，对凝结水盘，排水管检查清洗保证排水畅通，检查清理，对管道保温检查修复保持完整，检查进出水温度表压力表数据显示是否正常。

（二）电气系统运维关键点

1. 应急柴油发电机组系统

对应急柴油发电机组系统定期开展深度巡检，定期更换柴油机三滤、机油、防冻液以及高压柜维护保养、假负载柜维护保养、油罐油路维护保养、机房清洁、通风排烟道清洁维护。进行设备故障抢修、配合开机带载演练等技术服务。提供 7×24h 技术支持及技术咨询，提供重大事件、节假日的现场保障及节前特殊巡检，开展相关系统的隐患排查、系统缺陷治理、技术资料完善等工作。

2. UPS 系统

对 UPS 主机、蓄电池、UPS 系统开关输出端开关柜、机房列头柜内配电设施及器件、信息及通信设备机柜内的 PDU 定期开展维护保养。对 UPS 系统及机房配电设备硬件提供应急故障抢修服务；开展新设备上柜前的供电能力及安全分析、新设备工作前的配电线路的改造或者安装、隐患排查等工作。UPS 季度维护保养主要是配套蓄电池监测，如状态、外观、连接、电压电流、表面温度等检查，以及 UPS 系统运行状态监测，如电源系统三相负载电流、显示、报警情况、风机运转情况、历史告警异常检查等。

（三）消防系统运维关键点

定期对消防设备及系统开展周检、月度检测及季度检测工作，并详实做好各项检测记录。开展消防系统隐患排查，对排查出的隐患缺陷应制定整改计划并及时消缺，对无法立即消缺的隐患，应提交完善可行的整改方案及未消缺期间的应急措施。开展消防专项培训，提高运行人员的消防基本知识和应急处置能力；每年至少开展 2 次消防演练，检验应急指挥、事故处置、人员防护等方面应变措施，提升应急演练能力；依照消防的相关法律、法规的要求，提供各类消防培训，提高全员消防意识和应对火灾的能力。每月至少一次防火检查，在重大事件及各类节假日前开展特检工作，保证系统内所有设备正常运行。

（四）安防系统运维关键点

定期开展安防系统硬件设备巡视。如视频摄像监控头清洁、监控方向预设位置检查，摄像头运行状态、云台控制、硬盘录像机、门禁、闸机、门禁读卡器、按键密码、温湿度探头、漏水检测等，对检查中发现的故障或异常应及时填写故障记录表，并快速修复并上报处理结果。

考一考

判断题

① RAID 1 的安全性和性能都优于 RAID 0 方式。（　　）

答案：错。RAID 1 性能差于 RAID 0。

② 死锁是指在多进程并发执行时，当某进程提出资源申请后，若干进程在无外力作用下，不能再继续前进的情况。（　　）

答案：对。

③ 更改一个文件的权限设置使用 chmod 命令。（　　）

答案：对。

④ windows server 文件或者文件夹在同一个 NTFS 卷移动，则该文件或文件夹继承目标文件夹的权限。（　　）

答案：错。在同一个 NTFS 分区中移动文件和移动文件目录，文件和目录会保留原有目录的 NTFS 权限。在不同 NTFS 分区中复制文件和复制文件目录：文件和目录会继承目标目录的 NTFS 权限。

单选题

⑤ 现代操作系统的两个基本特征是（　　）和资源共享。

A. 多道程序设计　　　　　　　　B. 中断处理

C. 程序的并发执行　　　　　　　D. 实现分时与实时处理

答案：C。

⑥ 从资源管理的角度看，操作系统中进程调度是为了进行（　　）。

A. I/O 管理　　　　　　　　　　B. 作业管理

C. 处理机管理　　　　　　　　　D. 存储器管理

答案：C。

⑦ 在一台 Windows Server 2003 系统的 DHCP 客户机上，运行（　　）命令可以更新其 IP 地址租约。

A. ipconfig /all　　　　　　　　B. ipconfig /renew

C. ipconfig /release　　　　　　D. dhcp /renew

答案：B。

⑧ 使用安全优盘时，涉及公司企业秘密的信息必须存放在（　　）。

A. 交换区　　　　B. 保密区　　　　C. 启动区　　　　D. 公共区

答案：B。

多选题

⑨ 公司秘密包括（　　）两类。

A. 商业秘密　　　　B. 个人秘密　　　　C. 工作秘密　　　　D. 部门文件

答案：AC。

⑩ 下列情况违反"五禁止"的有（　　）。

A. 在信息内网计算机上存储国家秘密信息

B. 在信息外网计算机上存储企业秘密信息

C. 在信息内网和信息外网计算机上交叉使用普通优盘

D. 在信息内网和信息外网计算机上交叉使用普通扫描仪

答案：ABCD。

三、典型运维实践

数字化机房 3D 监控系统是具有智能感知、独立运行、数图融合、远程运维的新一代动力和环境管理平台。为传统机房管理融入智能行为视频分析、全景图像处理、嵌入式内核、TTS 智能语音处理、告警管理、PDA 移动办公等核心技术，立足于建设一个具有独立运行、智能感知实时监测、智能报警、数据图像融合、自供电运行、远程监控等特点，监控目标涵盖动力、环境、视频、人员、安防、消防、设备、能耗管理于一体的整体系统，实现"实时监测、事前预警、事中报警、事后 取证"的安全管理模式，打造一个先进可靠的数字化机房。

数字化机房 3D 监控系统应用架构遵从 SG-EA 的应用架构管控要求，应用架构融合人工智能的各个能力通过统一的接口提供服务，包括模型管理和样本管理，应用架构采用微服务架构设计，架构严格遵循应用完整性、横向整合、业务驱动性及架构柔性原则，贯彻自上而下的设计原则，合理切分人工智能能力，减少系统应用集成对业务流程的隔裂。机房运行监控架构设计图如图 4-15 所示。

（1）感知层：包括动力监测设备、环境监测设备、摄像头、门禁、消防监测设备等。

（2）边缘层：边缘物联代理设备，具备南向接入感知层动环监测设备，以及摄像头实时视频数据的能力，同时具备边缘计算能力及 AI 分析能力从而对视频数据进行实时识别分析；北向实现数据的标准化上传，并通过防火墙或隔离装置进入内网，数据加密支持芯片加密和 SD 卡数字证书加密，保障接入安全性。数据并行上传至省公司物联管理平台及环境状态在线监测系统。在物联管理平台试运行及优化运行期间，可实现边缘物联代理直接向展示平台上送数据。

（3）传输层：实现边缘设备数据传输至平台层。

（4）平台层：也称物联管理平台，负责汇聚边缘设备上送数据，并实现数据的统一建模及管理、标识的统一管理，以及设备的统一管理。

（5）应用层：主要实现环境状态在线监测系统，核心包括基于人工智能的智慧安防、动力监测、环境监测、消防监测、综合展示以及基础管理等模块。

机房运行监控总界面、机房设备监控总览、机房温度监控总览界面如图 4-16 ～图 4-18 所示。

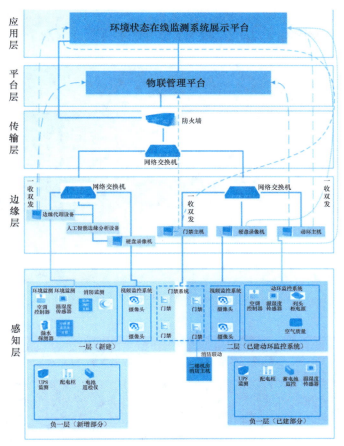

图 4-15　机房运行监控架构设计图

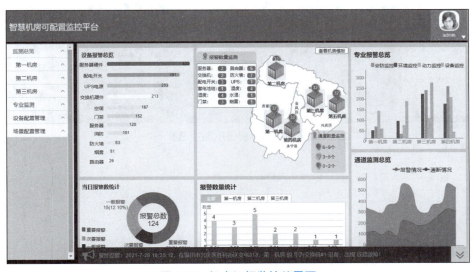

图 4-16　机房运行监控总界面

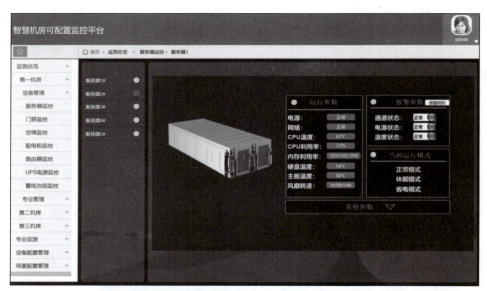

图 4-17　机房设备监控总览

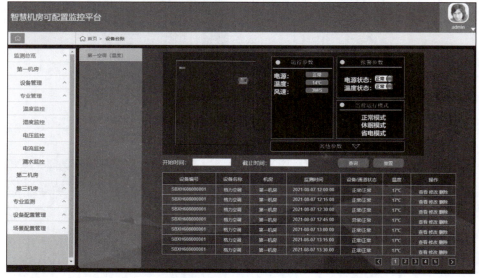

图 4-18　机房温度监控总览

第五章

电网企业信息运维——联合客服实践

第一节　信息客服运维体系概述及职责分工

一、信息客服体系概述

国网公司 186 信息客服是以"186"客服热线号码为统一服务入口，为公司内、外部用户提供 7×24h 不间断的信息系统使用咨询服务。

186 信息客服采用"统一管理，分级受理"的工作模式，由国网总部归口管理，通过信息通信客服服务系统（ICS 系统，简称信息客服系统）纵向实现总部信息客服及省公司信息客服两级受理模式，即总部 186 信息客服负责受理总部及直属单位用户问题，省公司 186 信息客服负责受理省公司用户问题；横向实现与信息系统运行维护单位（二线）、信息系统建设单位（三线）的协同。用户咨询类问题国网 186 信息客服（一线客服）闭环处理，事件类问题一、二、三线协同闭环。

各级别 186 信息客服须分别设立统一的信息客服热线电话，并设置专职信息客服人员，承担相应工作。信息客服受理渠道包括信息客服电话、智慧客服、网站、邮件、移动应用、书面调研、通信工具（微信群、即时通信等）等，服务工作用语应遵守公司信息系统客户服务标准用语相关规定。

随着信息技术的发展，186 信息客服在 2019 年开展人工智能的探索，应用语义理解、语音识别、知识图谱等技术，建立了 186 智慧客服，实现智能基础能力、智能语音导航、智能机器人问答、智能工作台、智能语音问答、智能数据分析等功能，业务覆盖信息客服服务目录中所有系统。2020 年，完善移动 App、内网桌面应用、电话等多渠道功能，支撑国网信息客服全业务场景，覆盖用户侧、运维侧、管理侧全应用场景。通过引入人工智能技术，拓展原有业务受理渠道，改变传统的受理方式，确保服务标准化，提升回复效率的同时保障服务质量，辅助业务部门提升精益管理水平，服务好新型电力系统建设和发展。

二、国网信息客服职责分工

（一）国网信息客服职责

国网信息客服是指国网 186 信息客服，负责面向用户的业务受理、处理、回访全流程服务，负责服务质量分析与评价。负责开展客户满意度调查、服务质量监督、信息发布、统计分析、培训等客户服务工作；负责职责范围内的业务运维工作，解决用户的系统应用类服务请求；负责权限范围内系统用户账号权限、组织机构的创建、分配和维护。

（二）信息系统运行维护单位职责

信息系统运行维护单位（二线）是指业务运维、系统运维单位，负责无须面向用户的后台操作、系统巡检、系统升级、异常处置等技术支撑。负责信息客服流转的用户请求的运维工作，包括服务请求处理、需求收集、账号权限维护、用户培训及本地个性化功能维护；在信息通信调度的统一协调下，开展业务运维的现场支持工作；协助做好应急处置工作，定期安排运维专家驻场参加系统性能诊断分析与优化提升工作。

（三）信息系统建设单位职责

信息系统建设单位（三线）是指业务系统建设、升级的单位，负责在系统建设关键节点向信息客服及时报备，负责向信息客服提供业务支撑的培训及手册；负责根据客户提出的问题配合运维单位开展检修、事件排查和恢复、制定应急预案和开展应急演练，以及重要时期运行保障和应急值守；配合运维单位处理跨系统的问题排查工作及技术支持服务。

（四）系统业务部门职责

系统业务部门是指安排建设单位开展系统建设的单位。负责对信息客服工作提供运维业务支撑；参与各运维单位、信息客服管理工作的监督、检查、评价和考核。负责总体协调处理业务应用工作，制定和审批业务规则，规范业务流程，对业务需求及变更进行统一分析、评估和审核。

（五）运行维护工作的归口管理部门职责

负责信息客服工作的管理，负责信息客服与全网运维单位的协同，负责信息客服日常管理，包括服务资源的调配、服务质量的监督与控制、服务工作分析、服务工单管理、人员考核等工作，负责各运维单位、信息客服管理工作的监督、检查、评价和考核；负责组织制定系统运行维护、技术支持和安全保障等方面的管理制度和标准规范；负责系统运行方式、检修计划和灾备业务的管理工作；组织系统事件分析会，督促相关部门（单位）制定应急预案和开展应急演练；组织系统运行维护相关的协调、监督、检查、评价和考核工作。

三、国网信息客服团队架构

在数字化专业运行管理体系中，信息客服是提供信息系统支撑保障的服务窗口，通过多种渠道受理、分派、处理及反馈用户请求，为用户提供便捷、高效、规范、智慧的数字化服务。国网 186 信息客服人员采用层级化管理，客服坐席岗位序列按工作性质分为生产序列岗位、支撑序列岗位和管理序列岗位三类。

（一）生产序列岗位

国网 186 信息客服生产序列岗位包括客服坐席、客服班长。

1. 客服坐席

客服坐席负责用户服务请求的受理，受理业务内容包括业务咨询、故障申报、资源申请、需求收集、投诉建议；负责工单的创建，对于较复杂的业务咨询、系统故障、资源申请等问题提交至运维处理，并负责问题的记录、派发、跟踪、督办和回访等；负责执行 7×24h 现场排班安排、重大业务保障以及突发事件应急支持工作；遵守各项规章管理制度，并落实各项安全生产要求。

2. 客服班长

客服班长负责完成本班业务考核指标和落实企业文化；负责进行现场管理，确保业务正常开展。工作包括优化完善业务规范，组织召开班组班前会、总结会、专题会，逐步提升本班服务质量；协助完成话务预测、排班以及故障现场应急支持等；落实质量管理结果的提升，并对员工的问题进行辅导等；负责用人计划申报、面试，开展组员培训、考勤、工作量核定以及绩效考核；配合开展新系统建转运工作，包括知识库采集、培训和文档材料的移交等，以及后续配合知识库的维护更新；为用户提供各种业务服务；负责定期向上级领导进行业务工作汇报并完成领导临时交办的其他工作。

（二）支撑序列岗位

国网 186 信息客服支撑序列岗位包括质检组长、质量分析专员、数据分析专员。

1. 质检组长

质检组长负责修订和完善质检标准及相关质检规范；负责定期进行服务质量监控校准，保证质检员对监控标准执行的一致性；负责客户服务质量的提升，定期组织会议，针对各业务组整体服务质量情况，提供相关分析与改进计划；负责客户满意度回访工作。

2. 质量分析专员

质量分析专员负责根据质检标准对客服坐席的录音、工单进行质量监督；负责客户服务质量提升，针对各客服坐席整体服务质量情况，提供相关分析与改进计划；负责建立典型案例库，定期组织服务质量分享会。

3. 数据分析专员

数据分析专员负责日常 KPI 数据的统计和分析；配合完成专项数据分析报告的编制；配合完成月度和临时客服数据的统计和分析。

（三）管理序列岗位

国网 186 信息客服管理序列岗位包括现场运营主管、技术主管、客服经理。

1. 现场运营主管

现场运营主管负责传达并落实工作要求，并对各客服坐席工作的执行情况进行检查；负责业务考核指标的完成，对各班组 KPI 指标的完成情况进行督导和监控；负责排班管理工作，根据话务峰涌情况及时调整排班安排；配合开展话务现场应急处置的组织、协调及人员调配工作；配合完善客户服务工作规范体系以及业务流程梳理。

2. 技术主管

技术主管负责数据分析、培训及客服运维系统等技术支撑管理工作；配合业务组开展现场应急处置的组织、协调及人员调配工作；负责客服运维系统故障沟通协调及应急处置工作；负责定期向上级领导进行业务工作汇报并完成领导临时交办的其他工作。

3. 客服经理

客服经理根据客服工作要求开展工作；日常负责监督检查工作要求落实情况，并定期向上级汇报；配合开展应急事件的处置、沟通协调、资源调配以及即时汇报；配合制定和完善客户服务工作规范体系以及业务流程梳理；负责客户团队日常管理及服务质量提升；负责定期向客服处汇报并完成临时交办的其他工作。

第二节　信息客服运维服务内容及流程

一、服务内容及业务范围

186 信息客服按照首问负责制，全程跟踪用户问题处理进度，实现闭环管理，主要服务内容包括信息系统业务咨询、故障申报、资源申请、信息发布、需求收集、服务目录发布、满意度管理、数据分析、知识管理、多渠道建设与管理等。

186 信息客服业务范围包含桌面（办公终端、网络、移动应用、邮件等）及信息系统应用（人资、财务、物资、项目、生产、协同办公、其他等 13 个业务类别）等。186 信息客服用户范围包括公司领导、业务部门、基层用户等内部用户和公司供应商、回收商等外部用户。信息客服服务范围示意图如图 5-1 所示。

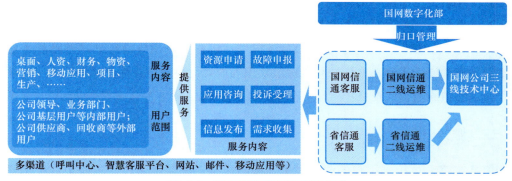

图 5-1 信息客服服务范围示意图

（1）业务咨询服务：信息系统操作指导、业务流程咨询、常见办公软件操作指导等咨询服务；信息客服人员应及时跟踪咨询解答过程，在处理时限内完成并反馈用户。

（2）故障申报服务：信息系统、终端、网络等异常情况的受理、处理、跟踪与反馈；信息客服人员应及时跟踪故障处置过程，督促信息系统运行检修人员在处理时限内完成，并及时反馈用户。

（3）资源申请服务：信息系统账号、权限、网络地址、防火墙开通等资源的申请；信息客服人员应审核用户资源申请单是否规范，督促信息系统运行检修人员在处理时限内完成，并及时反馈用户。

（4）信息发布服务：通过电话、短信、网站、邮件、移动应用等方式向信息系统用户发布业务指南、系统检修公告、网络安全提醒等信息；信息客服人员应及时发布业务指南、系统检修公告、网络安全提醒等信息，并向用户进行告知；对于信息系统计划检修应提前发布公告信息，发布的公告应包含系统名称、检修时间、影响范围及检修内容等。

（5）需求收集服务：对业务用户在信息系统使用过程中提出的应用需求进行收集、归纳、上报及反馈。

（6）服务目录发布服务：对信息系统运维服务清单进行规范管理；信息客服服务目录主要依据信息系统上、下线情况及时更新，信息客服根据服务目录提供对应服务受理工作。

（7）满意度管理：开展用户满意度管理和用户投诉建议管理方面工作；信息客服人员应定期抽查工单、回访用户、组织开展满意度调查，并根据抽查、回访及调查结果组织整改提升；信息客服人员应负责受理用户的投诉及建议，并建立处理、反馈的闭环管理机制。

（8）客服数据分析：信息客服定期开展客服数据分析工作，利用先进数据分析技术，从服务规范性、服务质量、用户满意度、系统运行等多维度进行数据分析，编制发布服务报告，为业务部门提供决策支撑，持续推动服务流程优化及服务质量提升。

（9）知识管理：信息客服收集服务请求处理过程中可指导问题处理的信息，包括但不限于相关操作手册、典型经验、运维知识等内容，整理汇总后形成知识库并定期更新，通过知识库的建立形成相对统一的事件处理标准。

二、服务标准

信息客服人员接到用户的业务咨询、故障申报、资源申请、需求收集、投诉建议时，按照"统一受理、分类处理、限时办结、督办评价"的工作原则，解决用户问题。信息客服按照首问负责制，全程跟踪用户问题处理进度，实现闭环管理。

首问负责制度是指规定在岗信息客服第一位受理用户咨询、报修或投诉的客服坐席即为首问责任人。负责受理本组服务范围内的问题时，首问责任人按以下流程处理：如可自主解决，应立即答复用户并记录工单。如无法自主解决，应记录工单并派发至二线运维人员。首问责任人应对问题进行跟踪并反馈用户处理进度。对用户提出的咨询、报修或投诉问题，无论是否属于信息客服服务受理范围，首问负责人都必须主动热情对用户给予回应。

信息客服收到业务咨询类问题，可以通过知识库查询、业务培训、服务经验解决直接为用户解答，并创建咨询工单。信息客服收到故障申报、资源申请、需求收集类无法直接解决的问题时，以工单形式转给本单位业务运维解决。通知运维人员进行本单位故障排查，确认故障后应向信息通信调度报告。故障处置完毕后，信息客服人员通知用户进行验证。

三、服务流程

（一）话务渠道服务流程

1. 服务流程要求

话务渠道服务流程主要包括服务请求提出、坐席人员处理、运维人员工单处理、服务回访四个环节，话务渠道处理流程如图 5-2 所示。

（1）服务请求提出：用户通过统一服务热线提出服务请求。

（2）坐席人员工单处理：坐席依据服务目录判断用户需求是否属于服务范围。非服务目录按照统一话术回复用户，创建咨询工单并关闭。坐席人员负责记录问题，并尝试通过电话解决，若能够在线解决问题，坐席人员直接创建业务咨询工单，填写处理结果，关闭工单，咨询类工单需在 1h 内关闭；若无法通过电话解决，坐席人员应在 1h 内创建事件工单，发送至相应二线运维人员 / 办公区二级调度员。

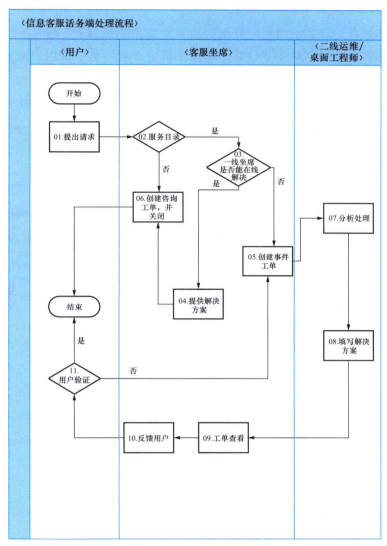

图 5-2　信息客服话务渠道处理流程

（3）运维人员工单处理：二线运维人员 / 桌面工程师应在规定时间内处理完用户申报问题，待故障处理完毕后，二线运维人员 / 桌面工程师将故障原因、故障处理结果等详细情况准确填写至工单中的解决方案，并在规定时间范围内返回至相关坐席人员。针对坐席人员无法处理的问题，应及时逐级反馈到专责处，由专责进行沟通协调，处理后反馈给坐席人员进行回访。

（4）问题回访：坐席人员根据二线运维人员 / 桌面工程师的反馈结果在 1h 内进行

电话回访，并记录回访结果，关闭工单。如用户问题未解决，坐席创建事件工单继续反馈给二线运维人员 / 桌面工程师。

2. 咨询工单创建示例

用户通过拨打 186 客服电话，咨询资质业绩如何生成问题，客服坐席依据知识库详细向用户解答，告知用户"通过资质填报工具进行生产提交，由专家进行审核，每年审核 2～3 次，具体审核时间以公告时间为准，审核通过后登录 ECP2.0 网页端，在左侧的菜单栏中选择'资质业绩凭证管理'，在该页面中生成并下载资质业绩凭证文件"。用户问题解决，客服坐席创建咨询工单，并将工单归档，工单截图如图 5-3 所示。

图 5-3　咨询工单创建示例

3. 事件工单创建示例

用户通过拨打 186 客服电话，申报外网计算机上的腾讯会议无法录制视频，要求工程师现场协助处置，客服坐席人员立即派发事件工单至二级调度，二级调度人员将工单分派至空闲桌面工程师，桌面工程师接收到工单，立即前往现场进行问题处置。问题处理完毕后，桌面工程师应根据现场处理情况，将故障原因、故障处理结果等详细情况准确填写至工单中的解决方案，客服坐席人员根据桌面工程师的反馈结果进行电话回访，并记录回访结果，关闭工单，工单截图如图 5-4 所示。

图 5-4　事件工单创建示例

（二）信息客服检修信息发布服务流程

1. 服务流程要求

检修信息发布服务流程主要包括检修通知提出、信息审批及发布、检修情况反馈三个环节，检修信息发布服务流程如图 5-5 所示。

（1）检修通知提出：调度值班员需将系统检修通知，通过邮件和电话形式通知客服一线座席，通知需要提前一个工作日通知。

（2）信息审批及发布：所有信息客服对外发布的检修通知均需客服主任审批通过后才可发布。

（3）检修情况反馈：检修过程中，若出现问题或超时，调度值班员需及时反馈客服一线座席；针对信息客服座席使用的 ICS 系统，调控中心需及时反馈检修的开工和竣工时间。

2. 检修信息发布服务示例

由调控中心值班员明确邮件发送的范围、内容、方式以及落款，通过值班邮箱发送给信息客服邮箱，并电话通知，信息客服在接到邮件通知后，将按要求下发给对应用户。

通知下发方式包含内网邮件通知、总部门户公告形式。发送范围包含国网总部用户、信通公司用户，示意图如图 5-6 所示。

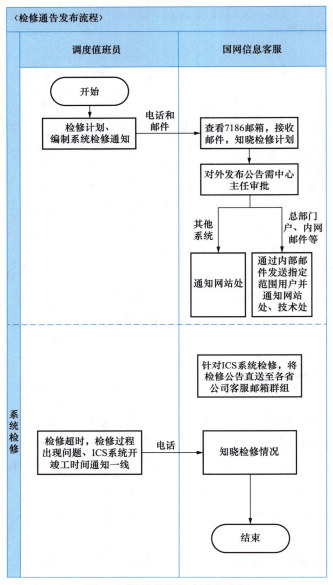

图 5-5　检修信息发布服务流程

10月30日北京数据中心外网权威DNS检修的通知

尊敬的用户：

　　您好！为了向您提供更优质的服务，拟于2023年10月30日19:00至10月31日06:00，对北京数据中心开展外网权威DNS新增IPv6配置及上海数据中心新增权威DNS节点计划检修。

　　正常情况下，切换过程无感知，用户访问系统不受影响。若出现异常情况，将及时执行检修回退，期间公司外网业务系统访问可能受到短暂影响。我们将采取一切可行措施把对用户的影响降至最低。如遇问题，186信息客户服务热线将7*24小时为您服务。

　　给您带来的不便，敬请予以谅解。

　　特此公告。

国网信通公司

2023年10月30日

图 5-6　信息发布流程

（三）信息系统接入客服服务流程

1. 服务流程要求

服务流程主要包括业务系统接入信息准备、接入系统申请提出、客服人员培训三个环节，发布流程如图 5-5 所示。

（1）业务系统接入信息准备：在信息客服承接信息系统前，建设单位、运维单位、运营单位、建设单位及信息客服等各方需配合完成客服接入相关信息准备。

1）业务系统建设单位需提供信息如下：

① 业务情况：业务发展规划、具体业务数量、重点业务事项。

② 用户情况：用户类型、组织机构数量、用户数量。

③ 客服承接需求预测：依据用户情况、业务情况、智慧客服接入规划，客观、准确、严谨，预测年度、日均、业务保障期间及业务高峰期间话务量，测算客服人员需求。后续按照建设单位提供的客服人员需求预测结果，储备客服人力资源。

2）业务系统承建单位提供信息如下：

① 系统情况：部署情况、系统运行情况、运行计划、系统运维责任备案情况、系统功能说明。

② 建转运前系统运维情况：已注册用户数量、日均活跃用户数量、日均受理用户问题数量、系统类问题平均处置时长、承建单位运维人员数量、责任人及联系方式等。

③ 系统运维协同机制情况：针对临时运行、试运行、正式运行梳理运维受理流程、规范受理与处置时间、编制运维协同方案。

④ 应急保障机制情况：针对信息系统临时运行、试运行、正式运行阶段，梳理应急流程、编制应急保障方案。

⑤ 驻场情况：驻场人员数量、驻场人员信息、进场计划等。

（2）接入系统申请提出：接入申请单位完成接入准备后，需向总部信息化管理部门提出信息客服接入申请，总部信息化管理部门接到申请后进行审批，审批通过后将接入申请移交至信息客服负责单位开始信息客服接入。

接入申请单应详细描述接入需求，包括业务系统功能说明、用户覆盖范围、系统部署情况、系统部署地点、业务部门及其他需说明事项。接入申请需建设单位负责人及系统运维经理签字确认。

（3）客服人员培训：为保证业务受理不间断，业务接入前需分批次开展全流程业务培训与实操演练。另外，交接操作手册、知识库、常见问题清单，知识库内容需覆盖用户常见问题 90% 以上。

接入申请单位需提供便于信息客服工单派发及流转的运维系统账号，以便在处理需二线、三线解决的用户问题中，可以将工单流转至对应单位进行问题解决，实现用户问题全流程跟踪及闭环。

2. 186客服接入示例

（1）接入前准备。

信息系统接入客服前，系统建设单位应配合完成运维资源评估，具体包括系统部署情况、系统运行情况、系统运维协同机制、应急保障机制以及驻场情况，系统用户数量、业务高峰、客服人员需求、账号管理、业务运营机制等。

（2）信息系统业务接入。

系统承建单位开展客服人员培训及知识库交接，在现有业务受理不间断的条件下，分批次开展全流程业务培训与实操演练；移交资料包括操作手册、知识库等，系统承建单位需将信息系统上对外服务联系方式需要变更为186热线和邮箱；在I6000系统中开通可接收一线派发工单的系统权限；签字确认《信通客服接入移交确认单》，信通客服接入移交确认单如图5-7所示。

信通客服接入移交确认单

编号：

系统承建单位填写	申请人		申请单位		联系电话	
	系统名称	××(版本号)				
	系统功能描述					
	客服话务量评估	本系统预计每日接入＿＿＿＿通热线电话				
	系统部署方式	□一级部署		□二级部署		
	部署地点					
	系统运维方式	□一级运维		□二级运维		
	服务受理方式	□一级受理	□二级受理		□外委受理	
	业务部门					
	单位负责人意见	单位负责人(签字)：　　年　月　日				
信息系统运行维护部门	系统运维经理意见	运维经理(签字)：　　年　月　日				

图5-7　信通客服接入移交确认单

第三节　信息客服运维应急管理

应急管理是指为最大程度地预防突发事件，减少业务系统突发事件造成的影响和损失所做的预警和处置工作。其主要包括应急预案编制与演练、系统监测、风险评估、预警下发、故障指挥与处置等内容。本节涉及信息客服系统故障、话务量异常增长、信息系统及网络故障、网络安全事件、重要用户投诉五类突发事件的应急处置流程及要求。

一、应急处置基本情况

（一）工作原则

信息客服按照"统一领导、分级负责、严密组织、协同作战、快速反应、保障有力"的工作原则，扎实做好信息客服突发事件的应急处置工作。

（二）应急组织机构

成立信息客服应急处置工作小组，小组负责具体实施突发事件的应急处置工作。

1. 总部信息客服应急处置工作小组

信息客服应急处置工作小组组长由信通公司客服部门主要负责人担任，副组长由运检部门主要负责人担任，成员由信息客服班长及坐席、信息通信调度值班员、信息系统运维负责人、行政电话运维负责人、网络安全负责人组成。

2. 省信息客服应急处置工作小组

各单位信息客服应急处置工作小组组长由各单位运维机构客服部门主要负责人担任，副组长由各单位运维机构运检部门主要负责人担任，成员由各单位运维机构信息客服班长及坐席、信息通信调度值班员、信息系统运维负责人、行政电话运维负责人、网络安全负责人组成。

二、应急处置事件定级

依据各类突发事件对信息客户服务质量可能造成的影响和严重程度，将各类突发事件分为三级：重大突发事件、较大突发事件及一般突发事件。

（一）重大突发事件

满足下列情况之一，为重大突发事件。

（1）信息客服操作系统故障：因信息客服系统故障，造成客服电话无法接入或工单无法派发，且持续时间 4h 以上时，定为重大突发事件。

（2）业务系统咨询高峰：由于资源申请、业务高峰、功能变更等情况引起话务量异常增长，服务范围内的用户集中拨打客服电话，造成 1h 内某一业务条线或平均业务条线的客服电话排队未接率高于 50% 以上时，定为重大突发事件。

（3）业务应用响应滞后：将 1h 内上报同一业务应用响应慢（页面平均响应时长不少于 120s）的用户数不少于 3 人，且该情况持续时间 4h 以上时，定为重大突发事件。

（4）业务系统故障：将 1h 内上报同一业务应用不可用的用户数不少于 3 人，且符合《安全事故调查规程》规定的五级信息系统事件时，定为重大突发事件。

（5）重要用户申报：将重要用户对信息客户服务提出投诉时，定为重大突发事件。

（二）较大突发事件

满足下列情况之一，为较大突发事件。

（1）信息客服操作系统故障：因信息客服系统故障，造成客服电话无法接入或工单无法派发，且持续时间 2h 以上时，定为较大突发事件。

（2）业务系统咨询高峰：由于资源申请、业务高峰、功能变更等情况引起话务量异常增长，服务范围内的用户集中拨打客服电话，造成 1h 内某一业务条线或平均业务条线的客服电话排队未接率高于 30% 以上时，定为较大突发事件。

（3）业务应用响应滞后：在 1h 内上报同一业务系统应用响应慢（页面平均响应时长不少于 120s）的用户数不少于 3 人，且该情况持续时间 2h 以上时，定为较大突发事件。

（4）业务系统故障：将 1h 内上报同一业务应用不可用的用户数不少于 3 人，且符合《安全事故调查规程》规定的六级或七级信息系统事件时，定为较大突发事件。

（三）一般突发事件

满足下列情况之一，为一般突发事件。

（1）信息客服操作系统故障：因信息客服系统故障，造成客服电话无法接入或工单无法派发，且持续时间 1h 以上时，定为一般突发事件。

（2）业务系统咨询高峰：由于资源申请、业务高峰、功能变更等情况引起话务量异常增长，服务范围内的用户集中拨打客服电话，造成 1h 内某一业务条线或平均业务条线的客服电话排队未接率高于 10% 以上时，定为一般突发事件。

（3）业务应用响应滞后：将 1h 内上报同一业务应用响应慢（页面平均响应时长不少于 120s）的用户数不少于 3 人，且该情况持续时间 1h 以上时，定为一般突发事件。

（4）业务系统故障：将 1h 内上报同一业务应用不可用的用户数不少于 3 人，且符合《安全事故调查规程》（国家电网安质〔2016〕1033 号）规定的八级信息系统事件时，定为一般突发事件。

三、事件预警

（一）风险监测

应急处置工作小组成员按照职责分工，应常态开展风险监测工作。

（1）信息客服系统检测：信息客服密切关注国网信息通信调度对信息客服系统运行状态的监测情况，各单位运维机构信息客服密切关注本单位信息通信调度对本地设备运行状态的监测情况，发现异常及时进行应急准备。

（2）日常话务量指标监测：信息客服设置专人定期开展话务量指标监测工作，随时关注并分析话务走势、排队未接率、同类问题上报频率等指标，发现异常及时预警。

（3）业务系统运营检测：信息客服加强对重要业务系统运营数据监测，运营数据包括用户访问量、系统操作频次等，通过分析业务运营数据预警业务高峰期。

（4）信息调度检测：信息客服密切关注信息通信调度对系统运行状态及网络安全事件的监测情况，发现异常及时进行应急准备。

（二）预警发布

（1）信息客服系统故障突发事件预警：信息客服发现信息客服系统异常情况后，向信息客服系统运维负责人发出预警。预警内容包括异常现象、持续时间等信息。

（2）话务量异常突发事件预警：信息客服发现话务量异常情况后，向相关信息管理部门或业务部门发出预警。预警内容包括涉及业务、系统、单位、部门等信息。

（3）信息系统、网络故障及网络安全突发事件预警：信息系统、网络故障及网络安全突发事件预警由各级运维机构信息通信调度发布。

（三）预警行动

信息客服发布突发事件预警信息后，应采取以下部分或全部措施：

（1）针对信息客服系统故障预警，由系统运维负责人完成检查处置工作；

（2）针对话务量异常增长预警，信息客服协调组织应急人员、物资准备工作，必要时启动应急值班；

（3）针对信息系统、网络故障及网络安全预警，信息客服根据影响程度及影响业务，通知相关业务部门。

（四）预警结束

经过预警行动后，话务量降至正常区间，信息系统运行平稳，且监测持续 3h 无异常，可以解除预警。

四、应急响应

（一）信息客服系统电话无法正常接入事件应急响应

信息客服系统电话无法正常接入事件应急响应流程包括启动响应、应急报告、应急转接、持续跟进、事件备案等五个环节，应急响应流程如图 5-8 所示。

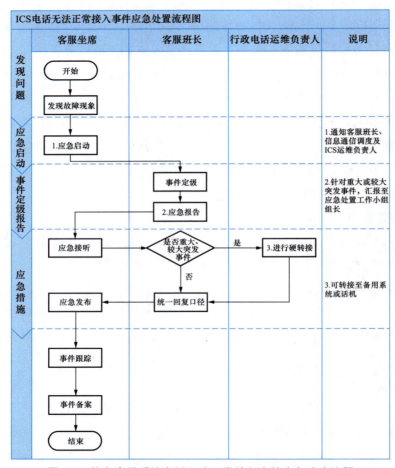

图 5-8　信息客服系统电话无法正常接入事件应急响应流程

（1）启动响应：客服坐席确认信息客服系统电话无法呼入故障现象后，立即启动应急响应，在 5min 内通知客服班长、信息调度及信息客服系统运维负责人。信息客服系统运维负责人确定故障恢复时间后通知客服班长，由客服班长进行事件定级。针对重大或较大突发事件，客服班长汇报至应急处置工作小组组长，启动应急措施。

（2）应急报告：客服班长组织客服坐席启动应急工具接听电话，直至信息客服系统恢复。

（3）应急转接：针对重大或较大突发事件，若应急工具无效，则客服班长联系行政电话运维负责人对客服电话进行硬转接，转接至客服备用系统或话机（注：硬转接有2种方式，一是转接至客服备用系统；二是转接至一部或多部话机，各单位根据具体情况实施）。

持续跟进：客服坐席持续测试并跟进故障处理进度，一旦确认恢复，立刻切换至原座机进行正常业务受理。

事件备案：事件处理完毕后客服班长填写信息客服系统故障事件备案表，信息客服系统故障事件备案表包括：发生日期时间、现象、级别、恢复时间、发生原因、应急处置措施等内容。

（二）信息客服系统工单无法正常派发事件应急响应

信息客服系统电话无法正常派发事件应急响应流程包括启动响应、工单派发、应急协同、持续跟进、事件备案等五个环节，应急响应流程如图5-9所示。

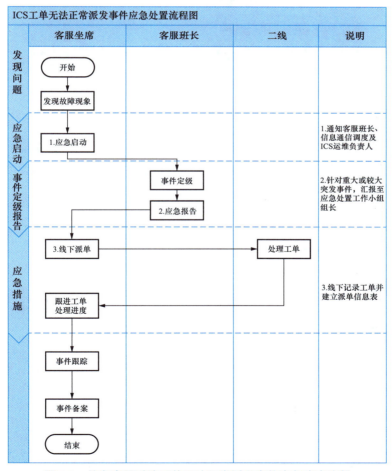

图 5-9 信息客服系统工单无法正常派发事件应急响应流程

（1）启动响应：客服坐席确认信息客服系统电话接入正常但工单无法派发故障现象后，立即启动应急响应，在 5min 内通知客服班长、信息通信调度及信息客服系统运维负责人。信息客服系统运维负责人确认故障恢复时间后通知客服班长，由客服班长进行事件定级。针对重大或较大突发事件，客服班长汇报至应急处置工作小组组长，启动应急措施。

（2）工单派发：客服班长启动线下派单流程，组织客服坐席线下记录工单并建立派单信息表，通过电话、即时通信工具、邮件等方式通知二线处理。

（3）持续跟进：客服坐席每 2h 跟进一次问题处理进度。客服坐席持续测试信息客服系统是否恢复，及时跟进故障处理进度。

（4）事件备案：事件处理完毕后，客服班长填写信息客服系统故障事件备案表。

（三）话务量异常增长事件应急响应

话务量异常增长事件应急响应流程包括启动响应、快捷受理、应急协同、持续跟进、事件备案等五个环节，应急响应流程如图 5-10 所示。

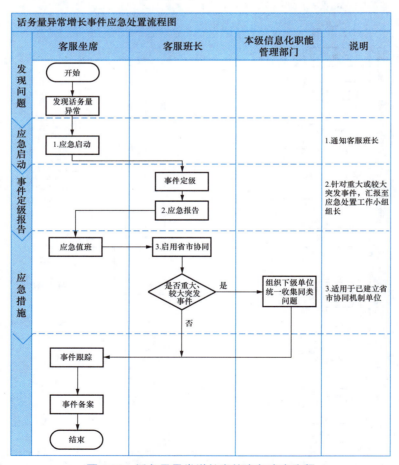

图 5-10　话务量异常增长事件应急响应流程

（1）启动响应：客服坐席确认用户上报同一共性问题，且 1h 内某一条业务线的排队未接率高于 10% 以上后，立即启动应急响应，在 5min 内通知客服班长。客服班长组织客服坐席开展工单分析，于 30min 内定位问题，并根据排队未接率进行事件定级。针对重大或较大突发事件，客服班长通知应急处置工作小组组长，启动应急措施。

（2）快捷受理：客服班长启动应急人员接听电话，缓解话务压力。针对同类问题，客服人员仅生成咨询工单，并建立线下共性问题汇总表，每 2h 提交给二线集中处理，不再派发事件工单，有效缩短单个业务受理时长。

（3）应急协同：由客服班长启动省市协同应急，协调下级单位业务部门关键用户解决本部门问题，实现话务分流。针对重大或较大突发事件，客服班长协调本级信息化职能管理部门组织下级单位统一收集同类问题，避免占用客服电话资源。

（4）持续跟进：客服坐席持续监测话务量相关指标，及时汇报至客服班长。

（5）事件备案：事件处理完毕后客服班长填写话务量异常增长事件备案表。话务量异常增长事件备案表包括发生日期、排队未接情况、共性问题分析、级别、恢复时间、发生原因、应急处置措施等内容。

（四）信息系统、网络故障事件应急响应

信息系统、网络故障事件应急响应流程包括启动响应、快捷受理、持续跟进、事件备案等五个环节，应急响应流程如图 5-11 所示。

（1）启动响应：客服坐席确认 1h 内上报同一业务应用响应慢或不可用的用户数不少于 3 人后，立即启动应急响应，在 5min 内通知客服班长、信息通信调度及系统运维负责人。系统或网络运维负责人初步判断恢复时间并通知客服班长，由客服班长进行事件定级。针对重大或较大突发事件，客服班长通知应急处置工作小组组长，启动应急措施。

（2）快捷受理：针对同类问题，客服人员仅生成咨询工单，不再派发事件工单。客服班长统一客服应急回复口径，参考模板为"针对 ×× 系统（或网络）的 ××（情况）问题，目前系统（或网络）运维人员正在检修，影响了 ×× 业务开展，给您带来的不便敬请谅解！"。

（3）应急发布：针对重大、较大突发事件，客服坐席通过门户、即时通信工具、短信平台、邮件等方式对用户发布故障通知；针对一般突发事件，则在电话受理时统一回复。

（4）持续跟进：客服坐席持续测试并跟进故障处理进度，一旦确认恢复，通过即时通信工具、短信平台、邮件等方式发布系统恢复通知。

（5）事件备案：事件处理完毕后，客服班长填写信息系统（网络）故障事件备案

表。信息系统（网络）故障事件备案表包括发生日期时间、系统名称、级别、恢复时间、发生原因、应急处置措施等内容。其流程如图 5-11 所示。

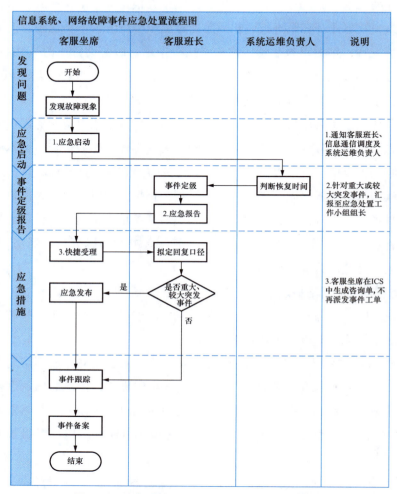

图 5-11　信息系统、网络故障事件应急响应流程

（五）网络安全事件应急响应

网络安全事件应急响应流程包括启动响应、快捷受理、应急发布、持续跟进、事件备案等五个环节，应急响应流程如图 5-12 所示。

（1）启动响应：客服坐席确认 1h 内上报同类终端异常问题（如文件无法打开、错误提示等疑似木马或病毒感染现象）的用户数不少于 3 人后，立即启动应急响应，在 5min 内通知客服班长、信息通信调度及网络安全负责人。网络安全负责人将此次网络安全事件影响范围、影响时长及拟采用的安全措施通知客服班长，由客服班长进行事件定级。针对重大或较大突发事件，客服班长通知应急处置工作小组组长，启动应急措施。

（2）快捷受理：针对同类问题，客服人员仅生成咨询工单，不再派发事件工单。客服班长统一客服回复口径，参考模板为"为应对 ×× 病毒（木马），我们已在 ×× 范围内采取 ×× 措施，届时将影响 ×× 使用，给您带来的不便敬请谅解！"。

（3）应急发布：针对重大、较大突发事件，客服坐席通过门户、即时通信工具、短信平台、邮件等方式向用户统一发布通知，针对一般突发事件，则由客服坐席电话受理时统一回复。

（4）持续跟进：客服坐席持续跟进网络安全事件处理进度及最新下发的安全策略。

（5）事件备案：事件处理完毕后客服班长填写网络安全事件备案表。网络安全事件备案表包括发生日期时间、现象、级别、恢复时间、发生原因、安全策略等内容。

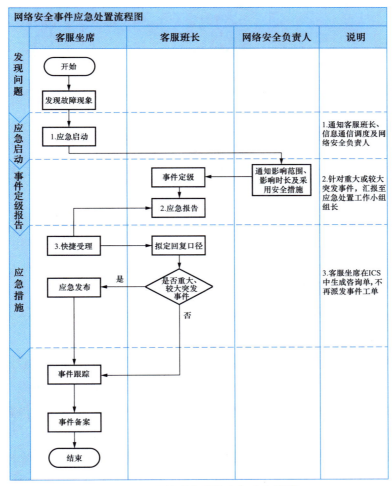

图 5-12 网络安全事件应急响应流程

（六）重要用户投诉事件应急响应

重要用户投诉事件应急响应流程包括投诉受理、投诉处理、投诉回复、投诉备案四个环节，应急响应流程如图 5-13 所示。

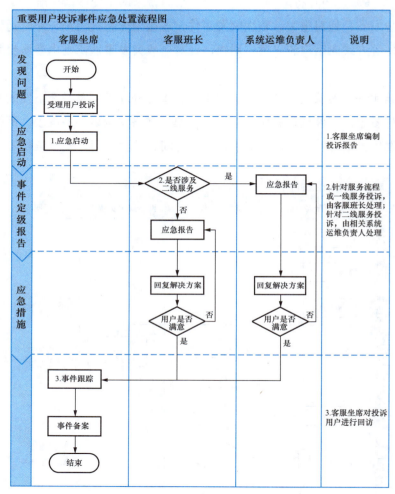

图 5-13　重要用户投诉事件应急响应流程

（1）投诉受理：发现信息客服确认重要用户通过客服电话提出投诉后，客服坐席详细记录用户投诉问题，在结束通话后 10min 内整理投诉材料，完成投诉报告编制，并提交至客服班长。投诉报告内容需包括投诉时间、投诉人信息、投诉录音内容、投诉工单截图、录音附件文件。

（2）投诉处理：客服班长核实投诉报告后，汇报至应急处置工作小组组长确认解决方案；针对二线服务质量投诉，客服班长将投诉报告提交至二线相关系统运维负责人，由其汇报至应急工作小组副组长并确认解决方案。

（3）投诉回复：客服班长在发生投诉 2h 内对用户回复解决方案，如用户不满意则调整方案继续跟进，直至用户满意为止；针对二线服务投诉，系统运维负责人在发生投诉 2h 内对用户回复解决方案，如用户不满意则调整方案继续跟进，直至用户满意为止。客服坐席持续跟进投诉处理进度，并于完成处理后再次对用户回访。

（4）投诉备案：客服班长填写重要用户投诉突发事件备案表，对投诉情况进行记录备档。重要用户投诉突发事件备案表应包括发生日期时间、投诉人、单位部门、处理时间、投诉内容简述、投诉处理方案等内容。

五、应急后期处置

（1）信息客服系统故障事件：针对信息客服系统电话无法呼入事件，在故障解除后，信息客服针对未能正常接入的重要用户，客服坐席逐一电话回访并说明原因；针对信息客服系统工单无法派发事件，在故障解除后，客服坐席开展工单补录。

（2）话务量异常增长事件：针对话务量异常增长事件，话务量恢复正常后（全部业务条线排队未接率均低于 10%），针对未能成功接入的重要用户，客服坐席逐一回访并说明情况；针对普通用户，客服坐席通过即时通信工具、短信平台、邮件等方式统一推送信息公告。客服班长应在事件结束后组织开展深入分析，提出该类突发事件的解决建议，提交至本级相关业务部门审核并组织实施。

（3）信息系统、网络故障事件：针对信息系统、网络故障事件，由信息通信调度及系统运维负责人开展后期分析处置工作，信息客服分析系统故障对相关服务指标影响，提交相关建议至本级运维检修管理部门。

（4）网络安全事件：针对网络安全事件，信息客服总结同类安全事件应对经验，形成知识库，并加强安全专业学习。

（5）重要用户投诉事件：针对重要用户投诉事件，信息客服在用户不满意的服务环节持续改进，优化管理流程。

考一考

判断题

① 信息通信客服人员包含客服坐席和终端运维人员，二线运维人员配合处理由客服坐席派发的事件工单。（　　）

答案：对。

② 总部负责设立信息客服总部投诉电话，监督信息客服投诉事件的处理过程，建立闭环管理机制。（　　）

答案：对。

③ 在"两级三线"运维体系中，三线是指"一线后台服务台、二线前台运行维护和三线外围技术支持"的三线运维架构。（　　）

答案：错。两级指的是总部和省侧两级，三线指的是运维的一二三线。

④ 规范账号口令管理，口令必须具有一定强度、长度和复杂度，长度不得小于8位字符串，要求是字母和数字或特殊字符的混合，用户名和口令禁止相同。（　　）

答案：对。

单选题

⑤ 信息通信系统运行检修人员在巡检、检修等过程中发现的有可能影响到用户正常使用业务应用系统的信息，要及时告知信息通信（　　）。

A．客服人员　　　　B．运维人员　　　　C．相关领导　　　　D．现场人员

答案：A。

⑥ 各级（　　）是本单位信息系统运行风险预警的管理部门，负责建立本单位信息系统运行风险预警管控机制，负责与本单位业务应用部门的横向协调，负责本单位信息系统运行风险预警管控工作的全过程监督、检查、评价。

A．信息通信调度　　　　　　　B．信通公司

C．信息通信职能管理部门　　　D．国网信通部

答案：C。

⑦ 信息通信客服（　　）h 受理业务咨询、故障报修和服务投诉。

A．5×8　　　　　　B．5×24　　　　　　C．7×8　　　　　　D．7×24

答案：D。

⑧ 集中部署信息系统业务运维模式为（　　）。

A．一级运维模式

B．一级运维模式、二级运维模式两种

C．一级运维模式、二级运维模式、三级运维模式三种

D．以上都不对

答案：B。

多选题

⑨ 信息系统运行风险预警工作流程包括（　　）、预警发布、预警承办、（　　）除四个环节。

A．风险评估　　　　B．风险预测　　　　C．预警解除　　　　D．风险规避

答案：AC。

⑩《中华人民共和国网络安全法》规定任何个人和组织发送的电子信息、提供的应用软件（　　）。

A．不得设置恶意程序

B．不得含有法律、行政法规禁止发布或者传输的信息

C．不得含有秘密信息

D．不得采用加密方式传输

答案：AB。

第四节　信息客服运维工具

一、信息客服话务服务平台

信息通信客服服务系统（ICS 系统，简称信息客服系统）是国网 186 信息客服的主要运维工具，系统具备热线接入和工单创建、流转等功能，纵向贯通全网信息客服贯通，横向与二线、三线贯通，支撑全网数据综合分析、规范服务和需求闭环等。186 信息客服系统架构流程图如图 5-14 所示。

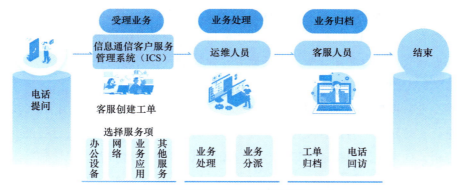

图 5-14　186 信息客服系统架构流程图

信息客服系统的业务功能：主要包括工单创建、工单流转、业务处理、客户管理、知识库、服务目录、服务质量监督管理等业务模块，涵盖信息通信客服所有业务。

信息客服系统的话务功能：主要包括 IVR 自助语音、话务路由策略、分机管理及座席管理等，为用户提供呼叫中心话务相关功能。

二、信息客服智能运维平台

186 信息智能运维平台集成语音识别、语音合成、自然语言处理、多轮对话、深度神经网络、机器学习、知识图谱等先进技术，打造 AI 客服大脑，按照平台化设计原则进行建设，提供高性能、可扩展性的基础能力支撑，为未来 AI 应用扩容提供良好的架构支撑。其内容主要包括对话引擎、语义引擎和语音引擎。186 信息客服智能平台包括智能在线会话机器人、智能话务语音导航、智能话务外呼机器人、智能坐席辅助工具、智能分析工具等功能。

（一）智能客服机器人

在线智能服务机器人采用多模态人机对话模式，提供 7×24h 智能应答服务，为用户及时解决问题，节省客服人力成本。支持纯文本、图文、折叠、富媒体等多种消息展示模式；支持网站、App、微信、微博等多种渠道接入；支持用户文本与语音信息输入，支持情绪识别，复杂上下文理解与多轮对话能力，支持先机后人，智能转人工客服策略。

（二）智能语音导航机器人

将传统 186 话务引入 AI 技术，用语音交互替代传统的 IVR 导航，"以说代按"，引导用户说出所反映问题的类型，对用户业务需求进行识别，一句话直接导航至相应坐席组提供专业服务，缩短用户等待时间，提升问题解决效率。

（三）智能外呼机器人

基于 TTS（从文本到语音）合成技术实现语音外呼，使用机器替代人工拨打用户电话，通过语音、文本识别等技术，进行统计分析，自动形成结果报告。提供更多增值服务，如问卷调查、公告通知、服务进度提醒、金牌用户主动关怀等。

（四）智能坐席辅助工具

对接企业呼叫中心电话系统，实时获取用户与客服通话录音。采用 ASR 技术对通话录音进行实时转写，将语音文件转写成文本，对转写后的文本信息进行智能分析。通过智能分析，向客服人员推送知识库、用户画像以及应答内容推荐，以便辅助人工客服提升服务效率。同时，可辅助人工客服创建工单以及后续的工单跟踪、流转、处理等操作。

（五）智能分析工具

基于工单、语音等历史数据，以大数据、语义分析技术为基础，建设集热点趋势预测、舆情风险跟踪和服务质量管控（如智能质检）于一体的高效运营平台，并可通过全链条数据挖掘，提供精准实时和清晰可视化的服务。

第六章

电网企业信息运维保障体系

保障体系是电网企业信息运维的基础保障和支撑，围绕电网企业数字化运维目标和任务，从信息运维人员培训与管控、运维软件构建、备品备件的稳定供应和精益管理、服务数据库（基础数据、服务数据）收集与整理、运维知识库服务等方面构建，全方位支撑信息运维保障体系建设。人员保障方面主要包括人员培育与保障、运维梯队建设、岗位能力考核；运维资源方面主要包括运维工具、备品备件、软件产品库、服务数据库、运维知识库；运维过程标准化包括运维制度体系、执行监督体系、考核评价体系。

第一节　电网企业信息运维人员保障

一、人员培育与认证

人是企业发展的第一要素，人才是企业的核心资源，特别是具有高度专业需求与技术含量的电网企业信息运维人员。如何精心培育和科学认证信息运维人员，是每个电网企业需要面对的信息化管理需求。做好信息运维人员的专业培训和职业认证，可提高其专业技能和知识水平，保障其熟练开展各类业务，确保信息系统安全、稳定运行。

（一）人员培育

电网企业在人才队伍建设上应做好"选、育、用、留、激"五个环节的工作，如图6-1所示。严格甄选合适的人才，通过培训、轮岗、师带徒等各种方法来培育高素质人才，通过合理使用人才，充分发挥每个人的潜能，通过制度留人、事业留人、文化留人等方式来吸引稳定人才，通过引入有效的激励机制来激发人才，实现企业人才辈出、人才济济的良好局面。

图 6-1　人员培育方式示意图

1．人才的甄选

（1）严把人员入口关。电网企业每年根据公司生产经营空缺岗位实际情况，做好毕业生招聘需求计划表，坚持"岗位需要、专业对口"的原则，结合工作岗位、上岗条件、任职资格合理选择不同学历层次的人员，有效引进专业技术人才。

（2）科学慎重选对象。对在职员工，坚持"人人都是人才"的理念，对能够胜任现有岗位工作，有进取精神，有一定培养潜质的人员都列为人才培养对象，由人资部门通过科学的测评，按人员的性格特点、个人意愿、岗位情况，进行不同层次不同类型的培养。

（3）空缺岗位竞人才。各层级公司机关和调度、通信中心实行"逢进必考"制度，在公司中层干部和机关、调度、通信中心岗位出现空缺时，按照招聘流程，在公司范围内实行"公开、公平、公正"的空岗竞聘。对招聘岗位名称、应聘条件、上岗条件及主要职责，应聘人的资格、考试成绩予以公示，聘请纪委、工会人员全过程监督，通过公开竞聘为组织选拔更多的优秀人才。

（4）甄选工具。可采用员工招聘调查问卷表、职业锚（职业倾向）自我评价测试问卷、管理人员能力评价表、职业满意度测试、霍兰德职业倾向测验量表、战略人才（后备干部）推荐表等方式进行辅助甄选。

2．人才的培养

电网企业在人才的培养上遵循工作管理 PDCA 的循环模式，即制定计划、组织实施、随时检查和持续改进。

（1）人才队伍培养的计划。

电网企业人才队伍培养计划应根据人员工作年限、技能水平、工作积极性划分为初级、中级、高级培训计划。

1）初级培训计划：该计划主要针对有上进心、乐于学习、积极进取的新入职高校毕业生，通过开展新员工入职培训、"师带徒"、现场培训等活动提高素质和能力。培养人每年参加远程教育培训学习不少于 30h，3 年内应取得中级工或者助理工程师资格。

2）中级培训计划：该计划主要针对有一定工作经验、有进一步培养潜质的普通员工，通过开展青管工程、员工培训积分制、岗位测评（练兵）、技能竞赛等活动，实现技能水平的大提升。培养人3年内取得高级工或工程师资格。

3）高级培训计划：该计划主要针对技术过硬、综合素质较高的班组负责人或技术带头人，通过开展技术交流、一对一定向培养、挂职交流锻炼、岗位竞聘等活动实现技能水平精益求进。培养人3年内取得技师或副高级工程师资格，5年内成为行业内地市级及以上专家人才。

（2）人才队伍培养的实施。

1）入职轮岗培训：电网企业每年应认真组织新员工入职轮岗培训，在统一进行安全知识、企业文化和职业道德集中培训后，将人员分到"调运检"岗位上进行锻炼，有意识地让他们在多岗位进行"摸爬滚打"，接受更多的专业知识，熟悉供电企业生产经营的各个环节，更快地融入企业的信息化运维工作中。

2）师带徒纵深化：牢牢把握五个环节（师傅人才库、传帮带、培训基地、活动考评、落实待遇），拓展"师带徒"活动的广度和深度。设立"师带徒"爱心驿站，制定师带徒指导手册，推行"五带"，即带思想、带作风、带安全、带技能、带业绩，充分发挥师傅（技术带头人）的传授力和影响力，引导青年员工提高思想素质和专业技能水平。

3）实施现场培训：电网企业内部各公司因地制宜地建立信息化运维实训基地，公司组织员工在工作之余，利用实训基地进行现场培训，模拟操作训练。培训期间可组织相应的知识答辩、实训比拼活动，训练信息化运维人员的组织能力、应变能力和沟通能力。

4）开设"微型课堂"：针对基层单位人少、时间紧的特点，以班组或科室为单位采用"五个一"的方式，开设"微型课堂"，即"一堂课程，一个问题，一页教案，一场考试，一次互动"。每名员工轮流上讲台，每次培训针对一个问题，用"一页教案"，把问题讲透弄懂，通过即时测试检验学习效果，并组织一次互动讨论，通过谈体会、谈困惑来澄清疑点和误区，做到理论结合实际，举一反三。

5）组织比武竞赛：通过开展"大练兵、大比武、大提高"活动，举行信息化人员岗位练兵、技术比武、技能竞赛、岗位能力测评等活动，"以赛代训，以赛促学"。改变过去只有少数拔尖人才参与竞赛的状况，采取"全员培训，层层选拔，抽选结合"的方式，扩大员工的参与面。

6）加强内训队伍建设：聘请有经验的业务骨干和技术能手成为企业内训师，通过自培和送培两种方式提高内训师的授课技巧和授课水平，以此促进和带动班组的人才培养。定期举办员工讲坛、企业内训师公开课比赛，要求专业管理人才或技能人才结合当前形势、生产实际，以理论知识、专业知识、新技术、新设备为主选题，将技术技能和丰富经验加以解说推广。

7）"一对一"定向培养：建立领导与人才"一对一"定向培养制度，股级干部由科级干部帮带，一般员工由股级干部帮带。指定帮带人不定期找定向培养对象谈心，了解他们的工作、生活、思想状况，肯定成绩、指出不足，对指定对象的工作表现进行及时的监督、指导和反馈。

8）推广"青管工程"：制定青年员工培养方案，开展青年员工管理工程。在操作层面上，设置"纸上谈兵、沙场点兵、帷幄布兵"三关，制定"闯三关"推优选拔规则，牢牢把握"宣一言、露一手、答一辩"三个环节，筛选出优秀的青年人才，并进行为期一年的机关与基层之间交流锻炼，挂职培养，期满考核优秀者进入公司青年人才储备库。

（3）人才培养的检查与改善。

1）人才培养评估：每年年初，对上一年人才培养的情况进行评估，形成评估分析报告，内容涵盖组织机构情况、人员总量情况、人才结构情况、岗位分布情况等，对人才培养过程中存在的优势和劣势进行分析，并提出下一步改进措施，为当年的人才队伍建设提供依据。

2）培训结果反馈：组织送培时，由培训班主办部门即时将参培人员培训课程、学员应知应会内容、培训期间的培训纪律和培训成绩，在培训结束之际向送培单位作全面反馈，经送培单位领导签阅，通过领导的监督、关心和重视增加培训者压力，提升培训效果。对培训考试不合格者，不予报销培训费用。

3）培训积分考核：建立员工培训积分制，规定积分标准，量化员工学习情况。对员工年初制定的学习计划，包括培训需求、学历、职称或职业资格、技能竞赛目标和提升计划、提升措施等进行跟踪考核。每年6月、12月开展培训积分登记、审核、评估工作，并将积分结果与绩效管理指标体系有机结合。

3．人才的使用

在人才的使用上，电网企业可遵循三个原则：

（1）人皆有才。树立"人人都是人才，人人都能成才"的大人才观念。

（2）人事相宜。将岗位分为决策层、管理层、执行层和操作层四个层面，通过岗位的动态管理和合理流动来实现人岗高度匹配。

（3）人尽其才。通过竞争上岗、公开招聘等双向选择措施，让人才的能力和潜力得到充分发挥。

4．人才的吸引

（1）制度留人：公司用完善配套的制度来管理、吸引人才，不受人为因素影响，为每个人才成长提供统一、公平、宽松的环境，对人才的培养、激励给予充分的政策支持。各公司可根据情况编制师带徒制度实施办法、信息化运维人员现场培训管理办法、人才库管理办法、企业内训师管理办法、青年员工培养实施方案、员工队伍"素质建设年"活动方案、员工培训积分制管理办法等规章制度。

（2）事业留人：对有潜力、有能力的人予以破格提拔，放手任用，给予他们有挑战性的工作、充分展示自己的平台和充分发挥其想象力、创造力、满足其荣誉感的空间，让其在工作中获得马斯洛需求的最高层次——自我实现。

（3）文化留人：通过企业文化的培育和渗透，让员工明确组织的远景、价值观和战略目标，再从上至下，进一步确立个人的长期目标和短期目标，通过组织开展演讲、辩论、征文、QC发布、球赛、联谊会等形式多样、丰富多彩的文体活动，为员工的成长成才营造团结协作、积极进取的氛围，提供展示风采、提高能力、实现自我的舞台。

（4）感情留人：建立员工生日情况表，公司领导签发生日贺卡；在寒冬酷暑季节到工作现场对一线人员进行慰问；建立爱心基金帮助贫困家庭；建立即时通讯群帮助员工实现多形式的便捷交流，让员工时刻感受到上级的关心和同事的帮助。

（5）福利留人：为员工建立齐全的社会保险和良好的薪酬福利，建立体现公平、兼顾效益的人才津贴，为优秀人才提供外出进修、培训的机会，在团购住房、疗休养、子女就业等方面优先考虑优秀人才。

5．人才的激励

（1）首席师、技术能手评选：为拓宽人才成长通道，公司建立首席师及技术能手评选制度，对关键核心岗位人员组织答辩和评审，凡被评为首席师和技术能手的给予升岗或津贴。有条件的公司还可提供一次疗休养或省外交流学习的机会，激励广大专业技术人员和技能人才立足岗位成长成才。

（2）人才津贴奖励：大力开展技术比武和岗位练兵活动，对获奖人员分别奖励一定额度的现金，比如1000～3000元。统一优秀人才津贴标准，提高主要生产岗位技术技能津贴标准，按照"严格聘用、注重实效、强化考核"的原则，加强优秀人才管理工作，规范人才津贴审批手续。

（3）全员持证上岗：公司范围内的所有在岗员工，要求实行持证上岗，将岗位工资与专业年限、学历和职称（技能等级）挂钩。管理专业技术岗位，原则上与专业技术资格挂钩，生产岗位的员工，原则上与技能等级挂钩。凡高于岗位上岗条件所要求一个层次的，提高1岗岗位工资，凡低于岗位上岗条件所要求一个层次的，降低1岗岗位工资。

（二）人员认证

信息运维人员的认证，电网企业采用国家协会或经认可的专业组织提供的认证考试资格标准进行评估，比较权威的认证有Cisco的CCNA、CCNP，Microsoft的MCSE等。

这些认证考试可以确保信息运维人员掌握最新的技术知识和实践技巧，并充分了解相关的规定和标准，也是其职业发展的重要通行证。电网企业鼓励并支持信息运维人员参与这些认证，提升个人素质，同时有利于提高信息运维团队的整体专业水平。

二、人员储备与梯队建设

信息运维人员储备与梯队建设是电网企业信息运维人员保障中的一个关键环节，良好的人才储备和梯队建设对于电网企业的可持续发展和运营具有重要影响。电网企业需要根据信息运维发展的现状以及未来发展的需求，提前开展人才储备，加强队伍建设。梯队建设能够促进信息运维人员的持续学习和成长，提高企业的技术先进性和创新能力。

坚持"内部储备为主，外部引进为辅"的储备原则，并采取"滚动进出"的方式进行循环储备。电网企业应建立信息化运维的人才储备库，以保障及时适应当前社会对信息化运维人才的需求。常见的人才储备方式有增量流动储备、人才梯队储备、合作机构储备、岗位与角色备份等，如图 6-2 所示。

图 6-2　人员储备与梯队建设示意图

（1）增量流动储备：电网企业考虑未来一定时期内信息运维发展需要以及人员流动的风险需要，储备一定比例的专业人员应对信息运维服务规模、内容变化和人员流失，确保随时有合适的人选填补空缺岗位。

（2）人才梯队储备：可有效应对中、高级人才流动带来的风险，电网企业应结合自身业务发展和需求，有计划地培养一批熟悉信息运维标准、实践能力强、年龄结构合理的岗位人才和后备力量，建立自己的人才梯队，既能满足当前业务需要，又能达到人员储备的目的。

（3）合作机构储备：信息化运维合作机构主要包括教育机构（如大学、研究所等），南瑞继保、中兴、华为等产业链上下游组织，信息通信技术服务公司。电网企业可以跟这些机构保持良好的合作关系，确保能够补充企业信息运维发展需要。

（4）岗位与角色备份：电网企业针对"调运检"信息运维核心岗位和关键角色，设置相应的备份岗位和角色，即 AB 岗或互备机制，知晓关键岗位承担哪些关键角色，从而可以更加灵活地实施一岗多备（分角色备份），或多岗一备，如上级备份下级多个关键角色。

好的人才梯队是企业持续健康发展的源泉。电网企业应主动建立人才模型，明确信息运维人才结构和素质标准，制定人才的素质标准和选拔程序，通过个人自荐、组织考察、能力考试、业绩评审、选拔公示等程序，选拔出能力强、可塑性强的运维人才，开展分类施教，定制化培养，着力打造一支素质过硬、战斗力强的信息运维队伍。

三、岗位能力考核评价

岗位能力考核评价是电网企业信息运维人员保障的关键任务，旨在评估员工在信息运维方面的能力和表现。常见的岗位能力考核评价主要包括职业技能鉴定和内部考核测评。

（1）职业技能鉴定主要评估员工在电网系统操作、网络设备维护、故障定位诊断和修复等方面的技术能力水平。按信息运维水平高低可细分为初级工、中级工、高级工、技师、高级技师共 5 个层次。鉴定的方式主要包括专业理论考试、模拟实际工作环境的操作考试、专业答辩（技师、高级技师鉴定时需要）。电网企业每年组织一次职业技能鉴定考试，运维人员需根据现有的职业技能资格，核算工作年限是否满足上一等级职业资格报考要求，满足报考要求后可进行报名、考试、答辩，所有考评项目均合格后通过考试，由专业机构颁发相应的证书。

（2）内部考核测评主要评估信息运维人员的运维管理能力、团队合作能力、学习和创新能力、应急处置能力。运维管理能力主要评估员工在资源管理、项目管理风险控制、优先级管理和资源调度等方面的能力；团队合作能力主要评估员工在团队中的协作和沟通能力，可通过员工与团队协作和沟通的实际案例评估，包括共享知识、解决问题和有效沟通的能力评估；学习和创新能力主要评估员工持续学习和创新的能力，包括员工参与培训、学习新技术和提出创新解决方案的能力评估；应急处理能力主要评估员工在紧急情况下的反应和处理能力，可通过模拟紧急事件或突发故障场景评估员工在应急情况下的应对能力和决策能力。电网企业每年组织 1～2 次内部考核测评，由内部专家或外部团队进行出题、考评，重点测评 35 岁以下员工的能力，测评结果可作为员工升岗、选拔任用、培训安排的重要依据。

职业技能鉴定可准确鉴定员工技术能力和实操水平，内部考核测评可快速掌握员工运维管理能力、团队合作能力、学习和创新能力，以及应急处理能力。通过岗位能力考核评价，电网企业可对信息运维人员进行精准画像，分析员工的优势和存在的不足，因地制宜提供定制化的培训和发展计划，不断提升团队整体能力。

第二节　电网企业信息运维资源保障

一、运维工具

电网企业信息运维工具是为了帮助信息运维人员更好地管理和维护电网系统，这些工具可用于设备状态监控、故障管理、资源管理、运维自动化、性能监测等方面。通过使用工具可以帮助信息运维人员提高工作效率、迅速响应和解决问题、降低维护成本。

电网企业常见的信息运维工具包括远程监控工具、故障管理工具、资源管理工具、运维自动化工具、性能监测工具、专用工具等，如图 6-3 所示。

远程监控工具　　资源管理工具　　运维自动化工具　　故障管理工具　　性能监测工具　　专用工具

图 6-3　运维工具示意图

（1）远程监控工具。可以实时监测电网设备和系统的状态，它通过网络连接设备，从中获取指标数据，如电流、电压、功率、温度等，以了解设备的性能和运行情况。远程监控工具还能监测设备故障和告警信息，信息运维人员可以远程监控分布在不同地点的设备，及时发现问题并采取相应的措施进行修复，从而提高系统的可用性和稳定性。常见的监控工具有 SG-I6000、OPENG5000、动力环境监控系统、新一代集控系统等。

（2）故障管理工具。在电网企业的信息运维工具套件中起着至关重要的作用，它可以记录故障的类型、发生时间、所涉及的设备和影响范围等信息。信息运维人员通过故障管理工具可以更好地管理和解决故障，追踪解决故障的进展，并获得故障处理的历史记录。此外，故障管理工具通常还具有故障诊断功能，能够帮助信息运维人员迅速定位故障的原因，提供相应的解决方案，并尽快恢复系统正常运行。常见的故障管理工具有调度故障信息管理平台、综合网管、分布式故障诊断系统等。

（3）资源管理工具。可以帮助信息运维人员有效地管理和分配这些资源，它提供一个集中的界面，用于查看和控制资源的使用情况。通过资源管理工具，信息运维人员可以实时了解到各个设备的状态、使用率和可用性，从而更好地规划和管理资源，提高资源的利用效率。此外，资源管理工具还可以提供容量规划和性能监测功能，以确保资源的可用性和系统的平稳运行。常见的资源管理工具有华为云管理平台、应用运维管理（AOM）等。

（4）运维自动化工具。其是电网企业信息运维中不可或缺的工具之一，它通过自动执行各种任务，减轻了信息运维人员的工作负担，提高了工作效率。它们可以自动执行诸如备份和恢复、软件更新、巡检等常规的运维任务，根据设定的策略和规则自动完成。运维自动化工具还可以生成详细的报告，用于审计和分析，帮助电网企业监测和优化运维过程。

（5）性能监测工具。可以帮助信息运维人员监控电网系统的性能和负载情况，它通常收集和分析实时性能数据，例如响应时间、吞吐量、错误率等指标。通过性能监测工具，信息运维人员可以及时了解电网系统的性能，发现和解决潜在的性能问题。此外，性能监测工具还可以提供报告和趋势分析功能，单位网企业用于容量规划、性能优化和业务决策。

（6）专用工具。信息运维过程中常用到一些专用工具，例如在服务器硬件操作中使用的防静电工具属于专用的安全工具，主板故障检测卡则属于专用的特殊要求的工具。堡垒机、网络流量分析系统等是比较常见的专用工具。运维人员通过专用工具去实现监控工具与过程管理工具无法提供的服务。

除了上述的主要信息运维工具，电网企业还可能使用其他工具来满足其特定需求，如安全漏洞管理工具、配置管理工具、日志分析工具等。这些工具旨在帮助信息运维人员更好地管理和维护电网系统，提高系统的稳定性、可靠性和安全性。

二、备品备件

备品备件的种类包括硬件备件（如电脑、服务器、网络设备等）和软件备件（如操作系统、网络管理软件、安全防护等）。备品备件的稳定供应和精益管理至关重要，备品备件的缺乏或管理不良可能会导致停机和生产中断，对电网企业的运营造成不良影响。

电网企业信息运维备品备件管理包括采购和供应、库存管理、维修和更新、备份和恢复等方面，如图6-4所示。

图 6-4　备品备件示意图

（1）采购和供应：电网企业为保证备品备件的稳定供应，需建立完善的采购和供应链管理制度，包括报价、合同签订、采购计划管理、物流管理等，优先选择质量稳定、性价比好、供货能力强且可靠的供货商，从而保证备品备件质量和供应的及时性。

（2）库存管理：库存管理可以保障备品备件有效利用和控制库存成本。在库存管理过程中，电网企业应该建立库存管理系统，对备品备件的种类、数量和规格进行管理，制订库存管理计划，并且定期清点和审查存库，及时更新库存物料。库存管理需要根据实际需求进行规划，并进行动态调整。

（3）维修和更新：维修和更新机制是保障备品备件长期稳定运行的重要部分，对于已损坏或机器老化的备品备件应该及时更换或维修，对于过时的备品备件应及时进行更新。电网企业信息运维团队应该定期评估和分析备品备件的性能和状态，商议决定何时进行维修或更新，以保障系统的性能和稳定性。

（4）备份和恢复：电网企业应该制定完善的备份和恢复策略，并建立灵活的备份和恢复流程。备份流程应该包括数据备份、镜像和系统备份等，以确保电网系统的数据、应用和系统的安全性。恢复流程应该包括恢复步骤、恢复时间和人员职责等信息，以确保在系统出现问题时能够快速、有效地恢复系统。

三、软件产品库

电网企业信息运维软件制品库是为了有效管理和维护信息运维过程中所需的软件产品和工具而建立的。通过合理规划、采购和管理软件产品，可以确保软件的稳定供应、合法使用和及时更新，帮助电网企业提高信息运维效率、降低信息成本，并为用户提供高质量的服务。

电网企业信息运维软件产品库管理包括分类和归档、集成和测试、版本管理、授权和许可管理、文档和知识库、安全管理和更新和维护等方面，如图6-5所示。

软件产品　分类与归档　集成与测试　版本管理　授权与许可管理　文档和知识库　安全管理　更新和维护

图6-5　软件产品库意图

（1）分类和归档：软件产品库应该包含各种类型的软件，包括操作系统、应用软件、网络管理软件、安全防护软件等。这些软件制品应该根据其用途和功能进行分类和归档，以便于后续的查找和使用。

（2）集成和测试：软件产品在引入到运维环境之前，应经过集成和测试阶段。集成测试可以确保软件能够与现有系统和设备协同工作，不引发冲突或故障，在测试过程中，应该确保软件的功能、性能和安全性符合预期，并对软件进行调试和优化。

（3）版本管理：软件产品库应该建立完善的版本管理机制。随着软件的不断更新和发布，版本管理可以确保软件的可追溯性和一致性。版本管理还可以帮助电网企业进行软件问题的排查和解决，并提供历史版本的备份和回滚功能。

（4）授权和许可管理：为了确保软件的合法使用，软件产品库应该建立授权和许可管理机制。这些机制可以跟踪和记录软件的授权情况，防止未授权的软件使用。同时，应注意软件的许可期限和更新，确保软件许可的合法性和有效性。

（5）文档和知识库：软件产品库应该与软件相关的文档和知识库相结合。这些文档可以包括使用手册、技术规范、安装和配置指南等。通过收集和整理软件制品的相关文档，可以方便运维人员查找和使用软件，提高工作效率。

（6）安全管理：软件产品库的安全管理也是关键的一部分。应采取适当的措施来保护软件产品库的安全性，防止非法入侵和数据泄露、损坏，如限制软件产品库的访问权限、定期进行安全审查和漏洞扫描等。

（7）更新和维护：随着技术的不断发展和软件的更新迭代，软件产品库需要进行定期的更新和维护。在软件制品更新过程中，应确保更新的可靠性和稳定性，避免对现有环境造成不必要的影响和故障。

四、服务数据库（基础数据、服务数据）

电网企业信息运维服务数据库的基础数据和服务数据相互关联，共同构成一个完整的信息运维服务数据库，提供高质量的信息运维服务业务。数据库分为两个主要方面：基础数据和服务数据。

（一）基础数据

基础数据包括设备信息、人员信息、供应商信息、合同信息等内容。

（1）设备信息：基础数据库应该包含与信息运维服务相关的各种设备的信息，如服务器、网络设备、数据库系统等。每个设备应该有唯一的标识符，其中包括设备型号、序列号、设备所在位置等信息，以便运维人员查找设备并了解其基本属性。

（2）人员信息：基础数据库应该包含信息运维团队成员的相关信息，例如姓名、联系方式、专长等，数据库还应该记录每个成员的工作日志、培训记录和认证信息等，以便评估和提升团队成员的能力。

（3）供应商信息：信息运维服务通常需要与供应商合作，如购买设备、软件和解决方案等。基础数据库应该包括与供应商相关的信息，如联系人、合同信息、合作范围等，可帮助运维团队与供应商之间建立更加紧密的合作关系，确保及时获得所需的支持和服务。

（4）合同信息：基础数据库还应该记录与信息运维服务相关的合同信息，例如设备维保合同、软件许可合同等。合同信息包括合同期限、服务级别协议（SLA）等，可帮助运维团队及时管理合同，确保按照合同要求提供相应的服务。

（二）服务数据

服务数据包括服务信息的记录和跟踪、服务请求、资源和设备的管理、故障报修、设备维护、服务处理的流程和状态、服务水平协议（SLA）的管理、授权和权限管理、数据备份和恢复、报告和统计等内容，如图 6-6 所示。

图 6-6　服务数据库示意图

（1）服务信息的记录和跟踪：服务数据库应能记录和追踪各种运维服务的信息，包括故障报修、设备维护、应用系统支持等。每个运维服务都应该有一个且唯一的标识符，便于后续的查询和统计。服务信息可以包括服务请求的详细描述、服务开始和结束时间、负责人的信息等。

（2）服务请求：服务数据库应能记录和跟踪各种服务请求，包括用户的问题报告、功能需求、变更请求等。为每个服务请求分配唯一的标识符，并记录相关信息，如请求的描述、优先级、分类、发起人等，可以方便运维团队及时响应和处理服务请求。

（3）资源和设备的管理：电网企业信息运维服务常涉及各种设备和资源，服务数据库应能记录和管理这些设备和资源的相关信息，包括设备型号、资产编号、位置信息、维修历史等，可以方便运维人员查找和使用所需的设备和资源。

（4）故障报修：服务数据库还应记录和跟踪故障报修相关的信息。每个故障报修应该有一个且唯一的标识符，并包括故障的描述、出现时间、解决方案等。将故障报修信息存储在数据库中，可以帮助运维团队更好地追踪和处理故障，并在未来类似故障发生时提供参考。

（5）设备维护：服务数据库应该记录设备维护的相关信息，包括计划维护、预防性维护和紧急维修等。对于每个设备维护活动，应包括维护的时间、具体维护内容、维护人员等信息。这样可以帮助运维团队安排维护工作并在必要时追踪维护历史。

（6）服务处理的流程和状态：服务数据库中应定义一套标准的服务处理流程和状态。这些流程和状态包括服务接收、分派、处理、解决和关闭等。每个服务请求在不同的阶段都应该有相应的状态标识，以便运维人员和相关人员清楚地了解服务进展情况。

（7）服务水平协议（SLA）的管理：服务数据库可以管理和跟踪服务水平协议（SLA）的相关信息。SLA包括服务的可用性、响应时间、解决时间等指标，运维团队应该根据SLA的要求来执行和管理各项服务。

（8）授权和权限管理：为了保护敏感信息和确保合规性，服务数据库应该设定授权和权限管理机制，只有经过授权的人员才能访问和修改数据库中的数据。权限应根据不同角色的需求和责任来分配，以保证数据的安全性和完整性。

（9）数据备份和恢复：为了确保数据的安全性，服务数据库应定期进行备份，并实施相应的恢复策略。在发生意外情况或数据丢失时，可以通过备份数据来快速恢复数据库的正常运行。

（10）报告和统计：服务数据库应该提供生成报告和统计的功能，以便对信息运维服务进行评估和改进。运维管理人员可以通过数据库生成各种报告，如服务响应时间报告、故障处理报告、设备维修报告等。

五、运维知识库

电网企业信息运维知识库是为了有效管理和共享信息运维知识及经验而建立的。它是一个集中存储和组织信息运维相关信息的数据库，为运维团队提供了快速查找和获取解决问题的知识和方法的平台。运维知识库通过提供知识分类、文档存储、解决方案和故障排除、知识共享和协作、常见问题解答、经验总结和教训学习、搜索和推荐等功能，可以提高运维人员的工作效率，并促进团队的学习和成长。

（一）知识管理和分类

电网企业信息运维知识库能够对知识进行有效的管理和分类。知识可以根据不同的主题、领域或问题类型划分为不同的类别和标签，以便快速定位需要的知识。对于已有的知识，应该进行及时的更新和维护，以确保知识库中的内容始终具有准确性和实用性。常见的信息运维专业技术知识分类如表6-1所示。

表6-1　　　　　　　　　　常见的信息运维专业技术知识分类

分类	细分
基础环境类	装饰、装修、供配电、空调新风、综合布线、监控与管理等
网络设施类	交换机、路由器、链路负载等

续表

分类	细分
安全设施类	防火墙、入侵检测、VPN 设备等
主机系统类	小型机、服务器、桌面终端（台式机、笔记本电脑、打印机、扫描仪、复印机）等
操作系统类	Unix、Linux、Windows 等操作系统
应用软件类	企业信息化应用等
数据库类	关系型数据库、数据仓库、开源数据库等
中间件类	Web 中间件、消息中间件等
存储及备份类	存储系统、备份系统

（二）文档和文件存储

知识库应该提供文档和文件存储功能，以便存储和管理相关的技术文档、操作手册、培训资料等。这些文档和文件可以是通用的信息运维标准和规范，也可以是特定设备的配置和维护指南。将这些资料存储在知识库中，可以方便运维人员随时查阅并获取所需信息。

（三）解决方案和故障排除

知识库应该包含各种运维问题的解决方案和故障排除方法。运维人员可以通过搜索相关的问题或关键词，快速找到解决方案并解决问题。解决方案应该具体明确，包括步骤、操作说明和常见问题等。这可以帮助运维人员更快地解决问题，提高故障处理的效率。

（四）知识共享和协作

知识库应该提供共享和协作的功能，以便运维团队内部及时分享和交流经验及知识。运维人员可以根据自己的经验，撰写技术博文或文章，并与团队成员分享。同时，其他运维人员也可以对这些文章进行评论和补充，不断丰富和完善知识库的内容。

（五）常见问题解答

知识库应该整理运维过程中遇到的常见问题和解决方案。这些问题和解答可以基于运维维护经验、客户反馈或运维团队内部的讨论，形成一个集合，以便运维人员能够迅速找到解决方案。这种方式可以提高问题的处理效率，避免重复解决相同的问题。

（六）经验总结和教训

知识库还应该有一个区域用于共享和总结运维经验和教训，以便团队成员从中学习和提高自己的能力。运维人员可以记录项目的经验教训、技术难点和解决方案等，帮助其他成员避免重复犯错，并促进团队的持续改进。

第三节　电网企业信息运维过程保障

一、制度规范体系

电网企业信息运维制度规范体系是为了规范和管理电网企业的信息技术运作而建立的一系列制度和规范。该体系旨在确保电网企业的信息技术系统稳定运行、故障快速恢复和服务持续提供，同时遵循相关法律法规和政策要求。

电网企业信息运维制度规范体系包括运维管理制度、设备维护管理制度、安全管理制度、数据管理制度、变更管理制度、故障处理与优化制度、备份与恢复管理制度等内容，如图 6-7 所示。

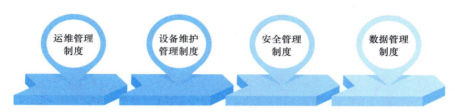

图 6-7　电网企业信息运维制度规范体系示意图

（1）运维管理制度：运维管理制度是电网企业信息运维制度规范体系的核心部分。它包括了运维管理的组织架构、角色和责任、工作流程、运维监控和报告、故障处理和优化等方面的内容。该制度明确了运维团队的职责和权限，规定了故障处理和变更管理的流程，以确保运维工作按照标准和要求进行管理，以保障信息系统的稳定性和可用性。

（2）设备维护管理制度：设备维护管理制度规范了电网企业信息技术设备的定期检查、保养和维修等工作。其主要包括设备维护计划的制定、维护标准和规范的制定、维护记录和维修报告的管理等内容。通过制定该制度，电网企业可以保障设备的正常运行，预防设备故障，提高设备的可用性和延长设备的寿命。

（3）安全管理制度：安全管理制度是电网企业信息制度规范体系中的核心部分，它包括了信息安全策略、安全管理框架、安全控制措施等内容，旨在保护电网企业的信息资源免受未经授权的访问、使用、披露、修改、破坏、丢失等威胁。该制度明确了信息安全的目标和原则，并规定了各级别的安全责任和行为规范。同时，该制度还包括信息安全事件的响应和处理流程，以及安全漏洞的发现和修复要求，以确保信息系统的安全性和可靠性。

（4）数据管理制度：数据管理制度规定了电网企业数据资源的分类、存储、备份、共享和访问控制等方面的要求。该制度明确了数据的保密性、完整性、可用性和合规性，以及数据管理的责任和权限划分。通过数据管理制度，电网企业可以保护数据的安全性，确保数据的及时、准确可靠，提供数据的权限和共享机制。

电网企业信息运维制度规范体系的建立和执行，将有助于提高电网企业的运维信息技术治理能力，确保信息系统的安全和稳定运行。

二、执行监督体系

电网企业信息运维执行监督体系是为了确保电网企业的信息技术运维工作得以规范和有效执行而建立的一系列监督机制和流程。通过该体系，可以监督和评估电网企业信息运维的执行情况，发现问题并采取相应的纠正和优化措施。

信息运维执行监督体系主要包括监督机构和责任、监督计划和监督指标、监督检查和评估、问题发现和纠正措施、持续改进和提升、监督结果的报告和沟通等内容，如图6-8所示。

| 执行监督体系 | 监督机构和责任 | 监督计划和监督指标 | 监督检查和评估 | 问题发现和纠正措施 | 持续改进和提升 | 监督结果的报告和沟通 |

图6-8　电网企业信息运维执行监督体系示意图

（1）监督机构和责任：信息运维执行监督体系需要设立专门的监督机构和相关职责，负责对信息运维工作的执行情况进行监督和评估。监督机构可以设立专门的部门，也可以由相关部门负责执行。其主要职责包括制定监督计划和监督指标，组织监督检查和评估，发现问题并提出改进意见，定期报告监督结果。

（2）监督计划和监督指标：监督计划是监督体系的重要组成部分，它规定了监督工作的时间、范围和重点。监督指标是对信息运维执行情况进行评估的依据，用于衡量运维绩效和工作质量。监督计划和指标需要制定合理和具体的目标，以及相应的考核标准和评估方法。

（3）监督检查和评估：监督机构需要通过监督检查和评估来确保信息运维工作的规范执行。监督检查是对运维工作进行实际检查和验证，包括设备状态、系统运行情况、故障处理和变更管理等方面的检查。监督评估是基于监督指标和标准对运维工作进行绩效、质量评估和问题分析，包括运维绩效指标的统计和分析、用户满意度调查、问题识别和改进建议等。

（4）问题发现和纠正措施：监督体系的目的是发现问题并采取相应的纠正措施，确保问题得到及时解决和改进。监督机构需要设立问题反馈和处理机制，对发现的问题进行记录、分类和分析，然后提出问题解决方案并跟踪执行情况。同时，还需要建立纠正措施的反馈和验证机制，以确保纠正措施的有效性。

（5）持续改进和提升：电网企业信息运维执行监督体系应该注重持续改进和提升。监督机构需要定期进行监督结果的总结和分析，发现问题和改进的机会。通过制定改进计划和措施，对改进方案进行跟踪和执行，实现持续改进和提升。

（6）监督结果的报告和沟通：监督机构需要定期报告监督结果，并与相关部门进行沟通和协调。监督报告应该包括监督工作的目标、进展情况、问题发现和改进措施等内容。通过监督结果的报告和沟通，能够提高各个相关部门对信息运维执行的重视和支持，推动改进措施的落实。

电网企业信息运维执行监督体系的建立和实施，将有助于确保信息运维工作的规范执行，提高信息系统的稳定性和可用性，为电网企业的发展和运营提供坚实的技术支持。

三、考核评价体系

电网企业信息运维考核评价体系是为了评估和衡量电网企业信息运维工作的绩效和质量，以便识别问题并采取相应的改进措施，以提高信息运维的效率。一个完善的评价体系应该包括多个方面，如工作目标、绩效指标、考核方法以及奖惩机制。

信息运维考核评价体系主要包括考核目标和指标、考核评价周期和流程、数据收集和分析、评估和打分、问题识别和改进措施、持续改进和学习、考核结果汇报和沟通等内容，如图6-9所示。

图6-9　电网企业信息运维考核评价体系示意图

（1）考核目标和指标：考核目标是信息运维考核评价体系的基础，它应与电网企业的战略目标和运维策略相一致。考核指标是评价信息运维绩效和质量的量化指标。常规的考核指标包括故障率、故障处理时间、设备可用率、用户满意度等，这些指标应根据业务需求和行业标准进行设定，并具备可操作性和可评价性。

（2）考核评价周期和流程：考核评价体系需要制定明确的考核周期和流程。考核周期是评价工作进行的时间段，可以是每季度、半年度或年度等。考核流程包括考核计划制订、数据收集和分析、评估结果与反馈等环节。考核计划需要明确考核的范围和重点，以及相关的考核指标和评估方法。

（3）数据收集和分析：为进行评估，需要收集和分析与考核指标相关的数据。这些数据可以来自信息系统的监测和记录，也可以通过用户反馈和满意度调查等手段获取。数据分析应该是科学和系统的，可以通过数据统计和图表展示来辅助分析，以发现问题和趋势。

（4）评估和打分：在收集和分析数据的基础上，开展评估和打分是对信息运维考核评价的重要环节。评估根据考核指标和标准进行，可以采用定量和定性相结合的方法。定量评估可以基于数据分析进行，而定性评估可以通过抽样调查和专家意见收集等方式进行。每个考核指标可以根据重要性和权重分配相应的分数，以便得出总体评估结果。

（5）问题识别和改进措施：信息运维考核评价体系的目的是发现问题并采取改进措施，以提高其绩效和质量。通过评估结果，可以识别信息运维的薄弱环节和存在的问题。监督机构可以通过问题反馈和讨论会等途径，收集相关人员的意见和建议，并提出相应的改进措施。改进措施应具体可行，并有明确的责任人和时间表。

（6）考核结果汇报和沟通：考核评价的结果应定期向相关部门和上级管理层汇报，汇报内容应包括考核目标的达成情况、问题发现和改进措施等内容，便于管理层全方位掌握信息运维工作，增加对信息运维工作的重视和支持，推动改进措施的有效落实。

第七章

电网企业信息运维管理的未来展望

第一节　电网企业信息运维管理趋势

一、电网数字化建设新特点

"十四五"是电网公司建设具有中国特色国际领先的能源互联网企业的关键期，也是电网公司数字化跨越式发展、继往开来的重要机遇期。国内外形势的深刻变化对电网公司数字化发展提出了新的更高要求。国家数字战略及政策措施的密集出台，为电网企业数字化发展提供政策红利。特别是国务院国资委下发《关于加快推进国有企业数字化转型工作的通知》，要求加快推进产业数字化转型，明确提出打造能源类企业数字化转型示范，给电网企业数字化发展提供政策支撑和方向指引。

与此同时，电网公司业务运营管理压力、风险激增，亟须激发内生动力、推进数字化高质量发展。我国经济迈入新常态，贸易摩擦、俄乌冲突等黑天鹅和灰犀牛事件频发，外界环境面临的不确定性持续提升，电网公司经营发展面临更大挑战。新能源大规模开发利用、特高压交直流建设快速推进、电动汽车等新型负荷大量接入，电力系统"双高""双峰"特征凸显，电力系统运行的复杂性和波动性不断攀升，电网的安全、稳定、经济运行成为重大命题。电网传统发展模式已经不能满足公司业务运营和安全防御需求，迫切需要电网公司主动适应内外变化，加快推动能源转型，全面提升电网资源配置能力、系统平衡能力和清洁能源消纳能力，有效满足多元化互动需求快速增长需要，为电网公司数字化注入新活力，推进能源互联网产业集群发展，培育共建共享共赢的数字产业生态，提升数字时代的综合竞争力。

二、电网数字化运维新挑战

从信息化向数字化发展将是一个从技术到业务、数据、管理模式等全方位的转型升级过程，未来电网企业的数字化发展需要在与时俱进中提升新认知，创造新价值，探索新空间，开创新局面。

（一）能源数字融合创新需要提档升级

为促进电网企业高质量发展，需推动数字化深度嵌入到生产运营中。充分为电网赋能，以线上线下的能源流和信息流融合为抓手，推进源网荷储各环节互动与信息融通；充分为业务赋能，推进作业流程和资源线上化，通过数据与业务融合自动发起业务流程；充分为基层赋能，利用先进技术破解生产一线对安全生产、降本增效的根本性诉求。

（二）企业级共建共享共用需要持续强化

基础平台能力不足仍是制约数字化发展向电网生产、企业经营、客户服务纵深延伸的卡脖子问题。在基础能力方面，以物联感知为重点升级平台感知传输能力，加强信息通信网络接入承载能力，提升对共性数据的规模化采集存储；在共享复用方面，加大中台服务能力建设，以打通跨专业的数据壁垒为重点，进一步消除烟囱、孤岛问题，促进各专业、各单位逐步形成共建、共享、共用的数据文化，推动平台红利逐步转化为业务协同效能。

（三）数据要素的价值作用需要深入挖掘

需进一步加强数据要素全过程管理，全面夯实数据基础，构建科学完善的企业级数据管理体系，推动数据治理体系化、规范化、常态化；推动数据应用再上新台阶，以价值导向为根本，以场景化、规模化应用为抓手，聚焦服务电网生产、企业经营、客户服务、新业务拓展、国家治理等方向开展大数据应用，推动解决电网企业创新发展中的难点、热点问题；探索推进数据运营、数据交易等新模式，从要素层面盘活数据价值，使数据价值挖掘成为电网企业可持续发展的新动力引擎。

（四）全场景网络安全保障能力需要完善

电网企业传统业务和新型互联网业务并存，数据安全形势日益严峻，各种形态终端设备与电网公司网络和数据交互联通，对防御边界和防御手段的创新要求不断提升；需要从系统安全、数据安全、信息安全等全渠道、全场景建立网络安全的整体解决方案，持续深化"可管可控、精准防护、可视可信、智能防御"的网络安全防御体系。

第二节　电网企业信息运维管理未来发展方向

随着新型电力系统的发展，电网企业面临着新的特征与挑战。新一代电力系统调度提出了"信息感知更立体、实时调度更精准、在线决策更智能、运行组织更科学、人机交互更友好、平台支撑更加强"的运行控制目标。这些目标对于电网企业的信息运维管理提出了更高的要求。下面将深入探讨电网企业信息运维管理的未来发展方向，重点围绕优化运维模式、量化运维指标和提升运维效率三个方向展开。

一、优化运维模式

优化运维模式是提升电网企业信息运维管理的必然趋势。随着电网企业的不断发展，信息运维模式需要不断优化以适应电网发展的需求。

（一）建立完善的信息运维流程和标准

建立完善的信息运维流程和标准需要采取一系列的措施。首先，电网企业需要深入了解国内外相关的信息运维标准，这些标准通常包含了一系列的最佳实践和经验总结，对于企业的信息运维管理具有重要的参考价值。通过学习和借鉴这些标准，电网企业可以迅速提升自身的运维管理水平。其次，结合电网企业特有的"调运检"体系，将相关的运维标准和流程融入企业的日常运维工作中。由于电网企业的信息系统具有其独特性，因此不能简单地套用通用的运维流程和标准，而需要根据自身的特点进行定制化的设计和开发。在这个过程中，电网企业需要组织专家团队进行深入的调研和分析，明确自身的运维需求和目标，然后制定相应的运维流程和标准。这些流程和标准应该覆盖信息系统的规划、设计、建设、运行、维护等各个环节，确保企业的信息安全和稳定运行。最后，电网企业还需要不断地对运维流程和标准进行优化和完善。随着技术的不断进步和企业业务的不断发展，运维需求和目标也会发生变化，因此需要定期对运维流程和标准进行评估和调整，确保其始终与企业的实际需求相匹配。

通过以上措施的实施，电网企业信息运维管理能力能够获得全面升级和优化，建立完善的信息运维流程和标准，为电网信息化管理的持续提升提供了有力支持。

（二）协同提升人员素质和自动化运维能力

运维人员是企业信息系统的守护者，他们的技能素质直接决定了运维工作的质量和效率。因此，电网企业必须重视运维人员的技能和素质培训。这种培训可以包括定期的技能培训课程，使运维人员熟悉和掌握最新的运维技术和工具，还可以组织经验交流会，让运维人员分享自己在工作中积累的经验和教训，相互学习和进步。通过这些培训，运维人员的专业能力和素质将得到提高，他们就能更加自信地面对各种复杂的信息问题，提高运维的效率和准确性。同时，推广运维自动化技术和工具也是不可或缺的。随着技术的发展，越来越多的运维工作可以通过自动化技术和工具来完成。比如，自动化的监控工具可以实时收集和分析系统数据，及时发现和预警问题；自动化的部署工具可以快速、准确地完成系统的部署和更新。这些自动化技术和工具的引入，可以极大地提高运维工作的智能化水平，减少人力成本，提高工作效率和质量。

加强运维人员的技能和素质培训，以及推广运维自动化技术和工具，两者并行不悖，共同推动电网企业运维模式的优化。

（三）建立集中化的信息运维管理平台

随着企业信息化的不断深入，信息系统的规模和复杂性不断增加，传统的分散式运维管理方式已经难以满足需求。因此，建立集中化的信息运维管理平台显得尤为重要，集中化的信息运维管理平台能够实现信息资源的统一监控、管理和维护，避免资源浪费和重复劳动，提高工作效率和资源利用率。通过该平台，运维人员可以实时监控信息系统的运行状态、性能指标、安全状况等，及时发现潜在的问题和风险，并采取相应的措施进行处理，确保信息系统的稳定和高效运行。集中化的信息运维管理平台还能促进不同部门、不同团队之间的协同合作。运维管理不仅仅是运维部门的责任，更需要各个业务部门的积极参与和配合。通过集中化的管理平台，可以实现跨部门、跨团队的信息共享和协作，形成合力，共同推动信息系统的优化和发展。在建立集中化的信息运维管理平台时，电网企业需要充分考虑自身的实际情况和需求，选择合适的技术和工具，确保平台的功能和性能满足企业的要求。同时，还需要建立健全的管理制度和流程，确保平台的顺利运行和有效管理。

建立集中化的信息运维管理平台是电网企业优化运维模式、提升运维效率和质量的重要途径，平台的建立将帮助电网企业更好地应对信息化带来的挑战。

二、量化运维指标

量化运维指标是衡量信息运维管理效果的重要手段。未来，电网企业需要建立量化的运维指标体系，通过对各项指标的分析和监控，及时发现和解决问题。

（一）多维量化运维管理指标体系

针对不同的业务需求和系统特点，制定合理的量化指标是运维管理中的一项核心任务。不同的业务系统在功能、性能和稳定性等方面都有独特的要求。因此，为了准确评估系统的运行状况和满足程度，必须制定相应的量化指标。这些量化指标为我们提供了一个明确、客观的评估体系。例如，对于在线交易系统，高可用性和短恢复时间至关重要，因为任何故障都可能导致巨大的经济损失。而对于数据分析系统，处理能力和数据准确性可能是更为关键的指标。制定合理的量化指标还能帮助我们更有效地分配资源和优化运维策略。通过持续监控和分析这些指标，运维团队可以快速识别出潜在的问题和瓶颈，然后在需要的地方进行针对性的改进。此外，量化指标也有助于增强运维团队与业务部门之间的沟通。业务部门通常关注系统的功能和性能是否满足其需求，而运维团队则更加关心系统的稳定性和效率。通过共享的量化指标，双方可以找到一个共同的语言和理解基础，从而更加紧密地合作。

综上所述，针对不同的业务需求和系统特点制定合理的量化指标，不仅可以更准确地评估系统的运行状况，还能优化资源配置，加强团队之间的协作。

（二）闭环管理量化指标体系

在企业运维管理中，仅仅制定量化指标远远不够，还必须确保这些指标的数据能够准确、及时地采集、分析并呈现。一个健全的数据采集、分析和报告机制能够确保运维团队及其他相关部门时刻掌握信息系统的运行状况。

首先，要确保数据来源的准确性和完整性。这需要采用合适的工具和技术，定时或实时地从各系统中收集数据。同时，为了确保数据的真实性，采集过程应该是自动化的，避免人为干预。

其次，采集到的原始数据需要经过处理和分析，才能转化为有意义的信息。通过数据分析，运维团队可以识别出趋势、异常和潜在的问题。高级的分析方法，如机器学习和人工智能，可以进一步提高分析的准确性，帮助团队预测未来可能出现的挑战。

最后，经过分析的数据应该清晰地呈现给相关的决策者。报告应该是简洁、明了，且针对不同的受众提供不同级别的详细信息。例如，高级管理者可能更关心整体的运行状态和关键指标，而运维团队成员则需要更深入的数据来指导他们的日常工作。

通过这三步，电网企业可以建立一个闭环的运维数据管理体系，确保从数据中发现问题到解决问题，再到验证问题的解决，都能够快速、准确地进行。

完善的指标数据采集、分析和报告机制是量化运维的基石，只有在这块基石之上，我们才能确保电网企业的信息系统稳定、高效地为业务提供支持。

三、提升运维效率

提升运维效率是强化电网企业信息运维管理的不二方向，通过运维效率的提升，信息化运维管理的质量将得到同步提升。

（一）优化资源配置

优化资源配置对于电网企业信息运维管理至关重要。由于电网企业运营的特殊性质，电力信息系统对于实时性、稳定性和安全性具有不同等级的需求，然而企业的资源有限，为了提升运维效率，企业需要更精确地优化资源配置。首先，电网企业应建立明确的评估机制，以确保资源能够根据各个系统的优先级和重要程度进行合理分配。只有明确了各个系统的优先级，才能确保关键资源在必要时能够快速、准确地投放，以支持核心业务的稳定运行。例如，电力调度系统和营销系统作为电网企业的核心业务系统，应该被标记为最高优先级，并优先获得服务器、网络带宽、存储等资源，以确保其高效稳定运行，避免任何可能导致电力供应中断或营销活动中断的问题。其次，对于辅助系统如内部办公系统、培训平台等，虽然它们为企业运营提供支持，但它们的故障不会直接影响核心业务的中断。因此，在资源配置上可以进行适当的平衡，确保在不影响核心系统运行的前提下，为这些系统提供必要的资源支持，从而实现资源的合理利用和高效运维。通过这种优化资源配置的方式，电网企业可以确保核心系统的稳定运行，满足实时性、稳定性和安全性的不同等级需求，并提升运维效率。同时，合理分配资源还能够降低成本支出，实现资源的高效利用，为企业创造更大的经济效益。

电网企业在优化资源配置时应综合考虑各个系统的优先级和重要程度，根据实际情况灵活调整资源配置策略，通过明确评估机制、精确的资源分配和合理的调整，提升运维管理效率。

（二）强化新技术应用

强化新技术应用对于电网企业信息运维管理来说，其作用日益凸显，成为提升运维效率的关键因素。随着科技的不断发展和进步，运维领域涌现出了众多先进的技术和工具，为电网企业信息运维管理带来了前所未有的机遇和挑战。先进的运维技术和工具能够自动化、智能化地完成许多传统运维工作中的繁琐任务，极大地减轻了运维人员的负担，提高了工作效率。例如，自动化的监控工具可以实现实时的系统性能监测和故障发现，智能化的故障诊断工具则能够快速定位并解决故障，提高了故障处理的效率。此外，这些先进的运维技术和工具还能提供全面的数据分析功能，帮助运维人员更好地了解系统运行情况，预测可能的问题，制定预防性的运维策略，从而进一步提升了运维效率和质量。然而，要充分利用这些先进的技术和工具提升运维效率，电网企业还需要积极推行技术转型，提升运维团队的技术能力。这包括定期的技术培训，引入具有先进技术经验的运维人才，以及鼓励团队内部的技术交流和分享。

强化新技术应用是电网企业提升信息运维管理效率的重要手段。只有紧跟技术发展趋势，积极采用先进的运维技术和工具，才能不断提升运维效率，提高信息系统的稳定性和安全性，应对日益复杂的电网运营挑战。

（三）创新管理模式

创新管理模式在提升电网企业信息运维效率中扮演着重要角色。传统的运维管理方式往往局限于技术层面，忽略了与业务需求的结合，导致运维工作与业务发展脱节。因此，电网企业必须打破思维定势，积极创新管理模式，以更高效地满足业务需求。为了实现这一目标，建立业务导向的运维管理体系变得尤为重要。这种体系将运维工作与业务需求紧密结合，确保运维团队能够全面了解业务需求，并根据需求进行相应的技术支持和优化。这将使信息化运维更好地服务于企业发展，推动企业战略目标的实现。同时，推动运维团队与其他部门之间的紧密协作也是关键。传统的运维团队往往孤立地工作，缺乏与其他部门的沟通和合作。然而，在复杂的信息化环境中，运维团队需要与开发团队、业务部门等紧密协作，共同解决信息化过程中的问题和挑战。通过设立运维共享服务平台，可以促进不同团队之间的知识共享和合作，避免重复工作和资源浪费。此外，组织跨部门的交流活动，可以加强团队之间的理解和信任，形成协同工作的良好氛围。

创新管理模式是提升电网企业信息运维效率的必由之路。建立业务导向的运维管理体系和推动跨部门协作，可以促进运维工作与业务需求的紧密结合，提高信息化运维管理的整体水平。

总的来说，为应对新型电力系统带来的挑战，更好地抓住机遇，优化运维模式、量化运维指标和提升运维效率三者应当相辅相成、协同并进。其中，优化运维模式确保信息化运维管理更加高效，量化运维指标能够客观评估运维效果，为运维管理提供实践支持，提升运维效率可以提高资源利用率，增强业务连续性和可用性。三方面的协同发力，将推动电网企业信息运维管理水平的稳步提升，帮助电网企业更好地应对数字化时代的挑战。

第三节　电网企业信息运维创新实例

以升级创新思维为抓手，国网公司围绕云平台、网络安全、新基建、数字运维管理等方面，开展新业态、新模式、新产品、新服务技术创新，形成数字转型、智能提升、融合创新、业务创新成果，实现工作效率、效益提升，支撑公司数字化转型发展。

一、数据中心机房智能巡检机器人

针对传统机房健康状况维护工作仍依赖于人工巡检，设备运行趋势难以观测判断，国网河北电力引入智能巡检机器人（见图 7-1），支持自主导航实现机房自动巡检，实现机房设备缺陷处理一体化管控，提高数据中心机房智能化管理水平。

（一）主要做法

（1）机房建模：针对数据中心机房，巡检机器人结合激光测距仪和工控计算机绘制完成机房二维地图，并确定各设备的位置坐标，可实时显示机器人的定位信息。同时

图 7-1　智能巡检机器人

作为机器人自动导航的依据，巡检机器人可根据巡检任务智能规划巡检路线，高效完成巡检任务。

（2）实时监控：通过视觉识别、多传感器融合技术采集设备告警信息，制定告警数据特征库。

（3）告警及巡检管理：平台实时接收机器人巡检过程中采集的设备和机房环境信息，并对数据进行处理分析。平台告警界面显示当前告警信息并发出报警声。巡视发现的告警如果确认为缺陷，可同步至 I6000 2.0 系统自动生成缺陷单，发送至相关运维人员。将机房内需巡检设备的地理位置、告警阈值等信息进行配置。

（4）机器人任务配置：可设置不同的巡检任务，对机器人下发巡检任务后，机器人将按照巡检任务开展巡检工作。

（5）数据分析：巡检机器人巡检产生的告警和巡检记录信息，均保存于数据分析界面。

（6）设备台账管理：机房设备台账信息与 I6000 2.0 中台账信息同步更新，保证数据可靠性。机器人巡检中若发现信息发生变动，可提示监控人员更新设备台账，保证台账信息及时更新。

（7）机器人远程控制：主要针对巡检点配置信息发生变更时，控制机器人进行配置操作，实现对机器人的远程控制功能。

（二）创新点

（1）应用多重采集及多级分析比对视觉识别技术，结合全方位立体式旋转云台，实现四色三状态告警灯智能感知。

（2）应用激光导航精准定位、自动避障及行走防跌落算法。

（3）利用大数据技术智能研判告警信息，自动派发缺陷单至运维人员，借助机器人校核现场告警状态，分析统计缺陷数据，实现缺陷全流程闭环管理自动化。

（三）应用成效

（1）提升缺陷处置效率：有效提升告警发现及时率和准确率，告警分析判断时长压缩至 5s。缺陷平均派发时长由 90min 缩短至 2min，缺陷处置效率明显提升；可依据巡检规则，智能识别告警并自动生成缺陷单；实现了无人化的巡视机房，常态化监测进入机房人员。

（2）优化机房管理模式：智能巡检平台研发后，由巡检系统自动采集机房设备告警信息，根据告警规则库完成智能研判并认定缺陷等级，自动生成缺陷单，联动 I6000 2.0 系统派发处理，实现数据中心机房智能化管理。

二、基于网络流量深度解码的业务运营状态数字化感知工具

随着"数字化转型"工作的推进，信息技术深入到电力生产的各个环节，IT 信息系统已经成为最重要的数据载体和信息来源。同时，随着各项业务的快速发展，支撑业务运行的信息系统规模日渐庞大，交易流程复杂，故障根源难以快速定位，信息系统故障对业务的影响程度及范围难以快速判断。国网山西公司设计开发了基于网络流量深度解码的业务运营状态数字化感知工具。其架构部署图如图 7-2 所示。

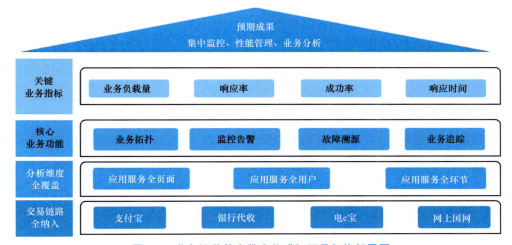

图 7-2　业务运营状态数字化感知工具架构部署图

（一）实现方式

（1）流量获取。通过在虚拟机中安装探针转发流量，实现营销业务域全流量获取。传统架构流量通过旁路镜像方式获取网络流量，云环境流量通过流量采集探针，将分析所需数据包进行 GRE、Vxlan 等方式封装后转出至平台物理服务器进行分析。

（2）业务梳理。梳理应用业务逻辑：①完成业务逻辑和处理流程梳理；②梳理应用数据路径：③完成业务应用的实际物理拓扑图、业务通信的物理数据路径梳理；④梳理应用协议：⑤完成业务应用各服务层级所使用的应用协议，获得协议规范信息。

（3）架构部署：建立基于协议解码技术的系统架构，解析营销业务流量报文，识别报文中的交易唯一识别号，自动串联交易请求经过的业务系统，建立支付宝、银行代收、电 E 宝、网上国网等业务交易的服务路径图。

（二）业务全流程的智能分析

（1）关键指标统计：完成交易量、成功率、响应时间等交易类别、交易渠道两个维度数据统计，同时实现指标数值变化趋势可视化展现及统计汇总。

（2）交易监控：可查看交易明细以及客户信息，对交易结果进行实时监控，提供查询界面，可以依据客户账号等信息查询客户交易情况。

（3）交易告警：实现交易量、交易额度、响应率、成功率、响应时间等核心指标的异常告警，同时对于告警原因分析，支持一键溯源。

（4）业务分析：提供交易量、交易金额、交易响应率、交易成功率等对比分析，提供实时刷新的业务展示视图，支持秒级刷新。

（三）创新点

针对容器环境的架构，采用 Daemon set 或 Sidecar 模式进行虚拟化探针的部署，云、容器流量采集探针将流量以 VXLAN 封装进行转发，将和服务相关的服务标识信息写在 VNI 字段中，以便于基于 VNI 做流量的汇聚和转发。在数据处理引擎的配置中，使用服务端的服务标识取代服务端的 IP 和端口配置，以屏蔽服务端 IP 变化对数据统计的影响。

（四）应用成效

（1）服务路径拓扑可视化：以四宫格方式展示每个交易节点的交易量、响应时间、响应率、成功率等指标为业务运行状态建立评估标准，以核心业务指标状态表征业务运行状态。

（2）告警快速定位与处置：可快速提取故障数据包，定位交易节点中的故障瓶颈，如遇多点告警，可定位告警根因，故障处置效率提升 30%。

（3）告警模拟场景：设置告警时，在输入阈值后可指定某时间段数据进行告警模拟，对应真实故障不断更新阈值，直至更加贴合实际运行情况，精准告警，避免告警风暴和漏报情况，故障处置及时率提升 40%。

（4）交易笔数大屏：呈现全渠道、全地市、全渠道交易笔数详情，掌握实时业务数据态势，减少数据统计工作量，运维服务效率提升 20%，人员成本降低 15%。

三、基于数字员工技术的信息作业智能管控工具

随着数字化转型的不断推进和信息现场作业的逐渐增多，新版调规和信息安规对安全生产要求不断提高，现场作业管控越来越复杂，国网山东公司深度聚焦一线，打通数字化最后一公里，利用"数字员工"和"人工智能"技术开发信息作业智能管控工具，推动"四个管住"在信息作业落地执行，打造信通专业安全特色文化。

（一）主要做法

通过部署数字员工技术平台，自动智能执行预设流程，将智能一体化运维支撑平台、安全生产风险管控平台、机房综合安防管理平台智能串联，实现跨平台信息快速

共享、人员身份智能核准、机房门禁精准管控。信息作业智能管控工具流程图如图 7-3 所示。

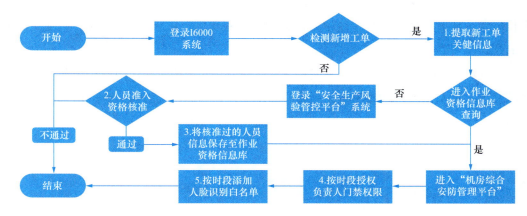

图 7-3 信息作业智能管控工具流程图

（1）监测安规两票工单：通过数字员工每隔 10min 自动检测智能一体化运维支撑平台新增两票工单，将工单中的编号、工作负责人、工作班成员、工作场所名称、计划开始时间、计划结束时间等关键信息自动提取到本地准入人员信息库中。

（2）核查人员准入资质：监测到新增安规两票工单后，数字员工自动登录安全生产风险管控平台审查作业成员资质，工作负责人必须为主业人员，工作班成员必须通过信息安规考试且作业现场准入状态为有效，实现对作业人员资质的快速自动核查。

（3）建立本地准入人员信息库：数字员工将查询到的人员身份证信息、照片、手机号码等信息进行自动提取到本地准入人员信息库中，方便下次直接从人员信息库调取，优化准入核查流程，提高核对速度。

（4）设置机房门禁权限：数字员工自动登录机房综合安防管理平台，利用提取的工作负责人姓名、照片、工作时间、工作场所等信息，仅为工作负责人授权门禁权限，避免出现工作负责人不在现场监督的情况，实现作业人员、作业场所、作业时间的精确管控。

（5）设置人脸识别准入名单：自动调取工作负责人和工作班成员信息库中的照片信息，添加到人脸识别摄像头中授权，授权时间与两票工单时间一致。非法人员或非工作票时间段内进入机房自动识别、拍照取证并弹窗告警。

（二）创新点及应用成效

（1）利用"数字员工"技术赋能作业人员安全准入的自动核查：国网山东公司利用

数字员工自动核查 283 张信息工作票、1078 人·次安规准入考试信息，安规准入合格率 100%。

（2）利用"人工智能"技术赋能机房现场人员进出的智能比对：国网山东公司采用刷脸门禁替代 8 个信息机房传统卡式门禁利用人脸识别技术识别 1142 人·次进、出机房记录。

（3）利用"数字员工"技术赋能跨平台管控信息的快速共享：国网山东公司利用数字员工技术将人工操作需要 30min 完成的工作提升至 5min 内完成，效率提升 6 倍。

常用术语名称

术语名称	术语定义
ITIL	IT 基础架构库 (information technology infrastructureLibrary)，为企业的 IT 服务管理实践提供了一个客观、严谨、可量化的标准和规范
SG-I6000	国家电网有限公司信息通信一体化调度运行支撑平台
Web Service	一个平台独立的、低耦合的、自包含的、基于可编程的 web 的应用程序，可使用开放的 XML 标准来描述、发布、发现、协调和配置这些应用程序，用于开发分布式的互操作的应用程序
JSON	一种轻量级的数据交换格式。易于人阅读和编写，也易于机器解析和生成
Restful Service	Rest 请求是一种 URI 风格，是一组架构在系统中前、后端交互采用 Rest 风格的服务暴露形式
RESTful	representational state transfer，表述性状态转移。REST 指的是一组架构约束条件和原则。满足这些约束条件和原则的应用程序或设计就是 RESTful
PaaS	platform as a service，平台即服务。把服务器平台作为一种服务提供的商业模式
SaaS	software as a service，软件即服务。通过网络进行程序提供的服务
IaaS	infrastructure as a service，基础设施即服务。客户通过 Internet 可以从完善的计算机基础设施获得服务
API	应用程序编程接口
SOA	SOA 面向服务的体系结构
WFTag	流程实例标识
J2EE	Java2 Platform Enterprise Edition，一种分布式的服务器应用程序设计环境
Docker	Docker 是一种开源的应用容器引擎，让开发者可以打包他们的应用到一个可移植的容器中，然后发布到任何流行的 Linux 机器上，也可以实现虚拟化。容器是完全使用沙箱机制，相互之间不会有任何接口
Dockerfile	Dockerfile 是一个 Docker 镜像的表示，可以通过 Dockerfile 来描述构建镜像的步骤，并自动构建一个容器
Kubernetes	Kubernetes 是 Google 多年大规模容器管理技术的开源版本。它是一个全新的基于容器技术的分布式架构解决方案，并且是一个一站式的完备的分布式系统开发和支撑平台
HDFS	hadoop distribute file system，是 Hadoop 的一个分布式文件系统。HDFS 设计理念之一是让它能运行在普通的硬件之上，即便硬件出现故障，也可以通过容错策略来保证数据的高可用
CMDB	configuration management database，配置管理数据库

术语名称	术语定义
CI 配置项	是指为了交付 IT 服务而需要被管理的一个服务资产
统一 Agent	在宿主机上采集数据、执行下发指令的程序及其管理系统
代理	部署和运行于宿主机上的代理程序，对宿主机进行数据采集和监控
服务器代理	安装在服务器上的代理，属于代理的一种
终端代理	安装在桌面终端的代理，属于代理的一种
监控项	被监控的项目，如 CPU 空闲率、磁盘使用率等
监控项标识	监控项的唯一标识
资源配置中心	通过识别、控制、维护，检查企业的 IT 资源，从而高效控制与管理不断变化的 IT 基础架构和 IT 服务，并为其他中心，例如场景中心、工具中心、监控中心、展现中心、公共支撑平台、审计中心和统一 Agent 等提供准确的配置信息
模型	模型指资源的抽象分类，资源为模型的具体实例
应用容器	提供轻量级的虚拟化，以便隔离进程和资源，能够有效地将由单个操作系统管理的资源划分到孤立的组中，以更好地在孤立的组之间平衡有冲突的资源使用需求
运维对象	运维对象是由运维人员管理维护的信息通信软硬件资源集合。在信息通信运维体系 3.0 中，从业内分工划分，运维对象可分为网络层、平台层、应用层以及端层运维对象；从性质划分，运维对象可分为物理设备、容器、应用和数据
运维工具	运维工具简称工具，是指直接作用于运维对象，对其进行监测或改变其状态的脚本、容器和 Agent，在信息通信运维体系 3.0 中工具只能以这三种形态存在。Agent 是一种形式特殊的工具，除需要直接部署在容器中，其他行为特征符合本设计中对工具的规范要求
运维场景	运维场景简称场景，是为实现某种运维目的，预先编排好的一系列作业过程。场景由触发条件、作业逻辑、工具调用、流程调用和作业对象组成。场景间也可以相互调用
SDL	scene describe language，场景描述语言
TDL	tools describe language，工具描述语言
MRS	MapReduce 服务（service）提供租户完全可控的企业级大数据集群云服务，轻松运行 Hadoop、Spark、HBase、Hive、Kafka、Storm 等大数据组件
OBS	对象存储服务（object storage service）是一款稳定、安全、高效、易用的云存储服务，具备标准 Restful API 接口，可存储任意数量和形式的非结构化数据
RDS	云数据库（RDS for MySQL）是稳定可靠、可弹性伸缩的云数据库服务。通过云数据库能够在几分钟内完成数据库部署。云端完全托管，专注于应用程序开发，无需为数据库运维烦恼
DAYU	智能数据湖运营平台 (DAYU) 是数据全生命周期一站式开发运营平台，提供数据集成、数据开发、数据治理、数据服务等功能，支持行业知识库智能化建设，支持大数据存储、大数据计算分析引擎等数据底座，帮助企业客户快速构建数据运营能力
DRS	数据复制服务（data replication service，DRS）是一种易用、稳定、高效，用于数据库在线迁移和数据库实时同步的云服务。DRS 围绕云数据库，降低了数据库之间数据流通的复杂性，有效地帮助您减少数据传输的成本

术语名称	术语定义
DWS	实时、简单、安全可信的企业级融合数据仓库，可借助 DWS Express 将查询分析扩展至数据湖。基于华为 GaussDB 产品的云原生服务，兼容标准 SQL 和 PostgreSQL/Oracle 生态
Kafka	分布式消息服务 Kafka 是一个高吞吐、高可用的消息中间件服务，适用于构建实时数据管道、流式数据处理、第三方解耦、流量削峰去谷等场景，具有大规模、高可靠、高并发访问、可扩展且完全托管的特点，是分布式应用上云必不可少的重要组件
DCS	业界首个基于 ARM-Based 全栈整合的 Redis 云服务，支持双机热备的 HA 架构，提供单机、主备、Proxy 集群、Cluster 集群实例类型，满足高读写性能场景及弹性变配的业务需求
DLI	数据湖探索（data lake insight，DLI）是基于 Apache Spark 生态，Serveless 化的大数据处理分析服务。企业使用标准 SQL 或 Spark 程序就能轻松完成异构数据源的联邦分析，挖掘和探索数据价值

常用报表及参考数据表

B-1 调度联系单（模版）

调度联系单（模版）

联系单位		编号	
联系事宜			
反馈情况 （由被联系单位填写）	异常时间： 是否停运（中断）： 影响范围： 问题原因： 处理过程： 处理结果：		
意见要求 （信通调度填写）			
发单部门：		发单时间：	
调度值班员：			
值班电话：		传真：	
邮箱：			

B-2　调度指令表（模版）

调度指令表（模版）

票号：×× 信调 -ZLP-×××××××-×××　　　　　　　　　　　　　年　月　日

操作任务		□计划 ■临时
操作内容		
注意事项		
受令单位		
计划开始时间		
计划完成时间		

拟票人		审核人	
预发人		预发时间	

受令单位关联票单	工作票：			操作票：			

序号	受令单位	操作项目	下令人	下令时间	受令人	完成时间	监护人	备注
1								

备注：1. 调度指令票票号格式：×× 信调 -ZLP-YYYYMMDD-XXX。其中 ZLP 代表指令票，YYYYMMDD 为预发日期，××× 为全年大流水号。

2. 调度指令票预发后，受令单位要提前做好各项操作准备工作，根据操作内容按照规定及时办理工作票和操作票等相关手续，确保操作任务能够在计划操作时间开始执行。

3. 调度指令票由调控中心调度值班员下达后，受令单位要根据操作内容立即执行，执行完毕后及时向调控中心报告执行情况，补充填写受令单位关联票单编号、受令人、完成时间和监护人等信息后回传至调控中心。

B-3 信息系统检修工作票（模版）

信息系统检修工作票（模版）

工作票编号	【单位名称】- 检修计划 -××××××		上报时间	年 月 日
申请单位			联系人	
联系电话			电子邮箱	
检修级别	一级检修□ 二级检修□		检修类型	月检修□ 周检修□ 临时检修□
计划检修开始时间	××××年××月××日 hh:mm		计划检修结束时间	××××年××月××日 hh:mm
检修工作名称				
是否网省联调	是□ 否□		是否国网信通联调	是□ 否□
是否灾备中心联调	是□ 否□		灾备中心	北京□ 上海□ 西安□
检修对象名称				
检修说明	检修类型：□性能调优 □功能升级 □日常维护 □缺陷修复　□机房搬迁 □应急演练 □灾备备份 □其他 检修内容：			
	已具备附件： □《安全测评报告》 □《功能性能测评报告》 □《变更操作方案》 □《备份步骤方案》 □《应急处理方案》　　 □《测试验证方案》			
	检修操作人员签字： 日期： 年 月 日			
	工作负责人（监护人）签字： 日期： 年 月 日		专责监护人签字： 日期： 年 月 日	
签发人意见	意见： 签字： 日期： 年 月 日			
许可人意见	□计划内停机；□计划外停机； □检修可能影响的其他业务系统：_____。 □具体检修时间确定为：_____。 工作许可人签字： 日期： 年 月 日			

B-4 信息系统上线申请单（模版）

信息系统上线试运行申请单（模版）

<table>
<tr>
<td rowspan="8">系统承建单位</td>
<td>申请部门及申请人</td>
<td>×× 部门 - 姓名</td>
<td>联系电话</td>
<td></td>
</tr>
<tr>
<td>信息系统名称、版本号</td>
<td colspan="3"></td>
</tr>
<tr>
<td>信息系统包含的功能模块</td>
<td colspan="3"></td>
</tr>
<tr>
<td>申请上线日期</td>
<td colspan="3"></td>
</tr>
<tr>
<td>红线指标满足情况</td>
<td colspan="3">□数据遵从度　□架构遵从度
□运安符合度　□业务满足度
其他说明：</td>
</tr>
<tr>
<td>相关材料</td>
<td colspan="3">□概要设计报告及评审意见　□第三方测试报告
□系统实施部署方案　　　　□安全防护方案及评审意见
□应急预案及快速恢复方案　□数据备份及恢复操作手册
□管理员手册　　　　　　　□用户手册
□信息系统老旧版本下线（腾退）计划表（该附表仅涉及双轨运行信息系统时提交）
□其他资料：_____</td>
</tr>
<tr>
<td>承建单位意见</td>
<td colspan="3">负责人（签字并盖章）：

日期：　　年　月　日</td>
</tr>
<tr>
<td colspan="4"></td>
</tr>
<tr>
<td colspan="2">建设单位（部门）
意见</td>
<td colspan="3">负责人（签字）：

日期：　　年　月　日</td>
</tr>
<tr>
<td colspan="2">业务主管部门
意见</td>
<td colspan="3">负责人（签字）：

日期：　　年　月　日</td>
</tr>
<tr>
<td colspan="2">运行维护单位（部门）
意见</td>
<td colspan="3">负责人（签字）：

日期：　　年　月　日</td>
</tr>
<tr>
<td colspan="2">互联网职能管理部门
意见</td>
<td colspan="3">负责人（签字）：

日期：　　年　月　日</td>
</tr>
</table>

备注：1. 试运行开始时间以运行维护单位（部门）完成运维监控指标确认工作为准。

2. 非电网数字化专项立项信息系统须先完成入网申请（附表2）。

B-5　信息系统上线移交资料参考清单

信息系统上线移交资料参考清单

序号	文档	内容	上线试运行	上线试运行验收
1	系统概要设计报告及评审意见	系统功能与实现的概要设计	✓	
2	第三方测试报告	包含：功能与非功能测试、安全测试（安全功能、代码安全）和渗透测试	✓	
3	系统实施部署方案	包含：①应用描述；②系统架构；③硬件设备与平台软件需求书及相关参数；④数据迁移、存储、备份、恢复策略；⑤系统权限策略，用户及口令配置表等	✓	
4	安全防护方案及评审意见	信息系统安全防护服务内容及通过评审后的说明	✓	
5	系统应急预案及快速恢复方案	系统应急预案及故障时快速恢复方案，以及定量的恢复时间	✓	
6	数据备份及恢复操作手册	系统运行数据备份及恢复操作说明	✓	
7	系统管理员手册	系统管理员维护系统的指南（如系统的启停操作、常见问题及排除、日常巡检），重点在于系统如何维护与后台的操作	✓	
8	用户手册	系统最终用户使用系统的指南，重点在于系统功能如何使用	✓	
9	运维责任备案表	对信息系统运行维护管理进行的责任备案		✓
10	运维方案	系统日常运维操作说明（含服务目录）		✓

B-6　App 上线试运行申请单（模版）

App 上线试运行申请单（模版）

承建单位	申请人		联系方式	
	App 名称及版本号	填写格式：App 名称（全称）-VX.X.X		
	业务主管部门			
	资源部署地	如：北京数据中心		
	IT 架构	□传统架构　　□微服务架构　　□其他		
	App 类别	□与移动门户集成　□移动门户 □独立部署　　　　□其他＿＿＿＿＿＿＿		
	App 用途			
	运行周期	□短期　□中长期		
	所包含的功能模块			
	目标用户		用户人数	
	日活跃人数		数据增长量	
	申请上线时间	年　月　日		
	相关材料及附件			
	承建单位意见	负责人（签字并盖章）： 日期：　年　月　日		
建设单位（部门）意见		负责人（签字）： 日期：　年　月　日		
业务主管部门意见		负责人（签字）： 日期：　年　月　日		
运行维护单位（部门）意见		负责人（签字）： 日期：　年　月　日		
数字化职能管理部门意见		负责人（签字）： 日期：　年　月　日		

B-7　信息系统红线指标参考表

信息系统红线指标参考表

序号	红线指标	指标详情
1	数据遵从度	信息系统业务数据模型不违反公司公共信息模型标准
2	架构遵从度	（1）互联网应用数据存储应符合公司互联网业务、数据、安全、架构典型设计。 （2）信息系统应符合公司"云平台"部署架构要求，具备系统上云条件（如确因工作实际暂无法上云的，应充分说明，并经运维单位评审后，采用软硬件资源池方式，满足虚拟化要求）。 （3）系统主要环节及核心部件要满足"n-1"架构要求（如电源、存储、安全设备、基础平台软件、应用节点等）。 （4）涉及用户权限管理的信息系统应实现与 ISC 集成，实现系统单点登录。 （5）外网系统须支持 IPv6 网络协议
3	运安符合度	▲（1）通过第三方测试（功能与非功能测试、安全测试、渗透测试）。 ▲（2）通过安全防护方案评审。 （3）新建系统须符合公司信息系统远程访问端口管理规范。 （4）新建系统须严格按照公司年度基础平台软件版本管控要求（详见基础平台软件版本管控管理规范）。 （5）业务系统浏览器版本应满足当前主流浏览器（IE8、IE9、IE10、IE11、Chrome50、Chrome60、Chrome70、Firefox50、Firefox60），并能够向前兼容，满足业务用户操作体验。 ▲（6）监控接入。业务系统须在上线前接入 I6000（含性能监测）、S6000，且监控指标个数不低于要求数量
4	功能满足度	业务功能实现不低于可研设计的 60%，且核心功能全部经业务部门确认

备注：标▲条款为临时运行最低标准项。

B-8　信息系统蓝线指标参考

信息系统蓝线指标表

序号	蓝线指标	指标详情
1	运行可靠性（35 分）	★上线试运行期不少于 90 天。 1．运行稳定性评估 评估信息系统试运行期间整体运行情况是否稳定、可靠，满足业务正常使用。 （1）统计信息系统故障发生次数。（5 分） 1）统计信息系统试运行期间非计划停运次数，紧急检修事件次数。 2）要求试运行最后一个月不发生非计划停运、紧急检修等事件，试运行最后两个月信息系统不可用次数不超过 1 次。 评分标准：满分 5 分；发生一次扣 5 分，超过 1 次的，则不满足试运行验收要求。 （2）统计信息系统缺陷数。（8 分） 试运行期间无重大缺陷，一般缺陷不超过 3 个，且已完成整改。 评分标准：满分 8 分；遗留一般缺陷的数量超出 3 个或未完成整改，扣 8 分，遗留重大缺陷则直接不满足试运行验收条件。 （3）检查应用程序服务运行状态。（4 分） 1）功能运行状态：系统功能应全部正常应用。 2）系统集成接口：所有接口正常数据传输，不发生本系统原因造成接口断点。 评分标准：满分 4 分；发现一处传输异常扣 1 分，扣完为止。 （4）★压力测试。 压力测试符合系统设计最大并发数，不满足压力测试的系统上线，则直接不满足试运行验收条件。 2．系统容错能力评估 评估信息系统试运行期间，应用程序在异常事务情况下的自身容错能力，自我修复能力。发现不符合项扣除对应分值。 （1）对信息系统事务处理、通信连接失败等情况的自我识别和处置能力。（2 分） （2）服务器的实地址或者集群服务器的虚地址应当与域名绑定。（3 分） （3）服务器多网卡做主备时宜使用链路聚合的方式。（3 分） （4）系统应具备访问排队机制。（2 分） 评分标准：满分 10 分；发现一处评估不符合扣除相应分值，扣完为止。 3．系统恢复能力评估 评估信息系统试运行期间，异常情况下的数据恢复能力。 （1）具备信息系统在异常掉电情况下的数据保留能力。（5 分） （2）具备信息系统备份策略合理性、应急预案及快速恢复方案可行性。（3 分） 评分标准：满分 8 分；发现一处评估不符合扣除相应分值，扣完为止
2	系统实用化（33 分）	1．信息系统活跃度 评估信息系统试运行期间功能实用化程度。 （1）统计信息系统功能完成数量。 根据可研设计数量，对比试运行系统功能模块实现数量。（5 分） 评分标准：满分 5 分；比例大于 95% 且小于 100%，扣 3 分；小于 95%，扣 5 分。 （2）统计信息系统用户活跃数量。 对比用户量设计值，活动用户数高于 50% 满分，低于 50% 线性得分。（5 分） 评分标准：满分 5 分；比例大于等于 50% 得满分，每降低 5%，扣 1 分，扣完为止。

序号	蓝线指标	指标详情
2	系统实用化 （33 分）	（3）统计信息系统核心业务实用化。 检查信息系统核心业务实用化情况。每个核心业务必须通过业务实际验证，并经业务主管部门确认。 评分标准：满分 5 分；验证未通过一个扣 1 分，扣完为止。（5 分） 2．信息系统性能指数 评估信息系统试运行期间信息系统功能模块性能。 （1）统计信息系统页面访问性能监测达标程度。 根据非功能性需求，页面评价响应时间不得高于限定值。 1）首页访问平均响应时间不应超过 2s。（2 分） 2）系统登录平均响应时间不应超过 3s。（2 分） 3）执行简单查询、添加和删除业务平均响应时间不应超过 3s。（2 分） 4）执行复杂的综合业务（同时包括查询、添加、删除等操作请求）平均响应时间不应超过 5s。（1 分） 5）在执行统计业务时，月统计业务的平均响应时间不应超过 15s，年统计业务的平均响应时间不宜超过 20s。（1 分） 6）信息系统接口调用响应时长应为毫秒级。（2 分） 评分标准：满分 10 分；发现不符合项扣除相应分值，扣完为止。 （2）统计信息系统安装部署标准化工艺符合程度。（5 分） 须符合信息系统安装部署标准化工艺手册。 评分标准：满分 5 分；发现不符合项扣除相应分值，扣完为止（不适用的指导内容，不纳入本项评分）。 3．信息系统易用性 评估信息系统应用场景是否易用、实用。 （1）信息系统应用界面设计需遵循用户操作最简化原则。（1 分） （2）系统不应强制性要求用户安装插件，如果必须安装插件，系统应提供在线下载和离线安装功能。（1 分） （3）信息系统除强制用户完成某一操作的情况外，不应使用模态对话框中止用户操作；严禁在弹出窗口中再次弹出窗口。（1 分） 评分标准：满分 3 分；发现不符合项扣除相应分值，扣完为止
3	系统安全性 （28 分）	1．账号权限安全评估 评估信息系统试运行期间，账号权限配置是否遵循非功能性需求。 检查信息系统账号角色、权限职责安全性。 1）超级管理员账号应完成运维移交，并删除开发账户，清理冗余账号。（1 分） 2）账号应符合"实名制"管理要求，实行系统管理员、业务配置员、系统审计员"三权分立"。（1 分） 3）账号第一次登录时强制用户修改初始口令，口令策略应符合公司安全要求。（1 分） 4）禁止在数据库、服务器或客户端明文存储用户身份鉴别信息。（2 分） 5）部署于信息外网，应在登录对外提供服务的等级保护三级系统时采用图形验证码增强身份认证安全。（2 分） 6）系统应具有判断用户是否重复登录的功能，同一用户同时只允许登录一个。系统重要账号应与 IP 地址及 MAC 进行绑定，限制重要账号能够登录的地点。（2 分） 7）应设置用户账号连续登录失败次数的限制次数（一般为 5 次）并提供账号锁定后的解锁策略。系统应设置操作超时锁定策略。应用系统在赋予用户权限时，应根据承担的角色不同授予用户所需的最小权限，避免用户拥有不必要的操作权限。（1 分） 评分标准：满分 10 分；发现不符合项扣除相应分值，扣完为止。

续表

序号	蓝线指标	指标详情
3	系统安全性（28分）	2．数据安全评估 评估信息系统试运行期间，数据安全是否遵循非功能性需求。 （1）数据保密性要求。 系统敏感数据（包括身份鉴别信息、重要业务数据等）应采用加密及访问控制等机制保证数据在文件系统、数据库中存储的保密性。（3分） （2）数据完整性要求。 1）系统敏感数据应采用数据冗余或完整性校验等机制保证数据在文件系统、数据库中存储的完整性。（1分） 2）数据在传输过程中应保证数据的完整性，防止恶意攻击者截取并篡改、删除数据。（2分） 3）应通过系统业务交易完整性机制来保证处理数据的完整性。敏感数据的使用应在应用程序中进行检错和校验操作，保证原始数据的正确性和完整性。（2分） 4）信息系统数据库表、字段应保证业务描述完整、准确，与数据库设计说明一致。（1分） （3）数据可用性要求。 1）采集或输入数据后，应对采集数据的格式进行验证，以确保其可用性。（1分） 2）在传输敏感数据或可用性要求高的数据时，应采用 TCP 协议（注：不应采用 UDP协议）传输，同时具备断线重传确保其可用性。（1分） 3）在数据转换过程中，应采用通用的标准格式，并考虑相关的不同系统和不同应用的格式需求。（1分） 评分标准：满分 12 分；发现不符合项扣除相应分值，扣完为止。 3．系统监控配置评估 评估信息系统试运行期间，信息系统告警日志配置是否遵循非功能性需求。 （1）应具备提供多种日志类型的功能（包含应用日志，如用户登录日志、应用模块访问日志、应用接口调用日志、用户及权限管理日志等），并统一提供标准格式的告警记录日志，以及标准的告警信息。（2分） （2）系统应提供性能告警、账户安全审计、访问控制、重要事件安全审计等安全日志。（2分） （3）系统应具备日志开关功能，实现日志类型、日志级别等内容的配置。应满足监控需求，易于定位问题。（2分） 评分标准：满分 6 分；发现不符合项扣除相应分值，扣完为止
4	资源复用率（4分）	1．软硬件资源复用评估 评估信息系统上线部署资源利用程度。 （1）系统应在上线前同步制定同一系统老旧版本的下线或腾退计划，双轨运行时间不超过 6 个月。（2分） （2）系统上线部署应优先复用已有数据库。（1分） （3）系统数据存储应优先复用已有存储空间。（1分） 评分标准：满分 4 分；发现不符合项扣除相应分值，扣完为止

B-9 信息系统下线申请单（模版）

信息系统下线申请单（模版）

业务主管部门\运行维护单位（部门）	申请人		联系电话	
	业务主管部门			
	信息系统名称			
	系统包含的功能模块			
	下线原因			
	申请下线日期	年　　月　　日		
	数据备份说明			
	业务主管部门意见	负责人（签字）： 日期：　年　月　日		
运行维护单位（部门）风险评估并执行确认		负责人（签字）： 日期：　年　月　日		
生成文档名称				

B-10　运行方式策略参考

常态运行方式策略参考

1. 业务应用

- 1.1. 应用程序应冗余部署，应分布在独立的物理服务器上
- 1.2. 服务节点数量应根据业务量动态调节，服务节点统一通过负载均衡对外发布
- 1.3. 提供同一功能的服务节点间逻辑上应独立，并具备完善的主备切换能力，在单个节点故障时，其余节点可确保业务连续不中断
- 1.4. 负载较大且耦合度不高的应用服务组件，可采用能够独立硬件部署或虚拟资源部署
- 1.5. 流程、账号权限等基础公共应用，应使用一体化平台公共服务组件，不得独立建设
- 1.6. 信息系统在上线过程中需要完成与"智能一体化运维支撑平台（I6000）"的接口部署
- 1.7. 采用微服务、微应用架构的信息系统，应充分考虑业务独立性和服务间依赖关系
- 1.8. 选用云平台和数据中台未提供的组件，要充分评估所选组件的安全性、可维护性
- 1.9. 上云系统要科学评估所选组件的容量、规格，做到按需分配

2. 基础平台

- 2.1. 负载均衡层面，应至少满足双机集群架构，确保系统高可用性
- 2.2. 应配置串口和网络冗余心跳线，用于数据同步
- 2.3. 应根据业务实际需求和功能实现，配置不同的负载均衡策略（轮询、权重）和部署方式（直连、旁路）
- 2.4. 中间件层面，对于影响业务逻辑和用户体验的中间件，必须具备冗余，冗余服务节点必须分布在物理独立的设备上
- 2.5. 中间件安装必须新建用户和组，合理授权，不能使用root用户安装，同一集群内的操作系统用户GID和UID保持一致
- 2.6. 存储层面，控制文件、数据文件、在线日志与归档日志、备份数据不能放在同一存储设备，归档日志可使用低一档次的存储设备（NAS等），备份数据应使用物理带库、虚拟带库
- 2.7. 服务器到存储设备之间应通过至少两张独立的SAN网络互连；SAN网络可分层构建，但不建议超过两层；服务器上联SAN网络时，应至少保持两块独立的HBA卡上联至独立的SAN网络
- 2.8. 对于分布式存储设备，应采用可扩展的系统建构，使用专用的高速交换网络，对不同性能的磁盘（FLASH卡、SSD、SAS、SATA）进行分类，按需分配

3. 数据备份

- 3.1. 原则上结构化数据库，至少保证每周一次全量数据备份，并每天增量备份；分结构化数排，原则上应实现持续增量备份
- 3.2. 大型系统原则上应每1～2年开展历史数据归档
- 3.3. 关键业务系统数据需要保留多份完整备份，并保存到不同的存储介质中，实现备份数据冗余

4. 信息网络

- 4.1. 局域网架构应遵循"接入—汇聚—核心"三层架构
- 4.2. 局域网接入层负责本地终端的接入，重要区域城的接入层设备应具备双机部署
- 4.3. 局域网汇聚层负责单一或部分业务区域的接入层设备汇集，网段网关配置在汇聚层设备上
- 4.4. 局域网核心层负责对各汇聚层设备进行汇集，上联广域网接入点或互联网出口，核心层设备应满足双机冗余部署
- 4.5. 核心层和汇聚层之间建议采用"口"字型方式连接
- 4.6. 局域网各层级网络设备之间应满足互联通道冗余，服务器建议采用双链路上联至不同的接入层设备
- 4.7. 对于广域网，按照承载的业务可分为省际网、省内网、地市接入网；按照路由层级，省际网和省内网共同构成广域网骨干城，地市接入网独立成域，并与骨干城跨城对接

常态运行方式

5. 基础设施

5.1. 信息机房应安装温湿度及通风调节设备，设备运行环境应满足温度、湿度及风力管控要求，机房所在楼层应安装烟感探测器

5.2. 信总机房应具备至少双路供电，线路宜采用直接埋地、排管埋地或电缆沟敷设方式，供电线路应避免同缆、同槽情况

5.3. 信息设备应具备不间断电源（UPS），并确保UPS各项负载尽可能保持均衡，单台UPS负载率应小于35%

5.4. 电源监控设备不能与被监控电源设备同电源供电，电源监控设备不能通过被监控电源设备取电

5.5. 设置气体灭火系统的主机房，应配置专用的空气呼吸器或氧气呼吸器

6. 安全防护

6.1. 信息内、外网边界应采用电力专用信息安全网络隔离装置实现强逻辑隔离

6.2. 对于部分业务系统需采用无线通信网络进行通信：应采用运营商APN专网或电力无线专网，同时采用专用暗转接入措施接入公司网络

6.3. 主机应采取安全基线系统、防病毒软件、统一漏洞管控和安全审计等措施

6.4. 终端采取泛终端网络准入、桌面终端管控、防病毒软件、移动终端管控以及安全芯片等基础技术防护措施，物联网终端接入应通过网络准入进行控制

6.5. 应用安全防护应采取身份认证、DNS监测、网页防篡改、访问控制、安全审计、数据加密、剩余信息保护、抗抵赖、资源控制等防护措施，从应用系统功能安全和接口安全两方面进行防护

6.6. 数据安全应具备权限管控、数据加密、数字签名、数据脱敏、敏感信息阻断、数据库审计等措施，强化数据全生命周期的技术保护

7. 云平台

7.1. 统筹考虑IT资产管理，针对云平台建设、扩容，进行统一规划、统一采购、统一调配

7.2. 业务应用应尽量采用微服务形式，使用云平台K8s组件服务部署，提供资源利用事与资源的弹性伸缩能力：节点数量应根据业务量动态调节，服务节点统一通过负载均衡对外发布

7.3. 所有业务系统通过VPC进行隔离，VPC以业务城划分：系统间互访与平台间流量使用CSW的流量控制；用户侧流量访问一定要使用负载均衡服务，统一从ISW进行流量管理

7.4. 平台物理机建议采取单独机柜部署，从物理层面与数据中心机器进行隔离，云平台单独规划至少2个B段网段，从逻辑层面与数据中心网络进行隔离

7.5. 运维专区采用单独的网络开网，并且使用堡垒机登录系统，从数据接入层面实现平台安全防护：运维团队内部定期开展云平台安全合规宣贯，并采用实名制账号登录操作，同时制定相关完善的运维规范流程，从管理层面实现平台安全防护

其他运行方式策略参考

其他运行方式

1. 检修运行

1.1. 加强与业务部门沟通势调，明确系统应用高低峰值，充分利用检修窗口，错峰检修

1.2. 开展不停机检修，提升系统可用率

1.3. 提升自动化工具及其检修自动化本平，降低人为误操作率

1.4. 加强检修计划性管理，尽可能安排年、季、月度检修，避免周检修、临时检修；在系统满足灰度发布、自动部署及安全可控的基础上，对于检修计划申报周期可适度放宽

1.5. 加强系统软、硬件巡视及阶段性检查工作，及对发现系统软、硬件及应用系统隐患、缺陷，尽量避免紧急抢修

1.6. 强化信息系统分级分类检修，加强检修前测试、检管中监视、检修后验证，充分做好检修应急工作

2. 保障运行

2.1. 保障期间原则上执行封网措施，不安排保障范围内信息通信系统计划检修，已安排的检修工作需要提前或推迟执行，对相应的检修计划进行调整

2.2. 加强对应急指挥、视频会议、电子邮件、协同办公、i国网等应用系统的保障（通过限制外部访问等手段，减少外网暴露面，并采取部署静态页面等方式，防止内容被篡改

2.3. 公司对外网站、舆情监控及各省营销业务应用等对社会用户提供服务或涉及公司对外品牌建设的信息系统，应纳入重点保障范围

2.4. 提前对数据中心基础设施，数据通信网、互联网出口及各局域网，主机资源池，防火墙和隔离装置资源池等基础设备的运行状态进行全面检查，对于关键节点进行切换演练

2.5. 对同一权限、流程管理、数据中心、门户目录等平台应用和电子邮件、协同办公、短信平台、i国网等系统，在保障前应确认磁盘空间、数据库表空间等资源情况是否满足正常运行需求

2.6. 明确节日保障期间数据传输的策略要求，不允许运维支持单位在未经运维部门许可的情况下，私自进行数据抽取等操作

3. 应急运行

3.1. 数据中心UPS系统单路中断时，运维人员应立即检查另一路负载情况，根据限停序位表中次序安排关闭优先级较低的设备，确保整体负载不超过单路供电的最大值

3.2. 公司一级信息骨干网目前具备双链路，应急情况下均可实现自动或手动切换

3.3. 在运存储系统应采用冗余架构，在运存储关键部件：如风扇、电源、办卡、控制器等，均至少满足两个，且互为备份

3.4. 数据库服务器两地均采用双机RAC部署，单台数据库服务器出现异常时，应用联接的服务会自动切换到正常的服务器中，确保应用服务不受影响

3.5. 集群部署平台会根据业务部署时配置的节点数进行故障节点剔除，并新增新节点，实现节点的故障自愈

3.6. 云数据库具备高可用架构，当数据库单节点故障时，云数据库应自动切换到备用节点

3.7. 外网安全设备监控到安全攻击事件时，网络安全中心需对告警信息进行分析确认，若为真实攻击且非公司各单位外网出口（包括公司级红队测试或特殊服务地址），应立即对该IP进行封禁并记录上报

3.8. 发现大批量、大范围的典型网络攻击行为时，网络安全中心应立即对告警信息进行分析，判断是否为真实共计，确定攻击行为后依照上条内容对攻击IP进行封禁并记录上报

B-11　机房运行隐患检查要点参考表

机房运行隐患检查要点参考表

分类	内容	督查分类	督查要点
建筑基础	本体建筑	一般规定	（1）A、B、C级信息机房所在建筑物应具备两条及以上完全独立且不同路由的电缆沟（竖井）。 （2）新建（2020年后）主机房净高应按机柜高度和通风要求确定，且不宜小于3.0m，门高应大于2.1m，门宽应大于1.4m，应有措施保证信息机房各类设备顺利进出机房和所在建筑物，对门、过道、电梯提出相应要求。 （3）新建（2020年后）A、B级信息机房首层建筑完成面应高出当地洪水百年重现期水位线1.0m以上，并应高出室外地坪0.6m以上。 （4）主机房不宜设置外窗，当主机房设有外窗时，应采用双层固定式玻璃窗，外窗应设置外部遮阳，外窗的气密性应符合GB/T 7106的有关规定，遮阳系数应符合GB 50189的有关规定；不间断电源系统的电池室设有外窗时，应避免阳光直射
		主机房内通道	（1）两相对机柜正面之间的距离不应小于1.2m。 （2）机柜侧面距墙不应小于0.5m，当需要维修测试时，则距墙不应小于1.2m。 （3）用于设备搬运走道净宽不应小于1.5m。 （4）成行排列的机柜，其长度超过6m时，两端应设有出口通道；当两个出口通道之间的距离超过15m时，在两个出口通道之间还应增加出口通道；出口通道的宽度不宜小于1m，局部可为0.8m。 （5）两排机柜之间的距离不应小于1.2m
		出入口通道	（1）主机房门应向疏散方向开启，且应自动关闭，并应保证在任何情况下均能从机房内开启，走廊、楼梯间应畅通并有明显的出口指示标志。 （2）机房建筑的入口至主机房应设通道，通道净高不低于2.5m，净宽不应小于1.5m
	室内装修	一般要求	（1）主机房运行设备与设备监控操作室不宜连在一起。 （2）门窗、墙壁、地（楼）面的构造和施工缝隙，均应采取密闭措施。 （3）易产生尘埃及废物的设备应远离对尘埃敏感的设备，并集中布置在靠近机房的回风口处。 （4）活动地板下空间只作为电缆布线使用时，高度不宜小于300mm；活动地板下的空间既作为电缆布线，又作为空调静压箱时，高度不宜小于600mm
		照明方式、备用照明、事故照明	（1）主机房内服务器区、网络区、存储区、辅助区域正常照度应达到500lx；进线间、备件库应达到300lx。 （2）机房和辅助区内应设置备用照明，备用照明的照度值不应低于一般照明照度值10%；有人值守的房间，备用照明的照度值不应低于一般照明照度值的50%，备用照明可为一般照明的一部分。 （3）主机房及安全出口应设置事故应急照明，其照度不应低于5lx；其他通道及有关房间依据需要可设应急照明，照度不应低于1lx

续表

分类	内容	督查分类	督查要点
建筑基础	室内装修	机房给水排水系统	（1）信息机房内安装有自动喷水灭火设施、空调机和加湿器的房间，地面应设置挡水和排水设施。 （2）与主机房内设备无关的给排水管道不得穿过主机房，相关给排水管道不应布置在电子信息设备的上方；进入主机房的给水应加装阀门。 （3）机房内的给排水管道、空调管道应采取防渗漏和防结露措施。 （4）主机房或辅助区设有地漏时，应采用洁净室专用地漏或自闭式地漏，地漏下应加设水封装置，并应采取防止水封损坏和反溢措施
		安全标标志和通道	（1）机房内应有紧急安全出口标识，安全通道要保证畅通。 （2）建筑面积大于 $120m^2$ 的主机房，疏散门不应少于两个，且应分散布置；建筑面积不大于 $120m^2$ 的主机房，或位于袋形走道尽端、建筑面积不大于 $200m^2$ 的主机房，且机房内任一点至疏散门的直线距离不大于 15m，可设置一个疏散门，疏散门的净宽度不小于 1.4m
		电源室标识	信息机房电源室内应悬挂系统接线图、设备参数表、日常运维管理规定等图表，悬挂位置应醒目且便于查看
消防系统	机房气体灭火、消火栓及火灾自动报警等系统	消防系统	（1）主机房、不间断电源室和电池室宜设置气体灭火系统。 （2）气体灭火装置的灭火性能可靠，不损坏电子设备。 （3）气体灭火系统的灭火剂及设施应采用经消防检测部门检测合格的产品。 （4）总控中心等长期有人工作的区域应设置自动喷水灭火系统。 （5）机房应采用吸气式烟雾探测火灾自动报警系统，能够自动检测火情、自动报警。 （6）机房附近区域应设置室内消火栓系统和建筑灭火器，手提灭火器的设置应符合 GB 50140 的有关规定；机房内使用灭火剂（二氧化碳、卤代烷型）不应对电子信息设备造成污渍损害的。 （7）采用管网式洁净气体灭火系统或细水雾灭火系统的主机房，应同时设置两种独立的火灾灭火探测器，且火灾报警系统应与灭火系统和视频监控系统联动
		安全措施	（1）凡设置气体灭火系统的主机房，应配置专用的空气呼吸器或氧气呼吸器。 （2）信息机房应采取防鼠害和防虫害措施，机房的孔、洞应用防火材料封堵
空气调节系统	机房专用空调、新风等系统	空调系统	（1）主机房应设置独立的空调系统和新风系统。 （2）主机房应采用恒温恒湿专用空调。 （3）冷冻机组、冷冻水泵、冷却水泵、冷却塔应采取 $N+X$ 冗余 $(X=1\sim N)$，主机房中每个区域冗余 X 台。 （4）采用冷冻水空调系统的，蓄冷装置供应冷冻水的时间，不应小于不间断电源设备的供电时间。 （5）主机房应维持正压。 （6）空调系统无备份设备时，单台空调制冷设备的制冷能力应留有 15%～20% 的余量。 （7）空调末端风机、控制系统、末端冷冻水泵应由不间断电源系统供电。 （8）信息机房空调应具有来电自动重启动功能

分类	内容	督查分类	督查要点
空气调节系统	机房专用空调、新风等系统	温度与湿度	（1）主机房：A类机房温度：23℃±2℃；湿度：40%～55%；B类机房温度：23℃±3℃；湿度：40%～55%；C类机房温度：23℃±3℃；湿度：35%～75%；D类机房温度：23℃±5℃；湿度：35%～75%。 （2）辅助区：温度：18～28℃；湿度：35%～75%。 （3）电源室：温度：20～28℃；湿度：35%～75%
电气类设施	不间断电源（UPS）、蓄电池组、电源配电柜、配电列头柜等	供电	（1）A、B级信息机房应采用两路来自不同220kV或110kV变电站的线路供电，并且A、B级信息机房宜采用专线方式供电。 （2）C级信息机房应采用两路来自不同配电变压器的线路供电，同时保证同一架机柜内的两个电源分配单元（PDU）由双重电源分别单独供电。 （3）A、B类信息机房供电系统应由输入电源柜、UPS系统、配电柜和输出馈线组成，机房供电线路应配置稳压器和过电压防护设备。 （4）机房输入电源应采用双路自动切换供电方式，供电系统应由输入电源柜、UPS系统、配电柜和输出馈线组成。 （5）机房供电线路应配置稳压器和过电压防护设备。 （6）机房宜采用第三路独立市电作为备用电源，也可配置后备柴油发电机系统，当市电发生故障时，后备柴油发电机应能承担包括不间断电源系统、空调和制冷设备的基本容量及备用照明和关系到生命安全等需要的负荷容量全部负荷的需要；市电与柴油发电机的切换应采用具有旁路功能的自动转换开关；自动转换开关检修时，不应影响电源的切换。 （7）A、B、C级信息机房空调系统应单独回路供电
		线缆电路	（1）信息机房线缆部署应强弱电分离，强电线缆和弱电线缆应分槽独立敷设，避免并排和直接交叉穿越，当不能避免时，应采取相应的屏蔽措施。线缆敷设工艺应满足规范要求，并具备完善的防火阻燃、阻火分隔、防潮、防水及防小动物等措施。 （2）机房内应使用铜芯电力电缆、电线，严禁铜、铝混用，中性线截面积不应小于相线截面积。电缆、电线连接应可靠，不得有扭绞、压扁和保护层破裂等现象。电气、线缆、辅助材料应选用正规厂商的合格产品。 （3）配电系统空气开关应配置漏电保护器，满足"三级配电、二级保护"的总体要求；电源开关应使用满足容量要求的独立空气开关、断路器，各级开关、断路器保护范围应逐级配合，下级不应大于其对应的上级开关、断路器的额定容量，避免分路开关、断路器与上级开关、断路器同时跳开。 （4）配电系统配置的空气开关额定电流大小应能躲过回路最大负荷电流，并留有适当裕度；当配电回路发生短路、接地等故障时，能正确、快速地跳开空气开关，并不应发生拒动、越级跳闸等配置性错误。 （5）配电系统母线、电缆等设备的相序颜色、相序排列应严格按照规定执行，当UPS、ATS等装置因检修工作需要改动过内、外部接线时，投运前必须核对相序和相位

分类	内容	督查分类	督查要点
电气类设施	不间断电源（UPS）、蓄电池组、电源配电柜、配电列头柜等	机柜	（1）走线：信息机房内的低压配电系统不应采用 TN-C 系统。机房机柜、配电柜（含列头柜）的输入输出电缆应采用下进线、下出线方式，机柜内信号线、通信线等应采用上进线、上出线方式。 （2）缆线采用线槽或桥架敷设时，线槽或桥架的高度不宜大于 150mm，线槽或桥架的安装位置应与建筑装饰、电气、空调、消防等协调一致。当线槽或桥架敷设在主机房天花板下方时，线槽和桥架的顶部距离天花板或其他障碍物不宜小于 300mm
		列头柜	（1）信息设备的配电应设置配电列头柜或专用配电母线；采用配电列头柜应靠近用电设备安装；采用专用配电母线应具有灵活性；主机房内宜设置专用动力配电柜（箱）。 （2）配电列头柜和专用配电母线机房专用配电箱、柜位置应合理，应有过流保护，过压、欠压报警功能
		插座和 PDU	（1）设备插座应该和设备插头一致、一一对应、标志明确；设备插座不应有过载和发热现象，避免使用多用插座。 （2）设备插座应固定牢靠、布线整齐、外观良好；布置位置应安全可靠，以防止误踢、误碰。 （3）主机房内应分别设置维修和测试用电源插座，两者应有明显区别标志。 （4）测试用电源插座可由机房电源系统供电，维修用电源插座应由非专用机房电源供电。 （5）机柜内应使用 PDU 为信息设备供电，每一个 PDU 应配套采用独立的空气开关进行控制，便于检修操作和隔离故障。 （6）A、B 类机房中，机柜内的 PDU 应分别由不同的 UPS 供电。C 级机房中，机柜内的 PDU 至少有一个是由 UPS 供电。双电源设备的电源应分别连接到不同的 PDU 运行
		UPS 电源	（1）接入方式：机房应采用不少于两路 UPS 供电，宜按 $M(N+1X)$ 冗余 $(M=2、3、4\cdots；X=1\sim N)2N$ 或 $M(N+a)$ 冗余 $(M=(b)(c)4\cdots)$ 且每路套不间断电源系统容量要考虑其中某一路故障或维修退出时，余下的不间断电源能够支撑机房内设备持续运行。 （2）A、B 类信息机房的主机房应采用不少于两路 UPS 供电，且每路不间断电源系统容量要考虑其中某一路故障或维修退出时，余下的不间断电源能够支撑机房内设备持续运行。 （3）UPS 切换测试应每半年进行一次。 （4）正常运行时每套 UPS 系统最大负载率不应超过额定容量的 40%；当其中一套 UPS 系统故障或维修退出时，另外一套 UPS 系统的最大负载率不应超过额定容量的 80%。 （5）A、B、C 信息机房的主机房可根据具体情况，采单台或多台 UPS 供电，但 UPS 设备的负荷不得超过额定输出功率的 70%，采用双 UPS 供电时，单台 UPS 设备的负荷不应超过额定输出功率的 35%。 （6）A 类信息机房的 UPS 电源后备时间应大于柴油发电机或应急发电车启动加电时间，发电机（车）的持续供电时间应不小于 72h。B 类信息机房的 UPS 电源后备时间应不小于 2h。C、D 类信息机房的 UPS 电源后备时间不小于 1h

分类	内容	督查分类	督查要点
电气类设施	不间断电源（UPS）、蓄电池组、电源配电柜、配电列头柜等	电源旁路	（1）信息设备应由不间断电源系统供电，不间断电源系统应有自动和手动旁路装置。 （2）A 类机房应配备满足机房正常运行所需用电负荷要求的柴油发电机或应急发电车作为机房后备电源，也可采用供电网络中独立于正常电源的专用馈电线路。B 类信息机房可设置应急发电车电源接口，当市电发生故障时，可用应急发电车提供临时供电
		蓄电池	（1）信息机房 UPS 电源系统应安装蓄电池在线监测装置，监测蓄电池单体电压、组电压。不具备在线监测条件的蓄电池应每月测试蓄电池单体电压、组电压。按蓄电池维护要求进行核对性放电试验和容量放电试验。 （2）蓄电池存放间应满足阴凉、干燥、通风要求，环境温度保持在 20 ～ 30℃之间。 （3）新建蓄电池应在充放电合格后投入运行，每两年进行一次充放电试验，4 年以上的蓄电池每年进行一次充放电试验，应定期测试蓄电池单体电压、组电压，蓄电池放电应有现场安全操作规程，蓄电池极柱、安全阀处应无酸雾逸出，连接部件应牢固，无锈蚀，外壳体无变形和渗漏现象
布线系统	光缆、铜缆、智能布线系统等	一般要求	（1）机柜内所有线缆布线应用管卡等紧固件分类固定，整齐美观。 （2）缆线两端应贴有标签，标签应选用不易损坏的材料，格式及内容应符合国家电网有限公司信息机房标签标示规范要求；名称、编号标识应准确、规范、齐全、清晰。 （3）网络交换机已使用的端口、网络线、配线架端口应贴有标签（若端口的物理位置不够，可贴在机柜内），标签内容要写明它接往何处。 （4）上走线方式：电缆线槽、桥架宜高出地面 2.2m 以上；电缆槽内缆线布放应顺直，尽量不交叉，不得产生扭绞、打圈接头等现象，不应受外力的挤压和损伤；在缆线进出线槽部位、转弯处应绑扎固定，其水平部分缆线每间隔 2.5 ～ 10m 扎垂直线槽布放缆线应在缆线的上端和每间隔 1.5m 固定在缆线支架上。 （5）下走线方式：线槽盖板应采用金属材料，主线槽的宽度由防静电活动地板盖板的宽度而定；两种走线方式均应遵循以下原则：强电线缆和弱电线缆应分槽独立铺设，尽可能远离，避免并排和直接交叉穿越，当不能避免时，应采取相应的屏蔽措施。 （6）机柜容量 (kVA) ≤ 5：铜缆与电力电缆平行敷设最小间距 300（mm），有一方在金属线槽或钢管中敷设，或使用屏蔽铜缆最小间距 150（mm），双方各自在金属线槽或钢管中敷设，或使用屏蔽铜缆，最小间距 80（mm）。 （7）机柜容量 (kVA) ＞ 5：铜缆与电力电缆平行敷设最小间距 600（mm），有一方在金属线槽或钢管中敷设，或使用屏蔽铜缆最小间距 300（mm），双方各自在金属线槽或钢管中敷设，或使用屏蔽铜缆，最小间距 150（mm）
智能化系统	安全防护、环境和设备监控系统等	监控系统	（1）机房动力环境监测、视频监视应统一建设，视频监控、空调、UPS、配电、漏水检测、门禁、环境温湿度等子系统应纳入机房集中监控系统，监控系统应具有本地和远程报警功能。 （2）各系统供电电源应可靠，宜采用独立 UPS 供电，采用集中供电时，应单独回路配电。

续表

分类	内容	督查分类	督查要点
智能化系统	安全防护、环境和设备监控系统等	监控系统	（3）监测和控制主机房和辅助区的空气质量，应确保环境满足信息设备的运行要求。 （4）监测和控制主机房和辅助区的温度、露点温度或相对湿度等环境参数，当环境参数超出设定值时，应报警并记录，核心设备区及高密设备区宜设置机柜微环境监控系统。 （5）主机房内有可能发生水患的部位应设置漏水检测和报警装置；强制排水设备的运行状态应纳入监控系统；进入主机房的水管应分别加装电动和手动阀门。 （6）不间断电源系统监控参数应包括输入输出功率、电压、电流、负荷率、旁路、蓄电池总电压、充放电状态、单节电池内阻。 （7）供配电系统监控参数应包括输入输出开关位置、电压、电流及功率等。 （8）信息机房电源系统参数及运行信息应接入动力环境监测系统，系统接线图和设备名称应与实际相符，各类监测上传信息应及时、准确、可靠，真实反映出设备运行状态。各单位结合电源检修、切换测试等每年组织一次核查。 （9）A、B、C类信息机房电源应接入省级集中监控系统，纳入省级调度统一监控，由信息调度实行 7×24h 监控。地市级单位按照 5×8h 实行本地监控，重要的告警信息应具备即时提醒功能
		安全防范系统	（1）安全防范系统宜由视频安防监控、入侵报警和出入口控制系统组成，各系统之间应具备联动控制功能，机房的视频监控应无盲区。 （2）紧急情况时，出入口控制系统应能接受相关系统的联动控制信号，自动打开疏散通道上的门禁系统
运维管理	调运检管理	台账管理	（1）在 I6000 中随机挑选 10 条机房台账信息，前往机房相应机柜位置核实台账信息的准确性 （2）在机房机柜中随机挑选 10 台设备，在 I6000 中核实该信息的准确性
		调度管理	（1）信息机房电源系统应有明确的运维管理责任，各单位应正式发布书面文件。涉及两个及以上单位共同负责运维管理的，应由上一级管理单位确定职责界面，并出具相关书面文件。各单位按照运维职责界面明确运维管理部门和责任人，负责电源系统的日常运行维护管理以及检查考核。 （2）机房电源系统的检修应统一纳入信息调度管理，经调度批准后，方可执行。 （3）信息机房上、下架信息设备时，信息机房 UPS 电源运维管理部门对设备的功率大小、是否双电源、目前 UPS 所带负荷是否满足需求等进行审核，未经信息机房 UPS 电源运维管理部门同意不得上、下架设备。 （4）加强机房电源室出入管理，采取门禁、值守等措施，防止非法进入。加强电源室登记管理，外来人员进入电源室应由运维管理单位人员陪同。 （5）机房内电源设备及缆线两端应贴有标签，标签应选用不易损坏的材料，并符合国家电网有限公司信息机房标签标识规范；名称、编号标识应明确、规范、齐全、清晰。 （6）从事电源系统巡视、检修人员，应在岗前经过培训且考试合格，取得相应资格证书，会正确操作电源系统。 （7）检查机房内基础设施隐患记录及整改情况

续表

分类	内容	督查分类	督查要点
运维管理	调运检管理	巡视管理	（1）机房电源系统巡视分为定期巡视和特殊巡视。定期巡视是按照固定周期，以及时发现信息系统安全运行隐患和缺陷为目的的巡视。特殊巡检是指在有外力破坏可能或恶劣气象条件（如雷电、暴雨、高温等）、特殊保障时期、节假日、设备带缺陷运行或其他特殊情况下对设备进行的巡视。 （2）机房电源系统应定期开展巡视，每天对机房电源系统电压、电流、设备外观等内容进行巡视；每月对机房电源系统负载、线缆温度等进行巡视。巡视内容各单位依据实际自行确定
		检修方式管理	（1）机房电源系统检修前，应进行现场勘查，制定三措一案。影响信息机房正常供电，应发布风险预警，制定机房检修期间保障方案。 （2）机房电源系统应委托专业机构进行检测，按周期开展蓄电池充放电、UPS 切换测试等工作
		应急管理	（1）机房电源系统运维单位（部门）应具备修订专项应急预案和现场处置方案，形成完备的应急管理体系。 （2）机房电源系统应每年组织一次应急演练，确保应急预案和现场处置方案科学有效
		档案管理	（1）运维单位应具备信息机房电源系统接线图、断路器及隔离开关操作控制回路图、信息机房内设备供电原理图及布线图、接地布放图等资料或电子图纸，运行方式变化后应立即更新。 （2）运维单位应保存值班、巡视、检测、应急演练、故障维修等记录，相关信息及时录入系统

B-12　上云可选组件参考表

（1）基础架构上云可选组件参考表。

序号	类型	组件	说明
1	计算	弹性云服务 ECS	部署期依据《上云方案》《上云可行性分析报告》按照最小化规格进行资源发放，部署完成后依据《云平台资源动态调整方案》配合 AS 服务进行云资源横向扩缩容工作
		弹性伸缩 AS	业务系统 ECS 应用服务器资源利用率满足《云平台资源动态调整方案》规范后，需通过配置弹性伸缩的方式进行资源横向扩容
2	网络	虚拟私有云 VPC	每个业务系统正式环境和测试环境可各申请一个 VPC
		云专线 DC	数据中台、物理平台交互搭建数据场景使用，和 EIP 冲突，只能选择一种
		NAT 网关	每个业务系统正式环境和测试环境可各申请一个 NAT 网关，NAT 网关无需申请弹性 IP 地址，默认已分配
		弹性公网 EIP	每个业务系统正式环境和测试环境可申请 ECS、RDS、DDS、Roma、CCE 组件各一个。EIP 最高可提供带宽为 300M，默认业务系统发放 100M 共享带宽
3	存储	云硬盘 EVS	虚拟机 ECS、容器 CCE 根据业务系统实际使用情况 I6000 系统申请
		对象存储 OBS	每个业务系统正式环境和测试环境可各申请一个桶，资源分配以《上云方案》《上云可行性分析报告》为依据进行最小化原则分配
		弹性文件服务 SFS	每个业务系统正式环境和测试环境可各申请一个，资源分配以《上云方案》《上云可行性分析报告》为依据进行最小化原则分配
4	数据库	云数据库 RDS	每个业务系统正式环境和测试环境可各申请一个 RDS 数据库，部署期依据《上云方案》《上云可行性分析报告》按照最小化规格进行单节点发放，部署完成后依据《云平台资源动态调整方案》对 CPU、内存、磁盘进行纵向扩缩容工作，正式环境上线前向云平台项目组申请单节点转主备节点
		文档数据库 DDS	正式环境：部署期依据《上云方案》《上云可行性分析报告》按照最小化规格进行集群或副本发放一个，部署完成后依据《云平台资源动态调整方案》对 CPU、内存、磁盘进行纵向扩缩容。测试环境：部署期依据《上云方案》《上云可行性分析报告》按照最小化规格进行单机发放一台，部署完成后依据《云平台资源动态调整方案》对 CPU、内存、磁盘进行纵向扩缩容
5	中间件	分布式缓存 Redis	正式环境：部署期依据《上云方案》《上云可行性分析报告》按照最小化规格进行主备或集群发放一个，部署完成后依据《云平台资源动态调整方案》对内存、磁盘进行纵向扩缩容。测试环境：部署期依据《上云方案》《上云可行性分析报告》按照最小化规格进行单机发放一台，部署完成后依据《云平台资源动态调整方案》对内存、磁盘进行纵向扩缩容工作

续表

序号	类型	组件	说明
5	中间件	分布式缓存 Memcached	正式环境：部署期依据《上云方案》《上云可行性分析报告》按照最小化规格进行主备或集群发放一个，部署完成后依据《云平台资源动态调整方案》对内存、磁盘进行纵向扩缩容。 测试环境：部署期依据《上云方案》《上云可行性分析报告》按照最小化规格进行单机发放一台，部署完成后依据《云平台资源动态调整方案》对内存、磁盘进行纵向扩缩容
6	负载均衡	弹性负载均衡 ELB	每个业务系统正式环境和测试环境可各申请一个 ELB 服务
7	自动化业务分发	服务构建器（vAPP）	每个业务系统正式环境和测试环境可各申请一个 vAPP 服务

（2）容器架构上云可选组件参考表。

序号	类型	组件	说明
1	计算	容器 CCE	部署期依据《上云方案》《上云可行性分析报告》按照最小化规格进行资源发放，部署完成后依据《云平台资源动态调整方案》配合 HPA 和 CA 两种弹性伸缩策略配置云资源横向扩缩容工作
		微服务 CSE	每个业务系统正式环境和测试环境共用一套 CSE 服务
		弹性伸缩 AS	业务系统 ECS 应用服务器资源利用率满足《云平台资源动态调整方案》规范后，需通过配置弹性伸缩的方式进行资源横向扩容
2	网络	虚拟私有云 VPC	每个业务系统正式环境和测试环境可各申请一个 VPC
		云专线 DC	数据中台、物理平台交互搭理数据场景使用，和 EIP 冲突，只能选择一种
		NAT 网关	每个业务系统正式环境和测试环境可各申请一个 NAT 网关，NAT 网关无需申请弹性 IP 地址，默认已分配
		弹性公网 EIP	每个业务系统正式环境和测试环境可各申请 ECS、RDS、DDS、Roma、CCE 组件各一个。EIP 最高可提供带宽为 300M，默认业务系统发放 100M 共享带宽
3	存储	云硬盘 EVS	虚拟机 ECS、容器 CCE 根据业务系统实际使用情况 I6000 系统申请
		对象存储 OBS	每个业务系统正式环境和测试环境可各申请一个桶，资源分配以《上云方案》《上云可行性分析报告》为依据进行最小化原则分配
		弹性文件服务 SFS	每个业务系统正式环境和测试环境可各申请一个，资源分配以《上云方案》《上云可行性分析报告》为依据进行最小化原则分配
4	数据库	云数据库 RDS	每个业务系统正式环境和测试环境可各申请一个 RDS 数据库，部署期依据《上云方案》《上云可行性分析报告》按照最小化规格进行单节点发放，部署完成后依据《云平台资源动态调整方案》对 CPU、内存、磁盘进行纵向扩缩容工作，正式环境上线前向云平台项目组申请单节点转主备节点

续表

序号	类型	组件	说明
4	数据库	文档数据库 DDS	正式环境：部署期依据《上云方案》《上云可行性分析报告》按照最小化规格进行集群或副本发放一个，部署完成后依据《云平台资源动态调整方案》对 CPU、内存、磁盘进行纵向扩缩容。 测试环境：部署期依据《上云方案》《上云可行性分析报告》按照最小化规格进行单机发放一台，部署完成后依据《云平台资源动态调整方案》对 CPU、内存、磁盘进行纵向扩缩容
5	中间件	分布式缓存 Redis	正式环境：部署期依据《上云方案》《上云可行性分析报告》按照最小化规格进行主备或集群发放一个，部署完成后依据《云平台资源动态调整方案》对内存、磁盘进行纵向扩缩容。 测试环境：部署期依据《上云方案》《上云可行性分析报告》按照最小化规格进行单机发放一台，部署完成后依据《云平台资源动态调整方案》对内存、磁盘进行纵向扩缩容工作
5	中间件	分布式缓存 Memcached	正式环境：部署期依据《上云方案》《上云可行性分析报告》按照最小化规格进行主备或集群发放一个，部署完成后依据《云平台资源动态调整方案》对内存、磁盘进行纵向扩缩容。 测试环境：部署期依据《上云方案》《上云可行性分析报告》按照最小化规格进行单机发放一台，部署完成后依据《云平台资源动态调整方案》对内存、磁盘进行纵向扩缩容
6	负载均衡	弹性负载均衡 ELB	每个业务系统正式环境和测试环境可各申请一个 ELB 服务
7	自动化业务分发	服务构建器（vAPP）	每个业务系统正式环境和测试环境可各申请一个 vAPP 服务

（3）混合架构上云组件表。

序号	类型	组件	说明
1	计算	弹性云服务 ECS	部署期依据《上云方案》《上云可行性分析报告》按照最小化规格进行资源发放，部署完成后依据《云平台资源动态调整方案》配合 AS 服务进行云资源横向扩缩容工作
1	计算	容器 CCE	部署期依据《上云方案》《上云可行性分析报告》按照最小化规格进行资源发放，部署完成后依据《云平台资源动态调整方案》配合 HPA 和 CA 两种弹性伸缩策略配置云资源横向扩缩容工作
1	计算	微服务 CSE	每个业务系统正式环境和测试环境共用一套 CSE 服务
1	计算	弹性伸缩 AS	业务系统 ECS 应用服务器资源利用率满足《云平台资源动态调整方案》规范后，需通过配置弹性伸缩的方式进行资源横向扩容
2	网络	虚拟私有云 VPC	每个业务系统正式环境和测试环境可各申请一个 VPC
2	网络	云专线 DC	数据中台、物理平台交互搭建数据场景使用，和 EIP 冲突，只能选择一种
2	网络	NAT 网关	每个业务系统正式环境和测试环境可各申请一个 NAT 网关，NAT 网关无需申请弹性 IP 地址，默认已分配
2	网络	弹性公网 EIP	每个业务系统正式环境和测试环境可各申请 ECS、RDS、DDS、Roma、CCE 组件各一个。EIP 最高可提供带宽为 300M，默认业务系统发放 100M 共享带宽

序号	类型	组件	说明
3	存储	云硬盘 EVS	虚拟机 ECS、容器 CCE 根据业务系统实际使用情况 I6000 系统申请
		对象存储 OBS	每个业务系统正式环境和测试环境可各申请一个桶，资源分配以《上云方案》《上云可行性分析报告》为依据进行最小化原则分配
		弹性文件服务 SFS	每个业务系统正式环境和测试环境可各申请一个，资源分配以《上云方案》《上云可行性分析报告》为依据进行最小化原则分配
4	数据库	云数据库 RDS	每个业务系统正式环境和测试环境可各申请一个 RDS 数据库，部署期依据《上云方案》《上云可行性分析报告》按照最小化规格进行单节点发放，部署完成后依据《云平台资源动态调整方案》对 CPU、内存、磁盘进行纵向扩缩容工作，正式环境上线前向云平台项目组申请单节点转主备节点
		文档数据库 DDS	正式环境：部署期依据《上云方案》《上云可行性分析报告》按照最小化规格进行集群或副本发放一个，部署完成后依据《云平台资源动态调整方案》对 CPU、内存、磁盘进行纵向扩缩容。 测试环境：部署期依据《上云方案》《上云可行性分析报告》按照最小化规格进行单机发放一台，部署完成后依据《云平台资源动态调整方案》对 CPU、内存、磁盘进行纵向扩缩容
5	中间件	分布式缓存 Redis	正式环境：部署期依据《上云方案》《上云可行性分析报告》按照最小化规格进行主备或集群发放一个，部署完成后依据《云平台资源动态调整方案》对内存、磁盘进行纵向扩缩容。 测试环境：部署期依据《上云方案》《上云可行性分析报告》按照最小化规格进行单机发放一台，部署完成后依据《云平台资源动态调整方案》对内存、磁盘进行纵向扩缩容工作
		分布式缓存 Memcached	正式环境：部署期依据《上云方案》《上云可行性分析报告》按照最小化规格进行主备或集群发放一个，部署完成后依据《云平台资源动态调整方案》对内存、磁盘进行纵向扩缩容。 测试环境：部署期依据《上云方案》《上云可行性分析报告》按照最小化规格进行单机发放一台，部署完成后依据《云平台资源动态调整方案》对内存、磁盘进行纵向扩缩容
6	负载均衡	弹性负载均衡 ELB	每个业务系统正式环境和测试环境可各申请一个 ELB 服务
7	自动化业务分发	服务构建器（vAPP）	每个业务系统正式环境和测试环境可各申请一个 vAPP 服务

[1] 张玄，黄蔚．3D 机房运维可视化系统的设计与实现 [J]．软件，2016(7): 5. DOI: 10. 3969/j. issn. 1003-6970. 2016. 07. 018.

[2] 刘沛洋．数据中心 3D 机房可视化规划 [J]．信息周刊，2019(37): 1.

[3] 李志宏，刘广旭，李然，等．国家电网有限公司新一代信息调运检体系优化研究 [J]．现代信息科技，2021(019): 005.

[4] 吴健．电网企业运检管控体系建设与实践探讨 [J]．电子工程学院学报，2020.

[5] 郝悍勇，王一蓉，樊秀娟．基于 CDN 的电力数据通信网加速技术研究及实现 [J]．电力信息与通信技术，2016，14(4): 5. DOI: CNKI: SUN: DXXH. 0. 2016-04-019.

[6] 杜栋，杨莉媛，谢炯．企业中台战略研究——以国家电网有限公司为例 [C]//2019 电力行业信息化年会．0[2023-12-06].

[7] 国网企协，国家电网报．国家电网有限公司 34 项成果获评全国企业管理现代化创新成果 [J]．农村电气化，2019(2): 1.

[8] 陈梅．国家电网有限公司技术标准体系表：2022 版 [M]．中国电力出版社，2022.

[9] 佚名．电网监控值班员 水利电力培训教材 [M]．中国电力出版社，2022.

[10] 佚名．信息通信 职业培训教材 [M]．中国电力出版社，2022.

[11] 周康．电力信息通信机房智能巡检技术的应用研究 [J]．电力工程技术创新，2022，4(3): 84-86. DOI: 10. 12346/peti. v4i3. 6730.

[12] 王兆辉，康之增，刘云龙．基于国家电网数据中台建设的数据治理经验 [J]．通讯世界，2020，27(12): 3.

[13] 杜栋，杨莉媛，谢炯．企业中台战略研究——以国家电网有限公司为例 [C]//2019 电力行业信息化年会．0[2023-12-06].

[14] 王长宁，沈锐，陈瑞华．国家电网数据中心运维管理 [J]．电子世界，2017(12): 1. DOI: 10. 3969/j. issn. 1003-0522. 2017. 12. 061.

[15] 张鑫，黄鑫，汤效军，等．电网统一视频监控平台部署方案及检测技术研究 [J]．电力信息化，2015(001): 013.

[16] 国家电网有限公司信息通信运维体系（SG-ITOM3. 0）顶层设计，2018.

[17] 徐春雷．数字化专业介绍及数字化转型实践 - 国网江苏电力．

[18] 国家电网有限公司信息运维服务标准细则（2023）.

[19] 国家电网有限公司运维考试题库（2023）.

[20] 国家电网有限公司 2021 信息运维创新最佳实践案例白皮书.

[21] 中国电力社会责任报告（2012 版）. 国家电网有限公司，2012.

[22] 国家电网：构建以新能源为主体的新型电力系统行动方案（2021～2030 年）.

[23] 电力电网行业 IT 运维方案. 北京智和信通网管运维公司，2019.